실패가 두렵지 않다
챌린지로
변화하라

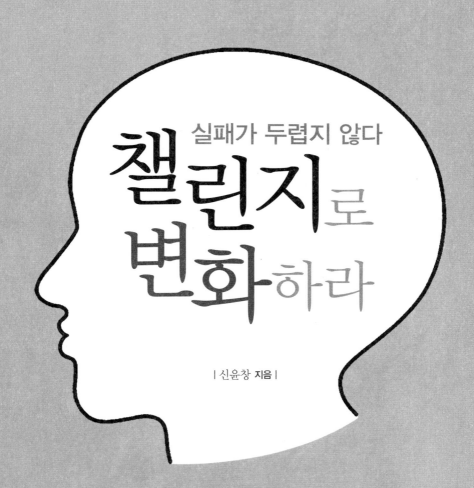

CHALLENGE

실패가 두렵지 않다

챌린지로 변화하라

| 신윤창 지음 |

지식공감

contents

contents

1988년 5월, 실록의 푸르름이 절정을 이루던 어느 날, 도서관 창밖으로 내려다본 캠퍼스엔 하얀 벚꽃이 눈처럼 휘날리고 있었다. 작년 말 대학원에 떨어지고 다음 시험을 위해 도서관에 처박혀 있던 나는 잠시의 한가로움을 잊고 화창한 봄기운에 취해 무작정 밖으로 나갔다. 교정을 거닐다 들른 학생회관에서 우연히 누군가 보고 버리고 간 대학신문에 나온 대기업 그룹 공채 광고가 문득 내 시선을 사로잡았다. 국내 굴지의 럭키금성(LG) 그룹과 삼성그룹이었다. 작년 가을, 기업 추천서를 마다하고 취업을 포기하고 학업을 선택했었는데, 막상 대학원에 떨어지고 나니 갑자기 진로에 대한 걱정이 치밀어 올랐다.

나는 혹시나 하는 생각에 밑져야 본전 아닌가 하는 마음으로 두 회사에 모두 응모를 하였는데, 당시는 지금처럼 대졸 취업난이 심하지 않았던 때라 그런지, 두 회사에 모두 합격을 하였고, 어떤 운명에 끌린 것처럼 진학보다는 취업을 선택하게 되었다. 그리고 당시 면접과 합격 통지 일자가 삼성보다 조금 빨랐던 이유 하나로 나는 럭키금성 그룹 연수원으로 가는 버스에 몸을 실었다. 이것이 지금까지 8번의 직장을 옮기며 살아온 나의 도전의 역사의 서막이었다.

나는 럭키금성그룹의 금성사(LG전자)에서 국내 가전영업부문에서 첫 근무를 시작한 이래, 피어리스화장품(스킨푸드), 애경산업, 필립스전자, 쟌퀄화장품(개인사업), HON(미니골드 쥬얼리), LG생명과학(제약)을 거쳐 지금 세라젬 H&B의 중국법인장으로 근무하고 있다. 어찌 보면 한 직장에 오래 머물지 못한 실패와 포기의 역사처럼 보일 수도 있겠지만, 나는 단 한 번도 신입사원 시절 가졌던 꿈을 포기한 적이 없었다. 영업과 마케팅이라는 두 분야에서, 그것도 동일한 산업 내에서가 아니라, 가전/화장품/쥬얼리/의약품이라는 전혀 다른 네 개의 산업분야에서 계속 승부를 해온 것은 너무나 힘들고 험난한 도전의 과정이었다. 그리고 그 꿈, 한 회사의 CEO가 되어 직원들이 진정으로 행복해하는 직장을 만들어보겠다는 오래된 나의 꿈은 지금도 여전히 현재 진행형이다. 어쩌면 지금 비록 한 회사의 중국법인장이란 것도 CEO라고 할 수도 있겠지만, 아직 내 꿈은 더욱더 멀리에서 나를 손짓하고 있다.

도전!

도전은 언제나 내 인생을 따라오는 키워드(Key Word)였다. 아니 어쩌면 나의 인생이 항상 도전을 쫓아다닌 것일지도 모르겠다. 한 회사에서 어려운 도전을 떠맡고 헤쳐나가서 이제 좀 편안할 수 있을 정도가 되면, 나는 또 다른 도전을 찾아 떠다닌 것일지도 모른다. 30여 년 지기 오랜 친구들은 나에게 직장생활을 왜 그리 힘들게 하느냐면서 이제 좀 한 직장에서 편하게 살라고도 자주 얘기한다. 어쩌면 한 직장에서 길게 살아온 그들이 내눈엔 진정한 성공자일 수도 있어 보이기도 하지만, 짧고 굵게 여러 직장을 거친 나의 직장 생활도 스스로 후회스럽지만 않다면 나 또한 성공자가 될 수 없어도 실패자는 아니라고 생각한다.

그러나 나의 도전에는 언제나 성공이 있었던 것만은 아니었다. 내게 큰 실패를 가져다준 도전은 쟌퀼화장품이라는 개인사업을 하였을 때였다. 그때는 대기업 물이 채 빠지기도 전에 성공에 취해서 내가 하면 뭐든지 다 잘 될 것이라는 자만심이 남아 있었을 때였으니, 실패해도 당연한 일이었을 것이다. 이 첫 번째이자 마지막 실패는 너무도 썼다. 큰 빚더미에 모든 걸 버리고 죽음까지 생각할 정도였으니 말이다. 하지만 그 쓰라린 실패는 내 인생에 가장 소중한 밑거름이 되어 주었다. 그런 실패가 있었기에 나는 내적으로 더 큰 성장을 할 수가 있었고 참고 인내하는 법을 배울 수도 있었다.

그래서 이제 나는 지금까지 나의 도전의 역사를 도전이라는 영어 단어 "CHALLENGE"로 하나씩 풀어나가고자 한다. 내가 여러 직장에서 변하지 않고 가져왔던 강점과 어려움을 해결해 나갈 수 있었던 마음가짐과 방법들은 모두 다음과 같이 "CHALLENGE"라는 단어 하나에 들어 있다.

Change 변화를 즐겨라

Hot Passion 뜨거운 열정으로 가슴을 채워라

Attitude 태도가 바뀌면 습관이 바뀌고 습관이 바뀌면 운명이 바뀐다.

Learning 배움은 끝이 없다. 배우고 또 배워라.

Logic 논리는 신뢰다.

Extraordinary 껍질을 깨야 세상이 보인다.

Never Give-up 절대 포기하지 마라. 끈질김은 생명력이다.

Goal 도착지가 있어야 이정표를 세운다.

Execution 실행에 집중하라.

아무쪼록 이 글이 점점 더 치열해지고 있는 생존의 밀림 속에 사는 나와 같은 직장인들뿐만 아니라, 갈수록 힘들어지는 자영업 사장님들 및 취업을 준비하는 대학생들 모두에게 힘과 용기가 되어서 인생을 도전할 기회를 마련할 수 있기를 바란다.

2015년 4월 1일.

신윤창

Change,

변화를 즐겨라

1

세상은 언제나 변하고 있다

찰스 다윈이 21세기에 고한다

변화(變化)라는 단어를 얘기할 때 우리는 생존(生存)을 염두에 두지 않을 수 없다. 약 46억 년 동안 지구의 역사는 생존을 위한 끊임없는 변화의 연속이었다. 1831년 영국의 해군 측량선 비글호에 승선하여 남아메리카와 갈라파고스 제도를 비롯한 남태평양의 여러 섬과 오스트레일리아를 탐사하면서 각종 동식물 자료를 수집하게 된 찰스 다윈은 1859년에 세계적인 저서 "종의 기원"을 발표하며 진화론을 주장하였다. 그리고 지금까지도 지구의 역사를 설명하는 가장 보편적인 진리가 된 다윈의 진화론은, 이제 세기를 뛰어넘어 지금 우리에게 인간사회라는 치열한 경쟁(競爭)의 정글 속에서 살아남기 위한 생존의 지혜를 시사해주고도 있다.

진화론에 대해서 흔히들 약육강식(弱肉強食)이란 말을 많이 한다. 약육강식이란 '강(強)한 자가 약한 자를 잡아먹는다'란 뜻으로, 생존경쟁의 살벌함을 말하고 있다. 그런데 만약 약육강식의 법칙이 이 지구를 지배하였다면 지금 지구는 누가 지배하고 있을까? 어쩌면 가장 강했던 공룡의 세상이 되어 있을지도 모르겠다. 하지만 공룡은 빙하기라는 혹독한 추위를 견디지 못하고 멸종하였으며, 지금 지구는 인간을 비롯하여 수만 년의 혹독한 변화를 극복한 생물들이 함께 살아가고 있다. 결국, 다윈의 진화론은 강자가 살아남는 게 아니라, 환경에 적응하여 변화하는 자가 도태되지 않고 살아남을 수 있다는 것이다 (적자생존[適者生存]과 자연도태[自然淘汰]).

이렇게 자연 생태계가 변화해왔듯이 인간이 사는 세상도 끊임없이 변하고 있다. 아니 그 속도는 자연의 변화를 뛰어넘어 문화와 문명을 탄생시켰고, 그 문명의 한 부분 경제적 분야에 속한 기업과 그 기업에 속한 우리는 생태계보다 더욱 치열한 경쟁사회 속에서 생존을 위해 몸부림치고 있다.

26년 전인 1988년 대학을 갓 졸업하고 지금의 LG전자인 당시 금성사에 취직했을 때의 나와 현재의 취업 준비생들에게 요구되는 역량은 너무도 다르다. 그 흔한 PC조차 없어 여직원이 타자기로 서류를 작성하고 먹지를 대고 문서를 손으로 썼던 아날로그 시대였던 당시에는 열정과 패기, 그리고 성실함만 있으면 대기업에 취직될 수 있던 시대였다. 그러나 지금의 대학생들은 고득점의 토익과 어학연수, PC 사용능력, 인턴경험, 그리고 사회 봉사활동 등을 통해 스펙(Spec)을 쌓아 자신의 능력을 미리 인정받으려고 하고 있지만, 그 모든 커리어조차도 이제는 남들과 다른 차별점이 되지 못하고 있다.

또한, 1998년 IMF 이후 대한민국은 이제는 정년을 보장해주는 기업이 사라졌으며, 사오정(4~50대가 정년), 오륙도(56세까지 일하면 도둑)라는 말과 함께 미처 준비되지 못한 젊은 중년들이 그동안 기업이 보호해줬던 테두리에서 쫓겨나 지옥과도 같은 냉혹한 현실에 내몰리듯 쏟아져 나왔다. 오직 회사만을 위해 청춘 바쳐왔던 그들은, 자신의 계발을 소홀히 하고 시대의 흐름에 변화하지 못한 죄로 천형과도 같은 너무도 큰 벌을 한 번에 다 받으며 시대의 뒤안길로 사라졌다. 그러나 이는 단지 IMF 당시 한 시대로 끝난 일이 아니라, 지금도 아니 어쩌면 더욱 심하게 진행되고 있는 대한민국의 아픈 현실이다.

전승불복(戰勝不復), 승리는 반복되지 않는다

세상은 변하고 있다. 그리고 점점 더 빠르게 변하고 있다. 근대화 이후 100년을 장수했던 건실한 기업이 어느 순간 망해 사라지고 있다. 세계 일 등회사였던 코닥이 부도났으며, 휴대폰의 대명사였던 노키아가 애플과 삼성에 밀려 마이크로소프트에 인수되었고, 10년 전만 해도 한국사람들도 열광했던 소니 또한 삼성에 밀려 가전 시장에서 설 곳을 잃어가고 있다.

그러나 이게 끝이 아니다. 20년 전 수많은 한국 주부들이 일본에만 갔다 오면 사왔던 코끼리 전기밥솥처럼, 지금 중국 주부들은 한국에 물밀 듯이 들어와 한국의 압력밥솥은 한 아름 싸가지고 간다. 그렇다고 중국을 물주 나 호구처럼 얕잡아 보면 안 된다. 한국이 일본을 극복해냈듯이 중국 또한 한국을 극복하고 있으니 말이다.

백색가전을 넘어 고급 전자제품 시장에서 중국의 하이얼(Haier, 海尔)이 삼성과 LG를 맹추격하고 있고, 중국인들조차도 무시했던 이름도 모를 아이폰 짝퉁 회사였던 좁쌀 샤오미(小米)가 이미 중국에서 삼성이라는 거대공 룡을 제치고 안방을 넘어 우리나라와 세계시장에 강한 도전을 하고 있으 며, 세계 1위였던 한국의 철강, 조선 등은 이미 중국에 1위 자리를 내준지 오래다.

약 50년 전 인텔의 고든 무어는 마이크로칩에 저장할 수 있는 데이터의 양이 18개월마다 2배씩 증가하고 컴퓨터의 처리속도가 빨라지므로, 소비 자가 지불하는 비용은 상대적으로 떨어지는 효과가 발생한다는 "무어의 법칙"을 탄생시켰다. 그리고 이 법칙은 스마트폰이란 새로운 시대가 열리기 전까지, 40년간이나 맞아 떨어져 오며, 인텔을 글로벌 초우량 기업으로 성장하게 하였다.

생각해 보자. 자그마치 40년이다. 과거 조선왕조 500년 동안 농경사회를 벗어나지 못했던 우리나라가 일제 강점기를 지나 한국전쟁을 겪으면서, 산산이 파괴된 이 땅 위에서 재건의 노력을 시작한 1960년부터 2,000년까지 40년간 얼마나 많은 일이 벌어졌는지를. 과거 농경사회에서의 500년보다 근대화와 산업화를 시작한 40년이 얼마나 빠르고 거대한 변화를 주었는지를….

인텔의 40년간의 풍요로움은 애플의 아이폰과 아이패드라는 괴물이 PC 시장을 잠식하고 더 이상 무어의 법칙이 의미가 없어지도록 만들 때까지, 인텔 스스로를 무늬만 첨단회사이자 변하지 않는 혁신회사로 전락하게 하였다. 과거 한 시대를 지배했던 인텔 또한 스마트한 시대를 준비하지 않은 아픈 결과를 지금 톡톡히 보고 있다.

이런 변화를 무시하고 과거의 나, 지금의 나만 보며 미래를 바라보지 못한 사람이나 기업은 자연도태 될 수밖에 없는 것이 다윈이 얘기한 진화론의 또 한 부분이다.

대부분 사람이 스마트폰 기술을 최초로 개발한 기업이 애플이라고 알고 있겠지만, 사실 세계 휴대폰 시장의 1위를 차지하고 있던 노키아는 이미 애플보다 먼저 스마트폰 기술을 개발했었다는 연구원의 진술을 뉴스에서 접한 바가 있다. 그러나 노키아 경영자는 일등을 누리고 있던 그 당시 오히려 자신을 스스로 잡아먹을지도 모르는 스마트폰을 막대한 연구개발비를 들여 상품화하고 싶어 하지를 않았다. 그 한순간의 안일한 결정으로 노키아는 지금 스마트폰의 후발주자가 되어 휴대폰 사업을 마이크로소프트에 넘긴 채, 타인이 그리는 미래 전략의 밑그림 속에 포함될 수밖에 없게 되었다.

이렇듯 잘났다고 방심하면 오랜 시간 어렵게 쌓아온 명성도 너무나 쉽게 무너지고 더는 강한 기업으로 존재할 수 있을지 아무도 보장받지 못하는 시대에 지금 우리는 살고 있다. 하루에도 수많은 회사가 생기고 하루에도 수많은 회사가 사라지고 있는 지금은 2,500여 년 전 중국 춘추전국시대와 같은 난세, 불확실성의 시대, 생존을 보장받지 못하는 시대와 같다. 그래서 우리는 손자병법에서 나오는 '전승불복(戰勝不復)'이라는 말을 명심해야 한다. 전승불복이란 전쟁에서 한 번의 승리는 계속 반복되지 않는다는 의미로 지금의 승리에 도취하여 자만하면 그 성공이 오래갈 수 없다는 경각심을 2,500년이라는 시공을 뛰어넘어 손자가 우리에게 일깨워 주고 있는 명언이다.

붉은 여왕 효과 (Red Queen Effect)

루이스 캐럴의 세계적으로 유명한 동화 "이상한 나라의 앨리스"에는 속편 격인 "거울 나라의 앨리스(Through the Looking-Glass, and What Alice Found There)"라는 그 후 6개월 뒤를 배경으로 하는 또 하나의 이야기가 있다. 하나의 거대한 체스 판과도 같은 거울 속 세계에서 모든 것이 거꾸로 이루어진 공간의 비논리적 세계를 풍자하며 꾸민 환타지 세상이다. 거울 나라에는 전작에 이어 붉은 여왕(Red Queen)이 계속 출연하는데, 붉은 여왕이 앨리스의 손을 잡고 빠르게 뛰어가는 장면이 나온다.

그런데 붉은 여왕의 손을 잡고 함께 뛰던 앨리스가 아무리 뛰어도 앞으로 잘 나아가지 못하는 것을 이상히 생각하여 붉은 여왕에게 묻는다.

"우리나라에서는 이렇게 한참 동안 빨리 달리면 어딘가 다른 곳에 도착하게 되거든요. 우리가 방금 했던 것처럼 말이죠."

그러자 붉은 여왕이 대답했다.

"느림보 나라 같으니! 여기서는 같은 자리를 지키려고 해도 계속 달릴 수밖에 없어. 다른 곳에 가고 싶다면 최소한 두 배는 더 빨리 뛰어야 해."

거울 나라에서는 주변 환경이 멈추어 있지 않고 계속 움직이고 있다. 그러므로 어디를 가려고 열심히 뛰어도 좀처럼 몸이 앞으로 나아갈 수가 없다. 이것은 마치 어린아이들이 내려오는 에스컬레이터를 거꾸로 오르며 장난칠 때처럼, 에스컬레이터의 내려오는 속도보다 빠르지 않으면 꼭대기에 당도할 수 없는 것과 같은 이치이다.

시카고대학의 진화학자 밴 베일른(Van Valen)은 생태계의 쫓고 쫓기는 평형 관계를 보고 환경의 변화보다 더 빠르게 적응하지 못하면 결국 도태된다는 측면에서 이를 생태계의 붉은 여왕 효과(Red Queen Effect)라고 불렀다.

우리는 항상 경쟁하고 있다. 그리고 세상이 변하는 것만큼 아니 그 이상으로 경쟁자는 변화하고 있다. 따라서 노키아의 사례처럼 일등이라는 자리에 도취하여 더욱 변화하고 발전할 생각을 하지 않고, 스스로 제자리에 머물러만 있으려 한다는 것은 현 수준을 유지하는 것이 아니라 남들의 변화 속도보다 상대적으로 뒤처지는 결과를 초래한다.

삼성이 중국에서 샤오미에게 시장점유율을 빼앗길지 누가 알았겠는가? 구글의 안드로이드를 빌려 쓰는 삼성과는 달리 샤오미는 스스로 자체 개발한 OS(Operating System)를 장착하여 구글에 비싼 돈을 지불 할 필요도 없었으며, 생산원가에 가까운 초저가 스마트폰을 제조·판매하여 기기로부터 나오는 수익은 줄이고, 서비스, 애플리케이션, 액세서리 등의 판매로 이익을 창출하는 완전히 새로운 전략을 사용하였다.

샤오미는 온라인 판매를 중심으로 하므로 유통비용을 파격적으로 줄일 수 있었으며, 재고를 많이 보유하고 판매하는 것이 아니라 선주문 후 생산 판매 방식으로 재고비용도 줄일 수 있었다. 특히 샤오미의 뛰어난 핵심경쟁력 중의 하나인 대 고객 전담반을 통해 수시로 고객의 의견을 듣고 즉각적으로 소프트웨어 및 기기에 적극적으로 반영하는 프로세스는 그 누구도 따라오기 힘든 샤오미의 성공 요인으로 꼽힌다.

삼성이 휴대폰이라는 기기를 팔며 갤럭시라는 브랜드를 영혼(OS)도 없이 겉모습과 기능만 향상하며 스스로 변화를 선도한다고 자가당착에 빠져있는 동안, 이미 영혼 있는 애플은 고가시장에서 한 단계 진화해 나갔으며, 영혼과 고객의 참여감으로 중무장한 샤오미는 저가시장을 빼앗아 버렸다. 그래서 샤오미의 CEO 레이쥔은 샤오미가 휴대폰을 파는 회사가 아니라 '참여감'을 판다고 말하지 않았는가? 참으로 고객참여의 시대인 마켓3.0에 부합되는 명언이라 생각된다.

그 결과 샤오미는 현재 중국 휴대폰 판매 1위, 세계 3위라는 놀라운 결과를 올리고 있다. 아직 세계 1위라 하지만, 삼성이 애플과 샤오미 사이에서 이것도 아니고 저것도 아닌 것에 머무르지 않고 새로운 변신을 하지 못한다면 샤오미가 삼성을 극복할 날도 얼마 남지 않았다고 나는 생각한다.

물론 샤오미가 문제가 없는 것도 아니다. 짝퉁으로 시작한 그들은 어떻게 수많은 특허분쟁을 해결해 나가야 하는 어려운 숙제가 남겨져 있다. 이미 중국 경쟁사인 화웨이가 특허소송을 내었으며, 앞으로 글로벌하게는 애플과 삼성이 샤오미를 그대로 수수방관하지는 않을 것이기 때문이다.

이렇듯 붉은 여왕 효과가 말하는 것은 남들보다 빨리 가야 한다는 것이 아니다. 어쩌면 뱁새가 황새 쫓다가 가랑이가 찢어질 수도 있다. 중요한 건 속도가 아니라 깊이다. 진정한 변화 말이다. 삼성은 기기에 대한 기술적으로 뛰어난 특허를 가지고 있어 애플과 양강체제를 이루었지만, 운영체제를 등한시했으며, 샤오미의 변화는 엄청난 속도로 기존의 패러다임을 흔들었지만, R&D 투자와 특허에 소홀하였다. 깊이가 있는 변화는 조금 천천히 가더라도 진정한 경쟁력을 쌓아간다. 빨리 가는 것도 중요하지만, 자신의 역량에 맞춰 장기적으로 우월적인 경쟁력을 쌓기 위해 때론 천천히 가는 것도 중요하다. 기업이나 사람이나 모두 인생이란 100m를 달리듯 처음부터 앞서 달리는 것이 아니라, 마라톤을 달리듯이 완급을 조절하며 최종 목적지에 도달하는 것이 진정한 승리이기 때문이다.

변화하는 세상에는 변화하는 사람만 살 수 있다

지금 우리가 사는 21세기의 변화는 그 어느 때보다도 치열하다. 마이크로프로세서의 소형화 및 고성능화와 인터넷의 발전이라는 변화는 또 다른 변화를 파생하여, 이제는 스마트폰과 SNS를 통해 언제 어디서든 손안에서 정보를 검색하고 공유하며 다른 사람들과 커뮤니케이션을 할 수 있게 되었다. 이로 인해 과거 방송과 신문이라는 거대한 미디어가 일방적으로 지배했던 정보의 제국도 서서히 무너지기 시작하고 있다. 지금은 모든 사람이 함께 참여하여 생산하고 공유하는 정보가 집단지성으로 발현되어, 누구도 상상하지 못했던 빅 데이터(Big Data)를 쉽게 이용할 수 있는 손바닥 안의 작은 신세계와도 같다. 스마트한 작은 혁신이 매우 거대한 변화의 세계를 작은 손바닥 안에서 만들어 가고 있기 때문이다.

SNS는 정치, 사회, 문화 등 여러 방면에서 기존의 질서와는 전혀 다른 방식을 요구하고 있다. 먼저 정치적으로는 과거 독재정권이 통제하고 차단하며 왜곡 보도했던 기득권들을 위한 방송과 신문의 영향력이 더는 가장된 진실을 강요하지 못하게 되었다. 이제 페이스북, 트위터의 영향력은 정치인들의 당락을 결정할 정도로서, 정치권을 감시하고 평가하며 경각심을 줄 뿐만 아니라, 심지어는 촛불시위와 같은 비폭력 단체활동을 전국민적인 규모로 확대 발전시키고도 있다. SNS를 무시하고 구태의연한 행보를 반복하는 정치인들은 더는 국민을 속이고 제멋대로 권력의 향기에 취해 있을 수가 없다. SNS의 집단여론의 힘이 즉각적으로 단죄하는 시대가 열렸기 때문이다.

사회문화적으로 볼 때, 유튜브에 올라간 재미있는 뮤직비디오 하나가 세계 음악계의 변방인 한국의 가수 싸이를 일약 세계적인 대스타로 만들었으며, 굳이 전 세계적인 홍보와 투어 콘서트를 하지 않아도 K-POP은 드라마 한류에 이어 이미 세계적인 젊음의 한류를 만들어내고 있다. 그리고 스스로 행동하는 개인은 이제 동질적인 사람들을 때와 장소에 상관없이 불특정 다수 누구와도 커뮤니케이션하고 스스럼없이 만날 수 있게 되어, 온/오프라인으로 각종 모임과 동호회가 활성화되고 있으며, 플래시 몹(Flash mob)과 같은 재미있는 사회현상을 만들기도 했다. 그러나 악영향도 있어 플래시 몹을 응용한 불특정 다수가 모여 불특정 소수를 노리는 집단 강도나 테러와 같은 묻지 마 범죄까지도 발생하는 새로운 문제점을 야기시키고도 있다.

또한, 의학의 발달과 바이오 기술의 발전으로 인간이 100세까지 살 수 있는 시대가 가능해지면서, 우리는 앞세대와 전혀 다른 노년의 인생을 대비해야 하는 새로운 시대에 들어섰다. 하지만 아이러니하게도 의학의 발전만큼이나 질병의 발병 또한 늘어나고 있어, 이제는 무병장수가 아닌 유병장수하며 단순히 오래 사는 것이 아니라, 삶의 질(QoL - Quality of Life)이 더 중요한 시대가 되었다. 58세에 정년 퇴임하여 직장을 떠난 노년층은 앞으로 40년이나 남은 세월을 어떻게 살아야 할지를 걱정하고 대비해야 한다. 평생 모은 돈으로 노년을 편안하게 보내다 저세상으로 가는 시대는 이미 지나버렸다. 이제 우리는 60세가 넘어서도 여전히 건강하고 행복하게 일할 수 있도록 몸과 마음을 모두 변화시키지 못한다면, 아프고 외로운 노년의 고통을 극복하기 어려울 것이다.

　지금 변화의 속도는 점점 가속화되어 변화라는 말이 무색할 정도로 마치 급속한 혁명처럼 일어나서 전염병처럼 번지고 있다. 이제 어느 누구도 과거와 현재를 바탕으로 미래를 예측할 수가 없으며, 가만히 안주하거나 일견(一見)하듯 짧은 노력으로 그 속도를 따라 잡기는 너무도 힘들다.

　그래서 우리는 변화에 저항하려 하지 말고 변화의 흐름에 온몸을 맡겨야 한다. 그 흐름은 처음엔 느끼지 못할 정도로 가벼워서 대수롭지 않게 여길지도 모르겠지만, 어느 한순간 대기의 열을 흡수하여 태풍으로 몰아치듯 거스를 수 없는 강력한 힘이 될 수도 있다. 그때야 태풍에 올라타려고 한다면 이미 너무 늦어 치명상을 입고 말 것이다. 그때마다 세상의 흐름에 맞춰 나를 태우고, 그 흐름이 인도하는 곳에서 나의 경쟁력을 적극적으로 찾아야 한다. 왜냐하면, 변화하는 이 세상에는 오직 변화하는 자만이 살아갈 수 있기 때문이다.

2

변화하는 자에게 기회가 온다

Change를 Chance로

마이크로소프트사의 빌 게이츠에게 한 기자가 질문하였다.

"당신은 대학도 채 졸업하지 못했는데, 세계 최고의 위치를 9년째 고수하고 있습니다. 그 성공비결이 무엇입니까?"

그러자 빌 게이츠가 대답하였다.

"나는 머리가 뛰어난 천재도 아닙니다.

그렇다고 남보다 힘이 대단한 사람도 아닙니다.

다만 나는 항상 날마다 나 자신을 새롭게 변화시키려고 노력했을 뿐입니다. 그것이 나의 성공 비결입니다.

Change(변화)의 g를 c로 바꿔보십시오. Chance(기회)가 되지 않습니까?"

그가 말했듯이 변화를 뜻하는 영어 Change 중 "g"를 멀리 보내고(get away), "c"를 선택(choice)하면, 변화는 기회, 즉 "Chance"가 된다. 그만큼 변화와 기회는 한 몸과도 같으며 변화 속에는 반드시 기회가 숨어있다. 그런데 이 변화의 기회라는 것은 어느 날 거창하게 운명처럼 찾아오는 것이 아니라, 아주 작은 우연처럼 오는 경우가 많다. 왜냐하면, 기회는 항상 우리 주변에 사소하게라도 존재하고 있는 것인데, 사람들이 이를 잘 알아채지 못하고 있기 때문이다.

그리스 신화에 나오는 기회의 신인 카이로스는 앞 머리카락의 숱이 무성한 데 반하여 뒷머리는 대머리며 등과 발에는 날개가 달려 있고, 한 손에는 저울을 들고 있다. 앞머리가 무성한 이유는 처음 보았을 때 쉽게 잡으라는 의미이고, 뒷머리가 대머리인 까닭은 한번 지나가면 다시 붙잡을 수 없기 때문이며, 등과 발에 날개가 달린 건 최대한 빨리 달아나기 위해서라 한다. 그리고 왼손에 있는 저울은 기회가 얼마나 가치가 있는지 빨리 저울질해보란 뜻이란다.

기회는 사실 우리에게 너무도 쉽게 다가온다. 때론 회사를 옮기는 기회가 될 수도 있고, 새로운 사업을 하는 기회가 될 수도 있으며, 회사 내에서 부서를 이동하거나 새로운 프로젝트를 만드는 수준의 기회가 될 수도 있다. 아니 어쩌면 그냥 나의 업무를 좀 더 개선할 수 있는 작은 변화의 한순간일지도 모르겠다.

기회의 신, 카이로스가 저울을 들고 있는 것을 나는 어떤 기회가 좋은지

나쁜지 빨리 저울질해보란 뜻으로 생각하고 싶지 않다. 세상에 어떤 기회가 소중하지 않은 것이 어디 있겠는가? 나는 카이로스가 저울을 들고 있는 이유를, 기회란 누구에게나 공평하게 주어지는 신의 선물이기 때문이라 생각한다. 그러나 사람에 따라 이 선물을 누구는 찾아 먹기도 하고 누구는 선물을 받았는지 모르고 지나치기도 하는 것일 뿐이다.

그렇다면 우리는 이 기회라는 신의 선물을 어떻게 알아차릴 수 있을까? 방법은 의외로 간단하고 쉽다. 당연히 나의 업무에 전문가가 되어야 하는 한편, 업무를 둘러싼 경영환경의 변화에 끊임없는 관심을 가지는 것이다. 마치 서울대에 수석 합격한 학생이 인터뷰 중에 평소 예습 복습을 철저히 했을 뿐이라는 비법 같지도 않은 비법을 말하는 것처럼, 너무도 쉽고 당연한 일이라서 실망스러울지도 모르겠다. 그러나 이런 당연하고 기본적인 일이란 꾸준히 반복해서 실행하기가 어려워서, 스스로 나태해져 잘 깨닫지 못하는 경우가 태반이라 더욱 어려운 일임을 알아야 한다.

마리끌레르 화장품

1994년 나는 애경산업에 경력으로 입사하였다. 당시 세제와 생활용품이 주력이었던 애경산업은 세계적인 다국적 회사인 유니레버의 전문 클렌징 화장품인 폰즈라는 브랜드를 파는 정도가 화장품 전부였다가, 유니레버와 결별 후 폰즈 대신 자체 브랜드로 개발한 포인트 브랜드를 한창 판매하고 있었다. 그러다 귀가시계라고도 불렸던 드라마 모래시계의 열풍과 함께 톱스타로 자리를 잡은 모델 고현정의 한 마디 말인 "화장은 하는 것보다 지우는 것이 중요하다"는 카피에 힘입어, 클렌징 시장에서 과거 폰즈의 공백을 뛰어넘는 선전을 하고 있었던 때였다. 그러나 애경산업은 이에 만족하지 않고 종합 화장품 회사로 더욱 거듭나기를 꾀하였지만 쉽지는 않았다.

당시 영업지원부 대리였던 나는 왜 애경산업에서 출시하는 화장품이 클렌징만 빼고 잘 안될까 하고 고민하였다. 물론 영업지원부가 고민할 일이 아니라 마케팅 브랜드 매니저가 더 고민할 일이었지만, 나는 답답한 마음에 업무를 떠나 개인적으로 애경산업을 둘러싼 화장품 시장환경을 조사하고 분석해 보았다.

그 결과 가장 큰 장애요인은 애경산업의 강한 세제 이미지였음을 알게 되었다. 주로 옷이나 그릇을 닦아내는 세제를 전문으로 하는 회사가 인체의 피부에 큰 영향을 주는 화장품을 만든다는 것이 고객의 시선에서는 그리 좋아 보이지는 않았다. 그래서 나는 이런 결과에 대해 상사에게 리포트를 하며, 그당시 맥주 시장에서 크게 히트 한 하이트 맥주 전략처럼 조선맥주라는 회사를 감추고 브랜드를 강조하는 전략을 펼쳐야 함을 주장하였다.

그런데 공교롭게도 애경산업의 경영진도 나와 같은 생각으로 고민하고 있었는지, 내 보고서를 읽은 상사는 내가 새로 신설된 신규 프로젝트팀에 적합하다고 판단하여 나를 프로젝트팀에 추천하였고, 나는 우여곡절 끝에 그곳으로 자리를 옮기게 되었다. 그곳에서 나는 여러 브랜드를 검토한 끝에 마리끌레르라는 프랑스 패션 브랜드를 어렵게 라이센스하는데 성공하였다. 그 결과 마리끌레르 마케팅 팀장으로 발탁된 나는 마리끌레르 화장품을 성공적으로 개발 출시하여, 당시 년 180억 원대의 매출을 했던 애경의 화장품 실적을 1년 만에 일약 400억 원대로 성장시켜, 당시 적자로 힘들었던 회사를 흑자로 전환되게도 하였다.

만약 내가 영업지원부 대리로 만족하며 성공적이지 못한 브랜드를 런칭한 마케팅부만 탓하고 있었다면, 과연 마리끌레르 브랜드가 성공적으로 탄생하였을까? 그리고 나 또한 영업지원부 대리에서 고작 2년 만에 애경산업의 마케팅 팀장으로 급성장할 수 있었을까? 이렇게 변화의 기회는 주어지는 것이 아니라 만들어지는 것이다. 성공하는 사람들의 공통점을 보면 그들은 항상 준비되어 있다는 것이다. 어떤 일을 줘도 해낼 수 있는 자신감은 준비된 자만이 가질 수 있는 특권이다. 기회를 볼 수 있는 통찰력과 준비가 되어있는 사람만이 그 기회를 바로 잡을 수 있기 때문이다.

자강불식(自强不息), 강해지기 위해 쉬지 않아야 한다

여러분은 항상 스스로를 할 수 있는 바에 최선을 다하고 있다고 생각하고 있는가? 혹시 남의 탓과 환경 탓만 하고 나는 어쩔 수가 없었다고 하며 신세타령만 하고 있지는 않은가? 삼국지 고사에서 유래된 진인사대천명(盡人事待天命)이란 말이 있다. 사람으로서 할 일을 다 했다면 이제부터는 하늘의 뜻을 기다릴 수밖에 없다고 제갈공명이 한 말에서 유래된 한자성어다. 옛날 농경사회에서는 부지런히 일했으면 그다음으로 날씨가 좋아야 큰 성과를 거둘 수밖에 없었다. 그때는 이 말처럼 최선을 다했으니 결과는 기다려 보자는 것이 맞는 말이었을지도 모르겠다. 하지만 지금 우리가 사는 이 세상에서는 부지런히 일하기만 해도 되지 않고 천명을 기다리기만 해도 안 된다.

공자께서는 '하늘을 따르는 사람은 살고, 하늘에 거역하는 자는 망한다(순천자존 順天者存하고, 역천자망 逆天者亡 하리라)'고 말했다. 하지만 이 말은 진인사대천명처럼 하늘에 무조건 순종하듯이 주어진 운명에 따라 살라는 소극적인 의미가 아니다. 보다 능동적으로 하늘의 변화를 잘 살피고 그 변화의 순리에 맞춰서 살아야 한다는 적극적인 의미가 담겨 있다. 이를 뒷받침해주는 말로, 주역(周易)에서는 자강불식(自强不息)이란 말도 있다. 하늘이 강하게 운행되고 있으니, 군자는 이를 본받아 스스로 강해지기 위해(自强) 쉬지 않아야(不息) 한다는 말이다(천행건. 군자이자강불식 天行建, 君子以自强不息).

강해진다는 것은 바로 변화해야 한다는 의미이다. 쉴 틈 없이 세상의 변화를 항상 예의주시하고 이에 맞게 변화하여야 한다. 그러면 기회가 찾아온다. 아니 기회를 잡을 수 있다. 기회는 분명 신이 모든 사람에게 공평하게 숨겨 놓은 보물이지만, 변화된 자, 찾을 준비가 된 자만이 발견할 수 있기 때문이다. 바로 이점이 신이 내리는 공정한 평가이다.

여기서 우리는 공평성과 공정성에 대해 혼동하지 말아야 한다. 기회는 세상 모든 사람에게 언제나 공평하게 주어지지만, 그 결과는 절대 공평하지 않다. 결과에 따라 차등 되어야 하는 게 세상의 공정성이기 때문이다. 쉬지 않고 변화하려는 자의 성과는 분명 그렇지 않은 사람과 다를 것이고, 이는 반드시 공정하게 평가되어 꿈은 현실로 다가올 것이다.

3

변화는 아픔이다. 혁신의 두려움을 넘어라

남극의 황제펭귄이 주는 교훈

몇 년 전, MBC에서 방영했던 남극의 눈물이란 다큐멘터리를 매우 감동적으로 봤다. 남극은 누가 뭐라 해도 펭귄들의 땅이었다. 그러나 여러 종류의 펭귄 중 나를 감동하게 했던 것은 황제펭귄이었다. 새끼를 위해 모든 것을 바치는 황제펭귄의 부정(父情)에 개인적인 감동도 있었지만, 경영자의 입장에서, 그것도 중국이라는 황무지에서 경영하고 있는 나의 입장에서는 좀 더 다른 측면으로 황제펭귄이 다가왔다.

대부분 펭귄이 먹이가 풍부하고 그나마 좀 더 따뜻한 바닷가에서 군락을 이루며 풍요롭게 사는 것에 반하여, 황제펭귄은 바다에서 멀리 떨어진 가장 추운 내륙을 선택하였다. 천적인 바다표범이나 도둑갈매기로부터 소중한 새끼와 자신의 목숨을 지키기 위해, 먹이가 풍부하고 비교적 따뜻한 바다와 멀리 떨어진 거센 눈바람과 영하 40도가 넘는 강추위를 선택한 것이다. 황제펭귄의 선택은 엄청난 고난이었다. 남극, 그곳도 가장 추운 내륙, 영원한 얼음의 땅 그곳은 그 어떤 천적보다도 매서운 추위와의 싸움이 기다리고 있었기 때문이다. 그러나 결국 그들은 혹독한 자연을 극복하였고, 지금도 생존하고 있다.

황제펭귄은 먼저 자신들의 신체를 두꺼운 지방질로 이루어진 육중한 몸으로 바꾸어, 추위를 버티고 오랫동안 먹지 않아도 견딜 수 있는 개인 저장 창고를 만들었으며, 혼자의 힘으로는 극복하기 힘든 강추위를 이기기 위해 서로의 체온으로 추위를 이기는 허들링(Huddling)이라는 집단 협력의 체계도 만들었다. 또한, 알을 여러 개 낳아 추운 땅에서 둥지를 트는 것이 아니라, 오직 하나의 알만 낳아 아비의 발등에 올려 두꺼운 뱃살로 덮어 부화시키고, 어미와 아비가 교대로 새끼를 키우며 먹이를 공급하는 부창부수(夫唱婦隨)의 지혜도 깨우쳤다.

MBC다큐 남극의 눈물에서 황제펭귄이 허들링을 하고 있다

그럼 이런 황제펭귄의 생존 힘은 과연 어디에 있었을까?

바로 혁신(革新)과 협력(協力)에 있다.

혁신의 "革"은 가죽을 뜻한다. 과거 동물의 가죽을 벗겨서 수많은 무두질의 힘듦과 오랜 시간의 기다림이 있어야만, 우리가 입을 수 있는 새로운 가죽옷이 탄생했듯이 혁신은 그만큼 어렵고 오랜 기다림이 필요한 것이다. 하지만 현재는 그런 기다림 대신에 썩은 살을 바로 도려내야 새살이 돌아

나듯이, 살(가죽)을 벗기는 지독한 고통의 대가를 치러야 혁신을 얻을 수가 있다.

황제펭귄은 육중한 몸 이외에도 내륙의 차갑고도 딱딱한 얼음의 땅을 걷기 위한 날카로운 발톱과 견고한 피부의 발도 얻어냈다. 이것은 환경에 적응하기 위해 오랜 세월이 걸린 자연스러운 진화라 생각할 수도 있겠지만, 나는 엄청난 자기계발이고 혁신에 가깝다고 생각한다. 스스로의 혁신이 동토의 땅 남극에서 황제펭귄을 생존하게 한 것이다.

다음으로 협력의 한자를 파해 해보자. 협(協)은 열 십(十)자와 힘 력(力)자 세 개로 이루어져 있다. 나무(木)가 두 개면 숲(林)을 이루고, 세 개면 더 무성한 숲(森)이 되어, 이 두 글자를 합한 다섯 개의 나무를 우리는 삼림(森林)이라고 한다. 그런데 협력(協力)은 힘(力)이 세 개인 것도 모자라 그 앞에 10(十)을 더했다. 아마도 세 사람의 힘을 합치면 그것이 세 배가 아니라 열 배의 효과를 나타낸다는 것이 협력임을 표현한 것 같다. 그만큼 단체의 힘은 놀라운 기적을 보여주는 것이다. 황제펭귄의 허들링은 일정한 시간을 주기로 바깥의 펭귄이 안으로 들어오고, 안의 펭귄이 바깥으로 나가는 과정에, 나 하나만 좀 더 따뜻해야겠다는 이기심보다는 바깥의 동료를 생각하는 배려심에 의해 이루어진 놀라운 산물이다. 수만 마리의 황제펭귄 집단과 허들링이라는 협력체계는 바로 황제펭귄이 동토(凍土)의 남극 내륙에서 살아날 수 있도록 변화된 생존법이다.

펭귄들은 같은 조류로서, 철새처럼 따뜻한 곳으로 날아가 버리면 좋았겠지만, 풍요로운 먹이가 넘치는 바다가 있는 남극에 남는 것을 선택했다. 그러나 그중에서도 황제펭귄은 좀 더 따뜻하고 먹이가 풍족한 바닷가를 버리고, 오히려 남극에서도 가장 혹독하게 추운 내륙을 선택하여, 자신이 선택한 길에서 도망가지 않고 당당히 맞서서 이겨내었다. 분명히 지구상에서 가장 강한 추위와 맞서 싸우는 것은 엄청난 아픔이 따랐을 것이다. 어쩌면 지금 황제펭귄의 선조들은 그 매서운 아픔에 두려워 다시 따뜻한 남쪽 바다로 도망치고 싶었을지도 모른다. 그러나 그런 두려움은 협동의 힘으로 극복할 수가 있었고 그들은 결국 변화하여 생존하였다.

해빙의 아픔을 넘어라

변화에는 언제나 아픔이 따른다. 그래서 우리는 변화가 두렵다. 아프기 때문에 하기 싫고, 두려워서 생각도 하기 싫다. 그래서 커트 레빈(Kurt Lewin)은 조직의 변화에 대해 쉽게 설명하기 위해 변화관리의 3단계 모델을 제시하였다. 즉, 지금 우리에게 사각형의 얼음이 있는데, 이건 너무 흔하고 차별화 되지가 않아서 앞으로 원뿔형으로 만들고 싶다고 하자. 자~ 그럼 우리는 가장 먼저 무엇을 해야 할까? 사각형을 깎아내야 하나? 아니다. 그러면 크기가 너무 줄어든다. 희생이 너무 크다.

그렇다. 얼음을 녹여서 다시 물로 만들어 원뿔형의 틀에다 넣고 다시 얼리면 된다. 커트 레빈은 변화의 과정이 이처럼 얼음을 녹여서(Unfreeze) 새로운 모양으로 변화(Change)시킨 후, 다시 얼리는(Refreeze) 세 단계로 이루어졌다고 했다. 그는 얼음을 녹일 때는 변화에 대한 불확실성에 대해 두려움이 따르고, 이를 극복하여 변화를 시도할 때는 고통의 과정이 따르지만, 다시 단단하게 얼음으로 결빙되는 것은 그 아픔이 치유되어 변화가 정착되는 것이라 설명하였다.

그래서 변화에는 저항이 따른다. 특히 큰 조직일수록 변화에 대한 저항이 강하다. 변화하지 않아도 따뜻한 곳에서 꼬박꼬박 월급 받으며 잘살고 있는데, 왜 고달프게 변화를 해야만 할까? 나는 변하지 않고 뒷전에 한 걸음 물러나 있어도 신세대 젊은 것들이 알아서 변화를 이루고 있지 않은가?

과연 이런 생각을 하는 팀장들이 아직도 있을까에 대해 의심스럽겠지만, 그 정도가 달라졌을 뿐이지 더 빠르게 변하고 있는 세상에 보조를 맞추려 하지 않는 사람들은 아직도 부지기수(不知其數)로 많다.

왜 그럴까?

그 이유는 오직 하나 아프기 때문이다. 변화하기 위해서는 지금 하는 일 상의 일과 함께 또 다른 일을 더 해야 한다. 그것이 뭐가 되었던 지금도 바쁘고 힘든데 뭔가를 더하라고 하면 더 힘든 것이 인지상정(人之常情)인 것은 당연한 일이다.

인체는 신비로운 면역시스템이 작동되고 있다. 우리 체내에는 이물질, 세균, 바이러스, 노폐물 등을 잡아먹고 소화하는 대형 아메바 모양의 대식세포(大食細胞)가 면역을 담당하고 있다. 쉬운 예로 피 속에는 이런 대식세포 중의 하나인 백혈구가 있어, 어떤 병균이 침투해 오면 스스로 자기 몸을 희생해서 그 병균을 몸속에 품고 처절하게 고통을 감내하다 죽기도 한다. 우리가 흔히 상처가 나서 고름이 생기는 경우, 이것은 병균에 대항하여 싸우다 죽은 대식세포의 장렬한 전사의 결과물이라 생각하고, 이젠 더럽다 말고 애도의 뜻을 보낼 필요도 있겠다.

그런데 대식세포는 그저 죽기만 하는 것이 아니다. 병균에 대한 정보를 처절히 느끼고 림프구에 전달하여 면역체계가 가동되게 한다. 그래서 병균에 한번 노출되어 앓고 일어나면, 대식세포의 희생 덕분에 인체는 같은 실수를 반복하지 않으려는 면역시스템이 작동되어 다음부터는 그 병균에 미리 대비도 할 수 있게 된다. 그런데 이런 놀라운 작용은 신체에만 국한된 신비가 아니다. 정신적으로도 마찬가지다.

작은 어려움을 극복하고 작은 변화의 체험을 한 사람은 나중에 더 큰 고난에 닥쳤을 때, 이를 끈기 있게 이겨내고 다시 새롭게 변화를 꾀할 수가 있다. 그러나 현재의 고통을 회피하거나 극복하지 못한 자들은 미래에 더 큰 고통이 찾아왔을 때 이에 대처할 능력이 없다. 그리고는 항상 뒤늦게 후회하고 나서야 깨닫는다. 그때의 변화라는 두려움과 고통이 열병처럼 치유되었을 때야 비로소 더욱 건강한 자신으로 바로 설 수 있었다는 것을….

이처럼 조직에서의 변화는 아픔과 치유의 반복과정을 거치며 더욱 단단하게 영글어 가는 것이다. 고통은 짧고 그 후에 따르는 기쁨은 영원하다. 변화하려면 먼저 두려움을 떨쳐 버리고 고통을 받아들일 자세가 되어야 한다. 비 온 뒤에 땅이 더 굳는다는 속담처럼, 썩은 살을 도려내는 일은 한 순간의 고통이지만, 새 살이 돋아나면 더욱 건강한 아름다움을 간직할 수 있다는 명료한 진리를 잊지 말아야겠다.

두려움을 극복하는 방법

서두에서도 나는 회사를 여덟 번이나 옮겼다고 했다. 그중에 네 번은 동종업계가 아닌 전혀 다른 산업으로 자리를 옮기기도 했다. 아무리 스스로를 전문 마케터라 자부하며, '마케팅 로직은 변하지 않으니 걱정하지 마라, 단지 시장만 바뀌었을 뿐이다.'라고 위로하여도, 전혀 생소한 분야의 회사로 자리를 옮기는 일은 가장 두려운 일이었다. 나의 경력이 그 산업에서 잘 적용될 수 있을지의 불확실성은 새로운 사람들과 함께 잘 적응해 나갈 수 있을지의 두려움보다 언제나 더 컸다.

사원 대리 시절엔 두려움도 크지 않았다. 초반의 실수도 용서받을 수 있는 젊음과 다가올 미래에 대해 부푼 꿈은 새로움에 부딪히는 고통을 느끼지도 못하게 하는 모르핀처럼 기쁨과 즐거움을 제공해 주었기 때문이다. 하지만 팀장이 되고부터는 입장이 달라졌다. 조직에서의 책임감이 견디기 힘든 무게로 양어깨를 짓누르기 때문이다. 그럴 때마다 나는 잭 트라우트와 알 리스의 공저인 "22가지 마케팅 불변의 법칙"이란 책을 읽었다. 세 번째 직장인 애경산업에서 근무할 때 구입한 책이니 그 후로도 다섯 번은 더 읽었다.

그 책을 통해 나는 변하지 않는 마케팅의 법칙을 가슴 속에 되새기는 작업을 마치 종교의식처럼 해왔다. 그것은 내가 옮기려는 회사와 그 산업에서 이 22가지 법칙들이 어떻게 적용될 수 있을까를 이미지 메이킹 하는 작업이기도 하였다. 그래서 그 책은 어느새 내게는 성서와 같은 존재로 자리매김하게 되었다. 이렇게 같은 책을 매번 읽는 마케팅 불변의 법칙이 과연 내게 또 어떤 새로운 지식을 안겨주었겠는가? 이는 새로운 지식의 탐구가 아니라, 나 자신의 두려움을 떨쳐 버리고 그곳에서도 잘할 수 있다는 자신감을 찾으려고 하는 중요한 과정이었다. 그리고 이 과정은 실제로 잘 먹혀들었다. 내가 다른 회사에 첫 출근을 하는 날에 이미 나는 그 회사에 동화된 그 회사 직원처럼 행동할 수 있었기 때문이다. 이처럼 두려움을 떨쳐 버리기 위해 어떤 방법이든 스스로 가장 잘하는 점을 다시 한 번 되새기며 자신감을 조절하는 방법은 매우 유효하다.

그러나 조직은 나 혼자만 있는 것이 아니라 여러 사람과 함께 하는 곳이다. 그래서 청나라 때 문장가인 황소배(黃小配)는 '유복동향, 유난동당(有福同享, 有難同當)'이란 말을 했다. 좋은 일은 함께 누리고 어려운 일도 함께 해결하자는 의미이다. 행복은 함께하면 두 배가 되고, 어려운 일은 함께하면 반으로 줄어든다는 옛말처럼 조직에서의 변화는 혼자만이 짊어질 수 있는 일이 아니라 조직원 전체가 함께해야 할 일이다. 그러니 세상 나 혼자인 양 독불장군이 되어서도 안 된다. 세상의 변화를 감지하고 이에 따라 먼저 나의 작은 변화를 통해 조직원들에게 변화의 흐름을 안겨 주어야 한다.

유통물류 분야에서는 채찍효과(Bullwhip Effect)라는 말이 있다. 긴 채찍을 잡은 자가 손잡이를 작게 흔들기만 하여도 채찍의 끝은 크게 흔들린다는 것이다.

물류 분야에서의 채찍효과는 고객의 정보가 여러 단계를 거치는 과정에서 정작 본사로 최종 전달되었을 때는 실제보다 과장되어 전달될 수도 있으니 주의하라고 경고를 말하는 것이다. 하지만 나는 변화의 주도자라는 측면에서, 개인의 작은 변화가 조직의 큰 변화를 이끌 수 있다는 점으로 채찍효과를 강조하고 싶다. 실제로 과거 애경산업에서 나의 작은 변화가 시발점이 되어, 회사 전체의 화장품 매출실적이 다른 팀과 시너지도 창출하여 3년 만에 다섯 배로 성장한 사실도 있기 때문이다.

혹시 한 회사에 오래 다녔다고 자만하여 스스로 변화하지 않거나, 너무 늦었다고 스스로를 포기하거나, 아니면 혼자 잘났다고 남들과 협력하지 않는다고 생각되는가? 그 배후에는 선뜻하지 못하게 하는 나쁜 주범 두려움이 숨어있음을 알아야 한다. 스스로를 들여다보고 내 마음속 두려움을 찾아 떨쳐 버려야 한다. 그렇지 않으면 그 누구라도 추운 얼음 땅에서 얼어 죽어 버리는 황제펭귄이 될 수도 있음을 명심해야 한다.

4

변화의 즐거움을 만끽하라

일이 주는 즐거움을 찾아라

애경산업에서 마리끌레르 런칭을 성공하고 좀 여유로워지기도 전에 나는 다른 변화를 모색하였다. 마리끌레르 브랜드는 프랑스 것을 빌려온 것이기 때문에 매년 많은 로열티를 지급해야 할 뿐만 아니라, 크게 성공을 하였다 하여도 프랑스 본사에서 계약 만료 후 다른 회사를 찾는다면 애경산업은 곰이 재주만 부리고 마는 경우가 될지도 모르는 리스크가 언제나 존재하고 있었다. 애경산업이 진정한 화장품 회사로서 자리를 잡기 위해서는 애경산업만의 자체 브랜드가 필요하였다.

5년 계약을 했던 마리끌레르는 이제 1년뿐이 안 지났고, 출고가로 년 매출 200억 원대를 돌파하며 승승장구를 하고 있었던 때이므로, 사람들은 벌써 그런 걱정 하느냐고 하며 좀 더 마리끌레르에 집중해서 매출을 더욱 신장시키자고 하였지만, 이미 한번 구르기 시작한 것은 큰 힘을 주지 않아도 스스로 잘 구를 수 있음을 나는 잘 알고 있었다.

나는 한국의 화장품 시장현황을 다시 한 번 집중적으로 분석하는 한편, 세계 화장품 트렌드를 다방면으로 조사하였다. 1997년 말, 당시는 아직 인터넷이 발전하지 않았기 때문에 다양한 국내외 패션잡지를 구독하고, 화장품 전문 해외 트렌드 정보를 돈을 주고 구입해야 하는 등 꽤 어려움이 많았지만, 포기하지 않고 집중적으로 종합 분석한 결과 한가지 답을 찾아냈다.

당시 화장품 시장은 안티링클(주름개선), 미백 등의 기능성 화장품이 시장을 확대해 나가고 있었는데도 우리는 미처 준비가 되어있지 않았고, 지금이라도 개발하여 진입하기에는 너무 늦었었다. 나는 남들과 다른 어떤 것이 아니면 시장을 장악할 수 없다는 생각에 국내 시장에 없는 정반대의 관점으로 세계 시장의 신제품 현황을 계속 찾아봤다. 그러다 문득 일본에서 이제 막 시작하는 여드름 화장품 시장에 주목하게 되었다.

국내 법규상 또는 통념상 화장품으로 여드름을 치료한다는 것은 금기사항과도 같았기 때문에 누구나 관심은 있었지만 선뜻하기 힘들었던 여드름 화장품을 나는 해야 한다고 생각하였고, 마침내 우여곡절 끝에 국내 여드름 화장품 브랜드 1등이 된 에이솔루션(a-Solution)을 런칭하여 큰 성공을 거두었다. 마리끌레르를 런칭한지 2년만에, 에이솔루션의 성공으로 애경산업은 확실히 10대 화장품 회사로 자리매김하며, 다른 브랜드들과의 상승효과로 년 매출 1천억 원대의 화장품 회사가 되었다.

마케터에게 있어서 브랜드 하나를 개발해서 런칭하는 일은 엄청난 스트레스와 부담감과 함께 밤낮으로 일해야 하는 보통 힘들고 고단한 일이 아니다. 그런데 만약 이 일이 내가 어쩔 수 없이 해야만 하는 남이 시킨 일이었다면 하루하루가 엄청난 고통이었을 것이다. 하지만 나는 일이 재미있었다. 나의 뇌는 끊임없이 아드레날린을 펌프질하고 있었다. 성공에 대해 기대감 때문만은 아니었다. 일 그 자체가 주는 기쁨은 어떠한 쓰디쓴 어려움도 이길 수 있는 달콤한 꿀과도 같았기 때문이었다.

Stay Hungry, Stay Foolish!

스티브 잡스가 스탠포드대학 졸업식 연설에서 자신의 인생을 간략히 얘기하며 말한 명언이 있다.

"무덤 안에서 가장 부자가 되는 것보다 매일 밤 잠자리에 들 때 우리가 놀라운 일을 했다고 말하는 것이 더 중요하다."

세상을 놀라게 하는 변화를 만들어 매일 밤 벅찬 가슴으로 잠자리에 들 수 있다면 이 얼마나 기쁜 일이 아니겠는가? 그가 애플에서 쫓겨난 후 단돈 1달러를 받고 다 쓰러져가는 애플에 다시 돌아왔을 때 그는 잃어버린 돈과 명예를 되찾기 위한 것이 아니라, 그냥 가슴이 시키는 대로 하였다고 했다. 그의 가슴은 이미 이성적인 머리보다 먼저 알고 있었다. 그것이 매우 기쁘고 즐거운 일이라는 것을…

그리고 그는 연설의 마지막에 시대를 넘어 길이 남을 명언을 하나 남겼다.

"Stay Hungry, Stay Foolish!"

"Stay Hungry"란 말은 말 그대로 직역하면 배고픔을 유지하라는 말이다. 2002년 월드컵 당시 한국 국가대표를 4강의 신화로 끌어올린 명감독 히딩크도 우리가 세계 강호들을 물리치고 떠들썩 소란을 피웠을 때 "나는 아직도 배가 고프다."라는 명언을 남겼었다. 히딩크 감독이 그때 그 수준에서 "이만하면 만족한다. 나는 할 만큼 다했다."라고 말했다면, 어찌 우리나라의 4강 신화가 이루어졌겠는가?

스티브 잡스의 "Stay Hungry"란 말은 결국 어느 정도 성공을 한 사람들에게 하고 싶은 말이었을 것이다. 스탠포드라는 명문대학교를 졸업하는 학생들은 아직 사회에 발을 내딛지도 않았지만, 어느 정도 성취감에 빠져 있었을 것이다. 스티브 잡스는 졸업생들에게 자신의 인생을 얘기하면서 스스로 만족하지 않고 계속 새로운 사업에 성공할 수 있었던 것도 바로 초심을 잊지 않고 자신을 절박하게 몰아붙이며 끊임없이 변화를 시도하였기 때문임을 일깨워주고 싶었을 것이다.

'Stay Foolish'도 또한 바보가 아니라면 이 말이 진짜 바보가 되라는 말이 아님을 누구나 알 것이다. 이는 스스로를 낮추어 좀 모자라듯 항상 배워야 함을 의미하는 것이다. '위대함'의 가장 큰 적은 '대충 좋음'이고, 내가 맞서야 할 가장 큰 적은 바로 스스로 만족하는 '나 자신'이기 때문이다. 그러므로 "Stay Hungry, Stay Foolish"해져서 과거의 나를 부수는 것이 새로운 나를 만드는 것이라고 그는 주장한 것이다.

앞서 얘기했지만, 변화는 두려운 일이다. 하지만 변화를 통해 계속 새로움을 접한다는 것은 가슴을 방망이 치듯 뛰게 하는 놀라운 기쁨이다. 나는 마리끌레르 때도 그랬지만 또다시 에이 솔루션을 런칭하는 일이 너무 즐거웠다. 그 힘든 과정 또한 인생의 한 줄기 행복감으로 다가왔다. 아마도 스티브 잡스 또한 그런 즐거움으로 지속적인 변화의 원동력을 창출하였다 생각한다.

마지막으로 변화에 대해 멋진 명대사가 있는 영화 베스트 엑조틱 매리골드 호텔(The Best Exotic Marigold Hotel)을 소개한다. 저마다 다른 각자의 사연을 담은 채 어느 날 갑자기 운명처럼 인도의 자이푸르에 있는 베스트 엑조틱 매리골드 호텔에 모인 인생의 황혼기에 놓인 7명의 영국인 노인들의 삶에 대한 다양한 모습을 유쾌하고 아름답게 볼 수 있는 재미있는 영화였다. 그리고 영화의 마지막에 나오는 대사가 내 마음속에 깊이 자리 잡혀 떠나지를 않았었다.

"진정한 실패는 시도도 하지 않는 것이다. 성공의 방법이란 어떻게 실망을 극복하는가이다. 늘 그랬듯이 우리는 이곳에 와서 다른 방식으로 살아보려고 노력을 했다.

변화하기엔 너무 늙었다고 해서 과연 비난받을 수 있을까? 다시 시작해야 하는 것이 너무 겁이 나서, 우린 아침에 일어나서부터 최선을 다한다.

다른 건 상관없다.

위험을 무릅쓰지 않는 사람이 오히려 자유로울 수 있는 것도 사실이다.

우리가 미래에 대해 아는 것이라곤 지금과는 다르다는 것일 뿐…

하지만 우리가 두려운 건 변하지 않고 똑같을까 봐서다. 그러니 변화를 축하해야 한다.

모든 건 결국에는 다 괜찮아질 것이라고 누군가 말했다.

그래도 만약 괜찮아지지 않았다면, 아직 끝난 것이 아니다.

(Everything will be alright in the end. So if it is not alright, it is not yet the end.)"

그러면 어떻게 세상의 변화에 대응하고 스스로 능동적으로 변화할 수 있을까? 그 자세한 방법은 앞으로 나오는 이 책의 전반에 걸친 이야기가 될 것이다. "CHALLENGE로 변화하라"는 제목에서처럼 CHALLENGE의 서두를 변화(Change)로 장식한 이유도 도전의 궁극적인 목적은 변화이기 때문이다. 따라서 CHALLENGE의 각 이니셜들, Hot Passion(뜨거운 열정), Attitude(태도), Learning(학습), Logic(논리적 사고), Extraordinary(비범함), Never Give-up(포기하지 않는 자세), Goal(목표), Execution(실행력)은 바로 Change를 달성하기 위한 마음과 행동의 강령이라고 할 수도 있겠다.

그러므로 다음 장부터 세상의 흐름을 놓치지 않으며 변화를 주도하는 사람이 되기 위한 구체적인 방법으로, 어떻게 목표와 꿈을 향해 뜨거운 열정과 논리적 사고로 배우고 익히며 분석하여, 자신의 태도와 습관을 바르게 바꾸고 남과 다른 관점과 창의성으로 절대 포기하지 않고 끈질기게 실행하여 이룰 수 있는가를 하나씩 살펴볼 것이다.

피할 수 없으면 즐기라는 말이 있다. 이제 변화는 피할 수 없는 필수조건이다. 변화를 즐기자. 즐거운 일을 하는데 어떤 고통과 두려움이 문제겠는가? 공자께서도 말씀하셨다.

"아는 자가 되어야 한다. 그러나 아는 자는 좋아서 하는 자를 못 당하고, 좋아서 하는 자는 즐기는 자를 못 당한다(子曰 知者, 知者不如好者, 好者不如樂者)."

변화를 아는 자,
변화를 좋아하는 자,
변화를 즐기는 자만이 두려움을 극복하고 변화에 성공할 수 있을 것이다.

Change, 변화를 즐겨라.

Hot Passion,

뜨거운 열정으로
가슴을 채워라

1

열정과 냉정 사이에는 용기가 있다

냉정함이 저지하는 행동

내가 다녔던 한양대학교 경영학과에는 "머리는 차갑게 가슴은 뜨겁게"라는 캣치 프레이즈(Catch Phrase)가 있다. 젊은 경영학도들에게 냉철한 이성과 뜨거운 열정을 가지라는 말이었다. 그러나 일반적으로 이 두 가지는 마치 상반되는 성질처럼 모두 동시에 가지기는 참 힘든 일처럼 보인다. 왜냐하면, 인간은 학습과 경험을 통해 반복되는 행동에 대해 더는 하지 않으려는 경향이 있기 때문이다. 이런 것은 때론 매우 효율적인 결과를 초래하기도 하지만, 때론 쉽게 포기하거나 게으른 양상으로 나타나기도 한다.

과거 경제학자들은 생산현장에서 신제품을 처음 만들 때보다, 같은 제품을 계속 반복하여 만들게 되면 노동자들의 숙련도와 업무 친숙도가 증가하여 노동력(노동시간)이 감소한다는 사실을 발견하여 이를 학습곡선효과(Learning Curve Effect)라고 하였다. 이처럼 우리는 학습을 통하여 반복된 일에 숙련되면, 같은 실수를 반복하지 않고 효율성을 높일 수가 있으며, 같거나 비슷한 상황에 부닥쳤을 때 문제점이나 위험을 감지할 수 있는 능력도 갖추게 된다. 그러나 위험이 감지될 때, 인간의 좌뇌는 냉철한 이성으로 일을 주저하거나 하지 못하게 하는 명령을 내리게도 한다. 갓난아이가 왕성한 호기심에 무엇도 모르고 병뚜껑을 먹거나 날카로운 칼에 손을 베어 병원에 실려가는 것은 아직 그 아이에겐 학습이 전혀 없었기 때문이다. 아이는 이런 아픔을 통해 직접적이든 간접적이든 하면 안 되는 일을 배워 나가게 된다.

이러한 일은 어찌 보면 이성적인 것을 떠나 수 만 년 동안 인간이 살아오면서 DNA에 축적된 본능과도 같은 것이다. 과거 원시수렵사회 때부터 연약한 인간은 강하고 힘센 동물을 만나면 본능에 따라 몸을 숙여 피할 준비를 하였기 때문이다. 이렇게 인간은 본능에 따라 이성능력을 타고났기 때문에 섣부른 판단으로 일을 함부로 벌이지 않는 안전장치를 가지고 있다.

그런데 이런 냉정한 이성은 자주 열정을 가로막는다. 때론 냉정이 안 된다는 증거를 수도 없이 제시하여도 열정은 일말의 가능성에 승부를 걸어야 할 때도 있다. 그러나 위험을 감지한 냉정은 또다시 열정을 저지하려 한다. 그럴 때 필요한 것이 용기이다. 그리고 지금 이 세상은 그렇게 용기와 신념으로 새로운 것을 창조한 사람들에 의해 변화되어 움직여 온 것이 사실이다.

장 폴 리히터는 이렇게 말했다.

"소심한 자는 위험이 닥치기 전에, 겁쟁이는 위험이 닥쳤을 때, 용기 있는 자는 위험이 지난 후 두려움을 느낀다."

냉철한 분석과 판단이 용기를 낳는다

용기는 무모함과는 다르다. 미국의 윌리엄 셔먼 장군은 "위험을 판단할 수 있는 분별력과 그 위험을 인내하고자 하는 정신적인 의지가 용기이다."

라고 말하였다. 아무 생각이나 계획도 없이 무작정 일부터 저지르는 것이 무모함이라면, 용기는 철저한 분석과 계획에 의한 판단력에 바탕을 둔다. 아무렇게 내뱉는 상처 주는 심한 말이 아니라 철저히 조직이나 상대방을 위해 쓴소리의 말을 하거나 하고자 하는 바를 반드시 해내기 위해서는 냉철한 생각에 용기가 뒤따라야 한다. 용기는 차가운 이성을 열정으로 승화시켜 주는 힘이 있기 때문이다. 냉정과 열정, 그 사이에는 분명 용기가 필요하다.

LG생명과학 마케팅전략팀장으로 근무하였을 때였다. 입사 당시 마케팅전략팀은 신생팀으로써 정확한 R&R(Role & Responsibility, 역할과 책임)이 불명확하였지만, CEO께 간단하게 직접 하달 받은 것은 R&D와 고객을 연결해주는 가교가 되어 달라는 것이었다. 주로 의사가 처방하는 전문의약품을 생산 판매하는 LG생명과학은 국내 최초 미국 FDA허가를 받은 신약을 개발할 만큼 훌륭한 연구기술진이 있었는데, 문제는 이게 시장과 잘 연결되지가 않았다. 한마디로 좋은 제품만 만들면 항상 잘 팔릴 것이라는 연구 기술적 관점이 잘못된 것이었다. 그래서 당시 LG생명과학 CEO께서는 완전히 새로운 발상으로 의약품 전문지식이 없지만, 소비자용 가전, 화장품 등의 마케팅 경험이 풍부했던 나를 다른 임원들의 반대에도 불구하고 전격적으로 발탁하여 채용하였다. 의사를 상대해야 하는 전문의약품 업계에서 의학적 약학적으로 전문지식이 없는 사람을 마케팅 주요 자리에 뽑는 일은 무척 획기적인 일이었다. 그 대신 나의 자리는 팀장이 아니라 팀원(차장)이었다.

당시 40대 중반의 중소기업 부장이었던 내게도, 그 나이에 전혀 모르는 분야의 산업으로, 그것도 대기업의 팀장이 아닌 팀원으로 자리를 옮기는 일 또한 놀라운 일이었다. 당시 내 주변 사람들도 그것이 얼마나 위험하고 무모한 일인지 아느냐며 만류를 하였지만, 나는 이를 무릅쓰고 결국 회사를 옮겼다. 그것은 그냥 다시 급여가 높은 대기업으로 돌아가는 것이 좋아서가 아니라, 나름 냉철한 분석으로 선택한 용기 있는 결정이었다.

나는 지금도 이때 만들었던 내 이름 석 자를 브랜드로 하여 만든 SWOT 분석*을 마케팅 기초 교육 때 사례로 활용하고 있다. 약국에서 파는 게보린이나 인사돌 같은 소비자 대상의 일반의약품이 아닌 의사가 처방하는 전문의약품이라는 생소하고 어려운 시장과 내부적으로도 경쟁이 치열한 대기업에 그것도 팀원으로 백의종군하듯 들어와서, 나는 과연 어떤 경쟁력으로 살아남고 인정받아 다시 팀장이 될 수 있을까에 대한 깊은 생각과 판단에 대한 SWOT 분석이었다. 그 결과 내 이성은 차갑게 일말의 가능성을 제기하였고, 나의 용기는 새로운 도전에 대해 뜨거운 열정을 불러일으키게 했다.

내부환경 외부환경	● Strengths – 다양한 마케팅 경험 및 전문적 지식 – 좋은 인간관계 → 친화도↑	● Strengths – 다양한 마케팅 경험 및 전문적 지식 – 좋은 인간관계 → 친화도↑
● Opportunities – 대기업 입사 → 안정적 고용 연봉상승, 복지제도 – 좋은 경력 유지	● SSO전략 – 적극적 입사 지원 – 마케팅에 대한 성공 경험을 의약품 시장에 적용 → 조직 내 성공적 위치 확보 – 좋은 인간관계로 내편 확보 및 실력으로 증명	● WO 전략 – 퇴근 후 의약 관련 공부 → 의약지식 습득 – 영업사원과의 미팅을 통한 간접적 영업현황 습득 – 영어학원
● Threats – 사오정 – 경쟁 심화 – 텃세	● ST 전략 – 적극적 업무 수행 – 변화를 주도하되, 인간적 유대관계를 통해 직원들과 동반적 관계 유지	● WT 전략 – 입사포기

SWOT 분석* : 내부적으로는 자신의 Strength(강점), Weakness(약점)을 알고, 외부적으로는 Opportunity(기회)와 Threat(위협)을 알아서, 자신의 강점을 강화하고 약점을 보강하여 위협을 회피하고, 기회를 잡도록 전략적 방향을 정하는 방법이다.

취직 후에도 나의 계속되는 도전은 기존의 여러 부문과 사람들에게 반향을 일으켰다. 먼저 나는 LG생명과학이 LG화학의 의약품 R&D 사업부에서 태동하여, 신약개발을 계기로 독립된 회사로서, 철저히 R&D 중심으로 돌아가는 조직이라는 사실을 뒤늦게 알고는 매우 놀랐다. R&D에서 연구하는 과제나 사업개발부에서 라이선스를 검토하는 제품들에, 시장의 의견에 따른 시장성 평가가 제대로 조사되고 분석되지 않은 채 막대한 자본이 투여되는 경향을 보고, 나는 마치 딴 세상에 온 것만 같았다. 그러다 보니 시장 중심의 제품관리(PPM – Product Portfolio Management)가 이루어지지 않아, 어떤 분야는 불필요한 제품들이 있었고, 어떤 분야는 계란 하나만을 한 바구니에 담은 듯한 제품에 대한 의존도가 너무 커서 자칫 브랜드 하나가 망가지면 회사가 위태로울 수도 있겠다는 생각이 들었다.

그래서 내가 제일 처음 한 일은 R&D와 사업개발부가 계획하고 있는 미래의 제품에 대해 시장조사와 분석을 통해 시장성 평가를 하는 일이었다. 마케팅전략팀의 모든 구성원은 회사의 미래전략에 중요한 사명과도 같은 일임을 자각하고, 매우 열정적으로 전문의사들과 인터뷰를 하고 다양한 자료를 수집, 분석해서 지속해서 의견을 제시하였다. 그런데 문제는 그다음부터였다. 자신의 전문성이라는 고집이 아집처럼 뭉쳐있던 연구소나 사업개발부에서 우리의 의견을 귀담아들으려 하지 않았다.

입사 후 처음으로 내가 고객의 의견을 발표하였던 시간에 R&D임원이 한 말이 지금도 생각난다.

"그건 생활용품에서나 하는 일이고…, 제약시장은 틀려! 당신이 아직 이 시장을 몰라서 하는 말이야~!"

순간 나는 말문이 막혀 더는 대꾸를 하지 못했다. 무엇보다도 먼저 내가 아직 준비가 덜 된 상황에서 과거 경험과 분석에 의존하여 무모하게 던졌던 한마디는 무참하게 즉석에서 짓밟혀 버렸다. 그 후 나는 불철주야로 회사에서 제공하는 기초의학, 약동학 등을 공부하는 한편, 너무도 생소해 마치 다른 나라의 언어와도 같은 수많은 의학 약어들을 정리하여 암기하였다. 예를 들어 그들이 사용하는 언어 중에 **PIPO**(Patient-in Patient-out)라는 말이 있는데, 이는 신약을 임상하기 위해 환자들이 언제 얼마나 들어왔고 언제 끝난다는 의미이다. 그렇게 약 2개월이 지나자 사람들은 분석적 판단에 따라 공통된 언어로 얘기하는 나에게 놀라기 시작했으며, 나는 당시 나를 포함한 세 명의 팀장 후보자 중에 약학박사와 미생물학 석사 타이틀의 경쟁자들을 물리치고 입사 3개월 만에 마케팅전략팀장이 되어, 나와 팀원들은 자신 있게 회사에서 열정을 불사를 수 있었다.

그리고 1년이 지나자 마케팅전략팀은 회사의 주요 전략과제에서 없어서는 안 될 팀으로 자리매김하게 되었으며, 점차 그 업무영역도 확대되었다. 그러자 한번은 술자리에서 사업개발팀 과장 한 명이 내게 말했다.

"이곳이 무슨 서부개척시대인 줄 압니까? 넓은 땅덩어리 깃발만 꽂으면 다 자기 땅인가요?"

마케팅전략팀이 자꾸만 사업개발팀의 업무영역을 침범하는 것에 대한 불만의 소리였다. 나는 웃으며 대답하였다.

"아니지, 오히려 깃발만 꽂고 제대로 개간하지도 않고, 내 땅이라고 버려두는 것이 문제지. 어찌 그곳을 그냥 내버려 둘 수 있는 거지? 나는 남의 땅에 침범하고 싶지도 않고 그 땅을 차지하고 싶은 욕심도 없어. 단지 놀리고 있는 땅이 있다면 쓸모있게 만들어야 하지 않나 싶을 뿐이야. 그러니 그곳이 그쪽 땅이라고 주장하면, 그냥 내가 개간해서 다시 돌려줄게."

대한민국에 사는 우리 대부분은 구글이나 애플 같은 회사에서 근무하지를 못한다. 우리는 어려서부터 자라면서 "이거 하면 잘하겠다. 이거 한번 해보라. 참 잘했다."라는 긍정적인 소리보다 "이러면 안 된다. 왜 그런 것도 못하니?" 등, 부정적이고 하지 말라는 소리를 학교에서나 집에서나 계속 들으며 자라왔다. 더욱이 한창 꽃피울 청춘의 나이에 군대라는 조직에 들어가 또다시 하면 안 되고 조건 없는 통제와 복종이 사는 길임을 강요받게 된다. 우리나라의 전통적인 유교적 문화와 군사적 교육방식은 회사에서도 관리와 통제라는 괴물 같은 관습을 만들어내어 지금까지 한국 대부분 기업은 창의와 도전에 투자하는 것보다 효율성, 합리성에 투자해왔고 우리는 해야 하는 것보다 하면 안 되는 것에 더욱 익숙해져 왔다. 그리고 이런 관습은 몸속의 기생충처럼 점점 크게 자란 '대충'을 만들어 우리의 열정을 서서히 갉아 먹게 되었다.

나보다 더 똑똑하고 학벌도 좋으며 이성적 능력으로 똘똘 뭉친 사업개발부 사람들은 벗어날 수 없는 관습에 지배받으며, 어쩌면 자신의 프로젝트가 사라질지도 모르는 두려움에 고객의 눈으로 바라보는 관점을 잃게 되었을지도 모른다. 그러다 보니 상급자가 하라는 일을 거부할 수 있는 용기는 사라졌으면서도 하기 힘들고 고단한 시장조사업무 등은 회피하며 마케팅전략팀에 자신도 모르게 슬쩍 넘기고 말았으니 그 모든 것이 열정이 부족했기 때문이었다. 그것이 그 팀과 마케팅전략팀의 차이였다.

우리에게 인천 상륙작전으로 유명한 맥아더 장군은 이렇게 말했다.
"세월은 피부를 주름지게 하지만, 열정을 저버리는 것은 영혼을 주름지게 한다."

용기는 그 누구도 아닌 나 자신을 위한 것이다

우리는 실패를 두려워하지 않는 용기를 가져야 한다. 변화와 마찬가지로 용기도 항상 두려움과 함께 살고 있다. 존 매케인 미국 상원의원은 용기를 이렇게 정의한 바 있다.

"용기는 두려움이 없는 것이 아니라, 두려운데도 불구하고 행동할 수 있는 능력이다."

용기란 두려운 일을 하는 것이다. 세상에 두려운 일이 존재하지 않았다면, 어찌 용기란 단어가 만들어졌겠는가? 그리고 그 용기는 이제 직장상사를 위해, 회사를 위해 목숨 바쳐 헌신하듯 행하는 것이 아니라, 바로 나 자신을 위해 발휘되어야 한다. 이제는 패러다임을 바꿔, 내가 바로 서야 조직이 바로 서고, 조직이 바로 서야 또 내가 계속하여 바로 설 수 있는 바람직한 선순환이 만들어져야 한다. 텍스터 예거는 그의 저서 "끝없는 추구"에서 내가 아닌 모습으로 사랑받기 보다 있는 그대로의 모습으로 미움을 받는 게 낫다고 했다. 조직에서 상사에게 미움을 받으라는 말이 절대로 아니다. 용기를 내어 자기다움으로 승부를 걸 수 있는 열정이 있어야 한다는 말이다.

용기는 자신에 대해 깊은 믿음이며, 구속과 관습을 타파하는 자유이다. 자신에 대해 믿음이 자유의 날개를 얻었을 때 사람들은 열정적으로 변한다. 그리고 이런 용기는 태어나면서부터 타고나는 것이 아니라 만들어지는 것이다. 다이빙 선수가 높은 곳에서 아름다운 회전을 그리며 뛰어내릴 수 있는 것이 타고난 용기에 의해서가 아니라 부단한 훈련으로 만들어진 것이듯이, 용기도 객관적인 자료와 준비, 그리고 연습과 훈련을 통해 단련될 수 있는 일이다. 그러므로 기업은 직원들에게 용기와 열정을 만들 수 있는 훈련과 학습의 기회를 마련해 줄 수 있도록 조직이나 인사구조를 재편할 필요가 있다. 그러나 우리나라 기업이 이를 제대로 만들어내기는 멀고도 험난한 일로 보인다. 그러니 회사가 나를 위해 해주기 전에 내가 먼저 스스로 노력해보자.

레기 리치는 말했다.

"성공은 저절로 생기는 결과물이 아니다. 먼저 자기 자신에게 불을 붙여야 한다."

충무공 이순신 장군의 용기

2014년 영화 명량이 1천7백만 관중을 동원하여 우리나라 흥행신화의 역사를 다시 썼을 만큼, 이순신 장군은 현재에 사는 우리에게 지금도 가장 바람직한 리더십의 표준을 제시하고 있다. 이순신 장군은 왜군과 싸워 23전 23승이라는 전사에 길이 남을 전승의 기록을 남겼다. 혹자는 이 정도야 다른 누구라도 할 수 있지 않았을까 싶을지도 모르겠다. 하지만 여기서 중요한 점은 너무도 열악한 환경에서 거둔 값진 승리였기 때문에 이순신 장군이 더욱 위대하다는 것이다. 그러나 이순신 장군의 유명한 시조를 보면, 실제로 그가 타고난 용장이 아니라 얼마나 두려움에 떨며 고민하였는지를 알 수가 있다.

"한산섬 달 밝은 밤에 수루에 혼자 앉아
큰 칼 옆에 차고 깊은 시름 하는 적에
어디서 일성호가는 남의 애를 끊나니"

이 시조를 통해 우리는 이순신 장군이 모든 사람이 잠자고 있는 밤에도 잠을 이루지 못하고 수루에 홀로 올라 깊은 시름을 하며 애간장을 삭이고 있음을 알 수 있다. 턱없이 부족한 군수품과 인력으로 전쟁에 패하여 많은 병사를 잃고 왜군이 조선 땅을 밟게 할지도 모르는 두려움은 그를 신경쇠약에 걸릴 정도로 스스로를 몰아붙였다. 그 결과 그는 목숨을 걸고 왕의 명령을 어기면서라도 오직 나라와 백성을 위해 두려움을 물리치고 큰 용기를 내어 오롯이 자기다움만으로 승부수를 던졌고, 끝내 승리를 거두었다.

이순신 장군의 23전 중 그의 진정한 용기를 단적으로 보여주는 해전이 있으니 바로 영화로도 유명한 명량대첩이다. 당시 원균 장군이 왜군에게 대패하자 조정은 하는 수 없이 다시 이순신 장군을 삼도수군통제사로 복귀시켰지만, 그에게 남은 건 패전 후 남은 13척의 배와 2,400여 명의 병사들뿐이었다. 반면 적군에게는 330척의 배와 수만 명의 병사가 있었으니, 이런 상황에서 그 누가 있어 어찌 싸워 이길 수 있었겠는가? 보통의 사람이라면 도망가는 것도 상책이라 하며 줄행랑을 치지 않았을까 싶다.

그러나 당시 이순신 장군은 이런 상황을 우려하는 왕을 오히려 위로하듯 "신에게는 아직 열 세척의 전함이 남아있습니다."라는 장계를 올리고 병사들에게는 그 유명한 "필사즉생 필생즉사(必死則生, 必生則死) 즉, 죽고자 하면 살 것이오, 살고자 하면 죽을 것이다."라는 말로 비장한 각오를 다진 결과, 해남의 어란포(於蘭浦)와 명량에서 적군을 대파하였는데, 이때 조선 군사는 단 11명만 전사하였고 전함의 피해도 별로 없었다고 한다.

이 얼마나 용기 있는 행동인가? 만약 회사에서 제대로 갖추어지지도 않은 인프라와 인력으로 무조건 달성하기 힘든 업무를 맡긴다면, 여러분은 어떻겠는가? 회사를 비난하고 상사를 욕하면서, 도대체 왜 내게만 이러는지 모르겠다며 신세 한탄만 하다가, 혹 회사를 도망치듯이 떠나 버리지는 않는가? 만약 회사를 위해서 적당히 일하고 좋은 복지 혜택과 월급에 만족하며 일한다는 마음가짐이라면 어떻겠는가? 아마도 똑같은 조건이면 좀 더 편한 곳을 찾고, 편하지 않고 일이 힘들 것 같다면 더욱 좋은 급여의 회사를 찾아가는 것이 당연한 일일지도 모르겠다. 하지만 보다 장기적으로 나의 미래와 꿈, 성장과 발전, 그리고 변화와 도전의 기회라는 점에서 생각해보면 이는 분명 달라질 수도 있다. 이는 도망치고 회피할 일이 아니라 새로운 도전의 기회이다. 그러니 두려움을 떨쳐 버리고 용기를 내어 도전해보자. 도전한 사람에게만 그것이 좋든 나쁘든 결과가 있다.

2차 세계대전 때 전차전에서 뛰어난 능력을 발휘한 미국의 조지 패튼 (George S. Patton) 장군은 말했다.

"도전을 받아들여라. 그러면 승리의 쾌감을 맛볼지도 모른다."

할 수 있다는 생각이 용기를 만든다

1996년 내가 애경산업에서 처음으로 마리끌레르 마케팅팀장이 되었을 때도 그랬다. 마케팅 경험도 없는, 그것도 일개 대리에게 갑자기 팀장 자리를 주며 회사의 사활을 건 큰 프로젝트가 맡겨졌다. 당시 생활용품 회사였던 애경산업은 화장품에 한해서는 인프라도 낙후하였고 전문 인재도 부족하였다. 무엇보다도 샴푸와 클렌징만 판매했던 당시 대리점에 전문 색조 중심의 화장품을 이해시키는 일은 참으로 힘든 벽과도 같아서, 나는 처음부터 아예 새로운 대리점을 구축하기로 하였는데, 이 모든 것이 회사를 하나 세우는 것처럼 모두 새로 만들어내야 하는 험난한 여정이었다.

처음 나는 이것이 기회라는 생각보다 이걸 나보고 어떡하라고 하는 생각에 숨이 막혀 왔었다. 새로운 컨셉(Concept)의 신 브랜드를 한두 품목도 아니고, 수십 가지 색상의 색조화장품으로 개발하는 것은 적어도 1년은 넘게 걸리는 작업이었지만, 내게 주어진 시간은 7개월뿐이었다. 게다가 나오지도 않은 브랜드를 가지고 미리 새로운 대리점을 모집해야만 하는 가당치도 않은 일이 이루어지게 하기위해, 나는 슈퍼모델대회 같은 대규모의 대학생 모델선발 대회도 기획하여, 출시 전 기대심리를 극대화하는 일도 하였다. 만약에 이미 화장품으로 성공한 아모레퍼시픽 같은 회사였다면 큰 어려움 없이 가능했을지도 모르겠지만, 당시 애경산업의 화장품 부문은 대리점 사장이 미리 가맹하고 제품 나올 때까지 기다려 줄 만한 형편이 아니었기 때문이다.

나는 당시 이것이 내 인생의 마지막이라는 생각으로 용기를 내어 팀을 이끌었다. 그리고 무엇보다도 일단 먼저 배우는 게 중요했다. 마케팅을 다시 배웠으며, 화장품 용기를 만들어가는 과정과 내용물의 원료와 색상에 대해 배웠고, 협력업체와의 관계도 배웠으며, 광고대행사도 처음 접하게 되었다. 무엇보다도 마케팅을 중심으로 움직이는 여러 유관부서, R&D, 디자인, 포장개발, 구매, 생산, 영업, 회계 등 회사의 밸류 체인(Value Chain)의 전 과정을 두루 섭렵할 수 있게 된 것은 내가 어느 한 부서가 아닌 전사적인 회사의 흐름을 총체적으로 알 수 있는 좋은 계기가 되었다.

그리하여 관련 부서의 주요 인재들을 차출하여 TFT(Task Force Team)를 구성하고 새로운 영업부가 구축되면서, 우리는 동일한 꿈을 향한 열정으로 똘똘 뭉치게 되어 마침내 무(無)에서 유(有)를 창조할 수 있다는 가능성을 가지게 되었다. 그 결과 2월에 시작된 마리끌레르 화장품은 정확히 7개월만인 8월 말에 출시하여 9월 화장품 성수기를 맞이할 수 있었다.

할 수 없다고 생각하면 용기도 없다. 그러나 할 수 있다고 생각하는 용기는 열정을 만들어, 나를 변화시키고 위기를 기회로 만들어 준다. 당시 마리끌레르팀과 여러 열정적인 TFT멤버들의 노력으로 애경산업은 화장품 사업의 큰 전환점을 얻게 되어, 모두가 힘들다고 하던 IMF 때에 오히려 비약적인 성장을 하였다. 큰 성공에도 불구하고 회사는 비록 내게 남들과 똑같은 월급뿐이 주지 않았지만 나는 이에 개의치 않았다. 나는 그 회사에서 용기와 열정을 배웠고, 그 당시 나의 도전과 성공의 체험은 애경을 떠난 지 16년이 지난 지금도 여전히 가장 큰 원동력이 되고 있기 때문이다.

3차원적인 그림을 통해 우리가 볼 수 없는 숨겨진 이면을 한 면의 화폭에 담아내어 추상파, 입체파라는 새로운 영역을 창조한 천재적인 화가 파블로 피카소는 말했다.

"나는 항상 내가 할 수 없는 일을 한다. 혹시 내가 그 일을 어떻게 하는지 배우게 될지도 모르기 때문이다."

아무도 할 수 없다고 생각하는 일은 당연히 나도 할 수 없는 일이라고 생각하기 쉽다. 하지만 피카소는 남들이 할 수 없는 일을 하는 용기를 가졌고 세상을 놀라게 한 새로운 영역을 개척하였다. 2012년 여름휴가 때 스페인 여행을 갔다가 방문한 피카소 미술관에서 나는 젊은 시절 그가 그렸던 멋진 작품들을 볼 수 있었다. 르네상스풍의 세밀하고 아름다운 작품들은 내 눈에 보기에 난해한 추상화보다 더 잘 그린 것으로 보였다. 하지만 남들과 비슷하게 사진을 보듯 너무 잘 그리는 그림을 이미 어려서부터 섭렵한 이 천재에게 그건 더는 자기다움이 아니었다. 자신을 먼저 파괴할 수 있는 강한 용기를 가진 그였기에 새로운 영역을 창조할 수 있었다.

나를 스스로 나답게 만드는 용기를 통해서 나는 열정적 인물로 재 탄생할 수 있다. 냉정과 열정 사이에 용기가 없다면, 이제 직접 한번 만들어 보자. 두려움도, 힘듦도 떨쳐 버릴 수 있는 용기를 열정으로 승화시켜 보자. 용기 가득 찬 열정이 미래를 향해 현재를 숨 가쁘게 달리게 하자. 머리가 아닌 가슴이 시키는 대로 나 자신의 꿈을 향해 용기를 내어보자.

단돈 1달러의 연봉으로 망하기 일보 직전인 애플로 다시 돌아온 스티브 잡스는 말했다.

"가장 중요한 것은 용기를 갖는 것입니다. 이미 마음과 직관은 여러분이 무엇을 원하는지 알고 있기 때문입니다."

2

절실함은 열정을 낳는다

궁하면 통한다

할리우드 컨셉 디자이너인 스티브 정이 "최고가 되려면 최고를 만나게 하라"에서 그의 성공 비결에 대하여 다음과 같이 말했다.

"결핍이 나를 열정적으로 일하게 하였다. 너무 가난해 제약이 너무 많았고, 기회가 충분히 채워지지 않았다. 그러다 보니 내 몸에서 '해보고 싶다', '이루고 싶다.'라는 간절함이 넘쳐났다. 결핍이야말로 성장을 가져다주는 가장 센 동력이다."

과거 우리는 헝그리정신이란 것이 있었다. 가난한 농부의 아들이나 딸로 태어나 이 가난을 더는 나 다음 대까지 물려주지 않겠다는 절실함으로 맨손으로 시작하여 자수성가한 성공스토리를 많이 들어왔다. 라면으로 끼니를 때우며 육상 챔피언이 되었다던가 온갖 잡일을 하며 수백 번의 오디션의 낙방 끝에 지금은 스타가 된 사람들도 있다. 한국전쟁 때 북한인 고향과 가족을 버리고 홀로 남한으로 이주하신 아버지 밑에서 60~70년대의 가난을 어린 마음에도 뼈저리게 느꼈었던 나도 그 당시를 생생히 기억

한다. 그때는 모든 것이 부족하고 절실했던 시절이었다. 하지만 지금 와서 반대로 생각하면 기회도 많았던 시절이었다. 상당수의 초대 기업 오너들은 60년대 발전과 성장의 기회가 넘쳐났던 우리나라에서 절실함과 절박함으로 무장된 열정 하나로 기회를 움켜잡고 끈질긴 노력으로 기업을 일구어냈다. 시대가 그럴 수밖에 없게 만들었고, 또 그래야 먹고 살 수 있었던 시대였다.

공자는 논어(論語)에서 "군자는 힘들고 궁한 상황에서 위대한 답을 찾아낸다(군자고궁 君子固窮)."라고 하였으며, 주역에서는 "궁하면 변하고, 변하면 통하게 되고, 통하면 영원하리라(궁즉변 변즉통 통즉구 窮卽變, 變卽通, 通卽久)." 하였다. 바로 절실하면 문제를 해결할 수 있는 훌륭한 대안을 만들어낼 수 있기 때문이다.

손자가 말하는 절실함, 분주파부(焚舟破釜)

빠른 경제성장으로 우리나라는 상당히 부유한 나라가 되었다. 우리 부모님 세대, 할아버지 세대의 헌신과 노력과 고생은 그들의 바람대로 후대에게 경제적 여유를 물려 주게 되었지만, 상대적으로 절실한 어려움 끝에 이루어내는 도전 정신은 점차 사라져 가고 있다.

나는 신입사원들을 면접 볼 때 그들의 스펙에는 크게 관심을 두지 않는다. 물론 회사 입사의 적격기준에는 당연히 들어야 하지만, 출신 대학과 전공을 그리 보는 편은 아니다. 내 경험상으로는 어차피 회사에서 전부 다시 배워야 하기 때문이다. 이 대목에서 중요한 것은 누가 더 빨리 배우고 깨우치며 몸으로 실행할 수 있는 열정과 바른 태도를 가지고 있느냐이다. 지금도 명문대 나왔다고 시건방지고 똑똑한 체하는 사람은 내 앞에서는 무조건 낙방이다.

이런 상황에서 이 시대의 젊은이들에게 절실함은 무엇일까? 이제는 물질적인 것이 아닌 마음가짐이며 일에 임하는 자세일 것이다. 손자병법 구지(九地) 편에서도 무기나 군수물자가 아니라 더는 물러날 곳이 없다는 절박감이 전쟁에서 승리를 가져올 수도 있다는 내용으로 분주파부(焚舟破釜)라는 말이 나온다. 배(舟)를 불태우고(焚), 솥(釜)을 깨트린(破) 병사들은 이제 전투에 지면 타고 돌아갈 배도 없고 더는 밥을 해 먹을 수도 없는 절실한 상황이기 때문에 오로지 승리를 위해 목숨을 걸고 싸우게 될 수밖에 없다.

이와 비슷한 내용으로 같은 손자병법 구지 편에 등고거제(登高去梯)란 말이 나온다. 전투 날짜가 결정되면 마치 높은 곳(高)에 올려놓고(登) 사다리(梯)를 치우듯이(去) 해야, 절실함 속으로 자신을 던져 이번 전쟁에 지면 더는 선택의 여지가 없다는 불굴의 정신력을 갖추게 된다는 뜻이다.

아프리카 초원에서 사자는 굶고 산다

기자 시절 아프리카 세렝게티를 취재하여 지금은 생존경영연구소장으로서 세렝게티의 생존경영을 설파하고 있는 서광원 소장은 그의 저서 "사장의 자격"에서 사자와 가젤의 얘기를 통해 절실함의 중요성을 얘기하고 있다. 그의 책에 나오는 내용을 요약 설명해 보면 이렇다.

우리는 흔히 동물의 왕국 같은 자연 다큐멘터리에서 사자가 사냥하는 장면을 자주 보지만, 사실 사자의 사냥 성공률은 20%뿐이 안 된다고 한다. 사자와 가젤은 거의 같은 속도(시속 80km)로 달릴 수 있기 때문에, 사자가 그 간격을 좁히기는 여간 어려운 일이 아니다. 더욱이 사자는 500m 이상을 전력질주 하면 몸에 열이 올라 죽을 수도 있기 때문에 500m 이내에서 승부를 걸어야 한다. 그래서 가젤이 실수하여 넘어지거나, 가젤이 방심한 틈을 노려 기습 공격을 하거나, 여러 마리의 사자가 협공하지 않으면 사자는 튼실한 가젤을 잡기가 쉽지 않다.

사자와 가젤이 전력질주를 하는 500m는 양쪽 모두 고통스러운 상태이다. 이때는 누가 한 번 더 힘을 내느냐에 따라 승부가 결정되는데, 한 끼 식사를 위해 달리는 사자와 목숨을 걸고 절실하게 달려야 하는 가젤의 차이, 바로 이 차이가 사자의 사냥성공률이 20%뿐이 안 되게 만드는 이유이다. 하지만 사자의 승률이 높아질 때가 있으니 바로 연속되는 사냥 실패로 사자도 굶어 죽을 지경이 되면, 이제 목숨을 걸고 뛸 수밖에 없게 된다. 그러면 사자의 사냥 성공률도 높아지게 된다고 하는데, 바로 절실함의 차이가 승부를 바꿔 놓는 것이다.

요즘처럼 다들 실력이 비슷하고 경쟁이 치열한 상황에서, 차별화된 성과를 내는 것은 사자와 가젤이 500m에서 겪어야 하는 고통스러운 전력질주와 같다. 자신을 벼랑 끝에 스스로를 내밀 듯이 절실한 마음가짐으로 일에 임하면 반드시 가젤을 잡아먹을 수 있을 것이다.

맹자(孟子) 고자(告子) 장에는 하늘이 장차 중대한 일을 맡기려는 사람에겐 정신적 육체적 큰 고통을 주어 그를 매우 절실하게 만든다는 말이 나온다(천장강대임어사인야 天將降大任於斯人也).

"하늘이 장차 어떤 사람에게 큰일을 맡기려 할 때는 반드시 먼저 그 마음을 고통스럽게 괴롭히고, 뼈마디가 꺾어지듯 육체적 고통을 당하게 하며, 배고프고 가난에 처하게도 하고, 하는 일마다 순조롭지 못하게 한다. 그리하여 마음에 고난을 극복하고 참을성을 기르게 되어 지금까지 할 수 없었던 어떤 사명도 감당할 수 있게 되는 것이다."

꿈을 향한 절실함이 필요하다

아직도 이런 절실함이란 것이 요즘 세대에는 마음에 와 닿지 않을지도 모르겠다. 실제로 절실하지 않은데 어떻게 절실한 마음을 유지할 수 있을까? 너무 경쟁에 치여 성공에 매달리다 보니, 오히려 너무 스트레스를 받고 좌불안석으로 초조해져서 집중력과 평정심을 잃어버린다면 더욱 일에 방해가 되는 것이 아닐까? 맞는 말일 수도 있다.

하지만 절실함은 경쟁에 관한 것이 아니다. 절실함은 돈과 명예, 출세에 관한 것도 아니다. 절실함은 꿈과 비전에 관한 것이며 성취감에 대한 것이다. 동물이 생존을 위해 절실하였고 50~60년대 세대들도 먹고살기 위해 절실하였다면 21세기를 사는 우리는 꿈을 위해 절실해져야 한다. 그리고 그 절실함이 열정이 되어 꿈을 향해 뛰어 나가게 해야 한다. 그러기 때문에 나의 열정의 대상은 경쟁 상대도 아니고 출세를 위한 것이 아니라, 바로 미래에 그려질 나 자신이어야 한다. 어제의 내가 현재 나의 발목을 붙잡게 할 수는 없다. 일신우일신(日新又日新), 어제보다 매일 새로워져서 꿈에 한 발짝 다가가기 위한 열정이 절실하게 필요한 것이다.

설령 꿈은 너무 멀고 현실은 가깝다 해도 지금 나의 일이 가져오는 것이 스트레스가 아니라 꿈을 향한 한 과정이라면, 열정으로 최선을 다해야 한다. 17세의 어린 스티브 잡스는 매일 아침 거울을 보고 스스로 물었다고 한다.

"만일 오늘이 내 인생의 마지막 날이라면, 지금 하려는 일을 할 것인가?"

지금이 내 인생의 마지막 날이라도 해야 하는 일이 바로 지금 나의 일이 되게 해야 한다. 그 절실함이 우리를 열정으로 안내할 것이다.

3

열정은 주인의식을 만든다

주인의식은 일에 헌신하도록 한다

2010년 3월 나는 갑작스러운 중국발령으로 맨땅에 헤딩하듯 새로 중국 법인을 세우고 이제는 흑자가 나는 꽤 괜찮은 회사를 만들었다. 나는 한번에 필요한 조직과 인원을 갖추지 않고, 개발, 구매, 재무, 마케팅, 영업 등 전반적인 일을 직접 뛰면서 한 명 한 명씩 사람들을 채용해 왔다. 그러다 보니 초창기에는 밤도 없었고 휴일도 없었다. 오직 새로 만든 이 회사가 바르게 자리 잡을 수 있도록 하는 것이 내 인생의 전부였다. 한 마디로 목숨 걸고 일한 것이다. 그렇다고 남들처럼 해외근무 수당 같은 혜택도 없었고, 급여가 한국에 있을 때보다 올라간 것도 없었다. 오히려 연말정산 같은 세제 혜택이 없어 금전적으로는 더 손실이었다.

그러나 나는 대기업이 아닌 중소기업의 적은 자본금을 마치 내 돈처럼 소중히 사용하며 마른 수건도 한 번 더 쥐어짜듯 경비를 아끼며 일해왔다. 그래서 중국에서 전문 경영인을 칭하는 총경리인데도 불구하고 나는 전용 승용차가 없었다. 회사와 가까운 아파트에서 한국인 팀장들과 모여 살고 있으니 함께 출퇴근하면 될 것이고, 이 넓은 중국 땅에서 차를 몰고 출장

갈 일도 별로 없다는 생각에 경비를 조금이라도 줄이자는 측면에서 승용차 하나를 직원들과 함께 공용으로 이용하였기 때문이다.

중국에서의 초창기 3년은 지금까지 27년의 직장생활 중 그 어느 때보다 힘든 기간이었다. 말도 안 통하는 중국 땅에서 전혀 아무것도 모르는 상황에서 앞이 깜깜하다 못해 새하얗게 보일 정도였으니 말이다. 50세가 다 된 나이에 왜 이런 황량한 중국 땅에서 이런 고생을 하고 있는가 하며, 모두 다 때려치우고 다시 한국으로 돌아가고 싶었던 순간들이 잊을 만하면 찾아왔었고, 술 마시고 취해 대성통곡을 하듯 울기도 여러번 했었다. 하지만 꿈은 나를 계속 이곳에 머물라 하였고, 열정은 나보고 중국에서 본때를 보여주라고 계속 재촉하였다. 그러다 보니 나는 어느새 월급을 받는 종업원이 아닌 고용주의 마음으로 경영하고 있는 나 자신을 발견하게 되었다.

주인의식은 자발적인 마음가짐이다

우리는 주인의식이란 말을 많이 하기도 하고 많이 듣기도 한다. 주인이 아닌데 주인처럼 일하라고 하니 월급쟁이에게 있어서 그 괴리감은 참으로 크다. 직원들이 주인처럼 일했다고 주인처럼 돈 버는 것도 아닌데, 자꾸 주인처럼 일하라고 한다면 과연 그게 되는 일일까?

앞서 말했듯이 중국에서 4년 동안 차가 없었던 나는 직원들과 함께 검은색 승용차 한 대를 사용했다. 그런데 이 차는 항상 겉도 더럽지만, 안에도 먼지가 수북하였다. 특히 외관이 검은색이라 공기가 좋지 않은 중국에서는 금방 뿌옇게 먼지가 앉은 티가 나 보인다. 하지만 누군가 하겠지 하며 아무도 청소를 하지 않기 때문에 이 차는 항상 지저분해 보였다. 참다못한 내가 가끔 먼지떨이로 닦아 주기도 하였지만, 매번 그럴 때마다 총경리가 되어서 이런 걸 해야 하나 하는 회한이 들면서 그나마도 점점 더하지 않게 되었다.

만약 그 차가 한 사람만 타는 차였다면 과연 그랬을까? 나만 타는 차였으면 아마 나도 수시로 닦아주었을지도 모른다. 여러 명이 이용하는 그 차에는 실질적인 단 한 명의 주인이 없는 것이다. 회사에 다니는 직원들 대부분이 주인의식이 없다면, 회사도 그 차처럼 누군가 하겠지 하며 방치되어 버릴지도 모르겠다. 주인의식이란 이런 것이다. 주인의식은 남이 시켜서 생기는 것이 아니라 내가 함께 타는 차를 스스로 아끼고 청소하듯이 자발적으로 생겨야 한다.

회사에는 분명 주인이 있다. 그리고 주인에게는 주인의식이 당연히 있으나 대부분 직원은 그렇지가 못한 게 현실이다. 그러니 주인의 눈에는 직원들이 영 마땅치가 않아서 자꾸만 잔소리하게 될 수밖에 없는 것이 사실이다. 그런데 잔소리할 때만 빤짝이고 계속되지 않는 것은 주인의식이란 것이 남이 시켜서 억지로 되는 일도 아니기 때문이다. 그러니 앞으로 이 글을 읽은 고용주께서는 입만 아프고 마음만 상하는 주인의식이란 단어를 이제 더는 얘기하지 않는 것이 좋겠다. 대신 직원들이 스스로 주인의식을 가질 수 있는 회사의 분위기를 만들어 줘야 한다. 직접적인 잔소리가 아니라 자발적으로 우러나는 주인의식을 심어주어야 한다. 그리고 그 해답은 바로 열정적 조직 분위기를 만드는 것이다. 주인의식은 열정을 먹고 자란다. 그러므로 열정적인 직원은 자동으로 주인의식을 가지게 되는 것이다.

긍정으로 가득 찬 파토스의 소유자

서울대학교 철학사상 연구소가 해석한 니체의 주인의식에 대한 글을 인용해본다.

"주인의식을 지닌 존재는 스스로 가치평가를 할 수 있는 자, 삶을 자기극복을 통해 조형하려는 강한 의지의 소유자, 많은 욕구의 긴장적 대립을 제어하고 자기극복 및 자기 지배를 할 수 있고, 자신과 다른 유형들을 차별화시킬 수 있는 거리의 파토스(Pathos der Distanz)의 소유자다. 이런 존재는 자기 긍정과 자기 가치의 느낌을 새로운 선의 내용으로 제시할 수 있는 자다. 이런 존재, 즉 주인의식을 가진 존재가 도덕 판단의 주체가 된다."

우리가 흔히들 영어로 페이소스라고 발음하는 파토스(Pathos)란, 그리스어로 열정이나 고통 같은 일반적으로 깊은 감정을 뜻한다. 파토스는 원칙이나 규범을 지칭하는 에토스(ethos)와 대립하는 말로서, 감정적이고 정서적이라 할 수 있다. 나는 이 대목에서 파토스를 폭넓은 의미의 열정으로 단정하고 싶다. 즉 우리가 가지고 있는 수많은 감정을 모두 포함하며 이를 승화시킬 수 있는 긍정과 열정의 힘을 말하는 것이다.

그래서 니체는 주인의식과 반대되는 개념으로 노예의식을 다음과 같이 말했다.

"그것은 허영심 있는 사람의 피 속에 있는 '노예'이며, 자기 자신에 대해 좋은 평판을 유도하려는 노예의 교활함의 잔재이다."

노예의식이 있는 사람은 여론이나 평판 혹은 다른 사람들의 시선이 중요하므로 좋은 평판에 기뻐하며, 나쁜 평판에 괴로워한다. 자기에 대한 자긍심은 없고 오직 상사의 눈치만 보며 복종하고 시키는 일만 하는 것에 익숙해져 있다. 반면에 주인의식이 있는 사람은 자신에 대한 긍정에서 출발하여, 자신감과 용기 그리고 열정을 만들어낸다. 그리고 열정은 불가능을 인식하고 스스로 그것을 가능하게 하려는 노력과 행동을 만들지만, 실패에 대해 두려움이나 후회는 없다. 그래서 세상의 한계를 뛰어넘을 수가 있다.

윈스턴 처칠은 말했다.

"성공이란 열정을 잃지 않고 실패를 거듭할 수 있는 능력이다."

스스로 중요한 사람이 되어라

주인의식에서 중요한 것은 반드시 직장의 주인과도 같은 마음을 가지라는 것만은 아니다. 중요한 것은 내 인생의 주인이 되어야 한다는 것이다. 나의 주인은 나인데 직장에서 나는 다른 사람의 하인이 되어 있다면 이 얼마나 안타까운 일인가? 그러니 먼저 내 인생의 주인이 되어야 한다. 주인의식이란 말도 필요 없다. 내가 바로 주인이기 때문이다.

그러면 과연 내 인생의 주인이 된 사람이 직장에서 하인처럼 일할까? 절대 그렇지가 않다. 스스로 인생의 주인이 된 사람은 조직과 다른 구성원들에게도 진실로 주인처럼 행동하게 되는데, 그것이 바로 주인의식이다. 중국 당나라 시대 임제(臨濟) 선사의 설법이 기록된 "임제록"에는 지금 아직도 많은 사람이 좌우명으로 쓰고 있는 말이 있다.

"어느 곳이든 가는 곳마다 주인이 되면, 그 머무는 곳이 모두 진실된 곳이다(수처작주 입처개진隨處作主 立處皆眞)."

불교의 선(禪) 사상에 의하면, 원래 불법이란 밖에서 지식을 쌓듯 공부하는 것이 아니라 바로 내 마음속에 있으므로, 스스로 주인이 된다면 때와 장소가 어떻든 무슨 상관이 있겠는가? 바로 주인의식을 가진 내 마음이 머무는 곳에 모든 진실함이 있다는 이 말은 천년을 지나 지금도 시대를 관통하는 명언이라고 할 수 있다.

내가 몸담은 직장은 내 인생이 움직이는 터전이다. 그리고 일은 그 터전 위에서 살아가는 인생의 중요한 과정이다. 그런데 주인인 내가 어찌 소홀히 하여 남의 일보듯 할 수 있겠는가? 따라서 회사에서 주인의식을 가지려면, 먼저 내 인생의 주인은 바로 나라는 것을 자각하고 스스로 중요한 사람이 되어야 한다.

남아프리카공화국의 인권운동가이자 노벨 평화상 수상자이며, 최초의 흑인 대통령인 넬슨 만델라는 윌리엄 어네스트 헨리의 시 "인빅투스(Invictus)"에 나오는 말을 좋아해서 자주 사용했다고 한다.

"나는 내 운명의 주인이며, 내 영혼의 선장이다(I am the master of my fate, I am the captain of my soul)."

인빅투스(Invictus)라는 단어는 라틴어로 '불굴의', '무적의'라는 뜻으로 영어 'Invincible'의 어원이기도 하다. 이 단어 하나에서 우리는 흑인에 대한 인종차별에 항쟁하여 자그마치 27년이라는 감옥살이와 학대에도 굴복하지 않고, 결국은 남아프리카공화국 최초의 민주적인 선거를 통해 당선된 최초의 흑인 대통령, 넬슨 만델라의 강한 자의식과 의지를 발견할 수 있다.

클린트 이스트우드가 감독하고 모건 프리먼이 넬슨 만델라로 분한 감동적인 스포츠 영화 "Invictus (한국제목 – 우리가 꿈꾸는 기적: 인빅터스)"에서 만델라는 대통령이 되어 인종과 국경을 초월하는 스포츠를 통해 모두의 마음을 하나로 연결하고자 럭비 월드컵을 개최한다. 이 영화는 모든 사람이 불가능할 것이라고 여겼던 남아공팀이 우승을 차지하는 불굴의 인빅투스를 보여주는데, 영화 속에서 우리는 명대사로 말하는 내 인생의 주인공이고 선장인 만델라를 만날 수도 있다.

어떤 난관과 장애물도 뛰어넘을 힘, 두려움을 피하지 않고 극복해 나갈 힘, 조직의 통념과 벽을 깨고 혁신과 변화를 주도하며 불굴의 의지를 끌고 나갈 힘, 조직이 곧 나이고 내가 조직인 물아일체(物我一體)를 이루는 주인의식을 강하게 만드는 힘, 그건 바로 내 인생의 주인이 바로 나임을 알고 스스로 중요한 존재로 나를 인식하는 것부터가 시작이다.

넬슨 만델라는 말했다.

"착한 머리와 착한 가슴은 언제나 붙어 다닌다. 강철 같은 의지와 필요한 기술만 있다면, 세상의 어떤 불행도 자기의 승리로 탈바꿈시킬 수 있다. 사람 간에는 무엇을 가지고 태어났느냐가 아니라, 무엇이든 자기가 가진 것으로 무엇을 이루어 내느냐는 차이가 있을 뿐이다."

4

열정이 만드는 무서운 집중력의 세계 - 몰입

수동적 몰입과 능동적 몰입

여러분은 혹시 목숨이 위태로운 죽음의 순간을 경험해 본 적이 있는가?

만약 생명의 위험을 느껴 본 사람이 있다면, 이제 죽는구나 하며 그 짧은 순간 나의 아쉬웠거나 즐거웠던 과거가 마치 영상 필름이 파노라마처럼 펼쳐지듯 느리게 돌아가는 듯한 것을 겪어봤을지도 모르겠다. 아니면 그 순간에도 어떡하든 살아남기 위해 마치 화면이 정지된 듯한 찰나의 위기를 간신히 모면한 적도 있을지 모르겠다. 나는 과거 두 번의 자동차 사고를 당할뻔한 순간을 통해 모두 경험해 본 적이 있다.

한 번은 10여 년 전, 여름휴가로 설악산을 갔을 때의 일이었다. 비가 오는 날이라 서울에서부터 조심스럽게 운전을 하고 왔는데도, 한계령을 넘게 되자 거의 다 왔다는 안도감이 있었는지, 꾸불꾸불하고 가파른 내리막길에서 그만 한순간의 방심으로 급커브를 틀다가 차가 미끄러지며 360도로 몇 바퀴 회전하면서, 중앙선을 넘어 맞은편 가드레일에 부딪히며 간신히 차를 멈출 수 있었다. 다행히 그날 비 오는 한계령은 한적하여 마주 오는 차가 없었기 때문에 어떤 사고나 부상도 당하지 않을 수 있었다. 다만 그

순간 내 머릿속에는 이제는 죽었구나 하는 생각뿐이었고, 문득 과거의 영상이 끊임없이 펼쳐지는 환상을 경험하였다. 물론 내가 살기 위해 밟았던 급브레이크가 차를 더 빙글빙글 돌게 하였지만, 그 결과 낭떠러지로 떨어지지 않게 한 것은 불행 중 다행이었던 일이었다. 그 찰나의 순간에 나는 내 과거를 한 번에 돌아보는 몰입을 경험하게 된 것이다.

또 한 번은 6년 전에 회사 산악회 멤버들과 명성산에 갔을 때였다. 당시 경기도 고양에 살던 나는 같은 지역 사람들과 내 차로 함께 산에 가기로 약속하였는데, 공교롭게도 당일 아침에 차가 갑자기 고장이 나서 아내의 일주일뿐이 안 된 새 차를 빌려 산으로 출발하였다. 그런데 왕복 10차선쯤 되는 넓은 도로에서 시속 80km로 달리던 우리 차 앞으로 멀리 오른쪽 골목에서 튀어나오던 거대한 석유탱크 차가 우회전을 하지 않고, 차선을 위반한 채 중앙선을 침범하여 좌회전하려는 것이 아닌가? 그러나 나는 당연히 그 차가 우회전해서 3차로쯤에서 직진해 갈 줄 알고, 속도를 늦추지 않고 1차로를 계속 달렸기 때문에, 아내의 새로 뽑은 소형차는 그대로 거대한 탱크차에 정면으로 충돌함과 동시에 우리 네 명의 목숨도 함께 날아가 버릴 상황에 모든 사람이 비명을 질러댔었다.

그때였다. 나는 순간적으로 죽는 것보다도 이 새 차가 완전히 부서지면 아내에게 어떤 변명도 할 수 없다는 생각이 들었다. 그러자 나의 본능이 명령하는 대로 급브레이크를 밟지 않고, 나는 액셀을 더욱 밟으며 속도를 더 냈다. 그리고는 마치 종이 한 장 차이처럼, 가로질러 오는 탱크차와 중앙선 넘어 마주 오는 차 사이를 찰나의 순간에 통과해 나갈 수가 있었다. 그때는 마치 모든 순간이 멈추어 있었으며 내 차만 슬로비디오처럼 움직이는 것만 같았던 놀라운 집중의 순간이었다. 간신히 차를 세운 나에게 동승했던 사람들이 모두 죽는 줄 알았었다고 말하며, 어떻게 그 엄청난 속도로 좁은 사이를 피해 나갈 수 있었느냐고 이구동성으로 물었다. 나는 그때 그저 멍하니 대답하였다.

"아무 생각이 없었어요. 그냥 이 차가 부서질 경우 아내의 얼굴만 떠올랐어요."

몰입에 관한 서적을 출간하여 우리나라에 몰입 열풍을 일으켰던 서울대 황농문 교수는 몰입에는 수동적 몰입과 능동적 몰입이 있다고 얘기하였다. 앞서 나의 자동차 사고의 순간처럼 죽음이라는 극단적인 위기상황뿐만 아니라, 마감이나 과제, 또는 시험날짜가 임박한 수험생들처럼 급박한 위기에 몰린 상황에서만 발휘되는 몰입을 수동적 몰입, 위기상황이 아니어도 지속해서 문제 해결을 위해 생각을 집중할 수 있는 능력을 능동적 몰입이라고 말하였다.

우리가 주목할 점은 위기상황에서 누구나 발휘할 수 있는 수동적 몰입이 아니라, 나의 일상 속에서 내가 원할 때면 언제든지 의도적으로 만들어낼 수 있는 능동적 몰입이다. 나는 이를 열정이 만들어내는 몰입의 세계라고 말하고 싶다.

생각하고 생각하는 몰입의 순간

실제로 우리는 식사를 하거나, 차를 타고 어딜 가거나, 심지어는 집에 와서 잠을 자려고 할 때조차도, 어떤 중요한 생각 하나가 뇌리에서 떠나지 못해 잠을 설치고 마는 경험을 해본 적이 있을 것이다. 의도적이든 비의도적이든 내 주변을 감싸고 있는 시간과 장소, 어떤 상황과 가족·친지조차도 사라지고 오직 한 가지 일에만 집중할 수 있는 순간이란, 바로 일에 대해 타오르는 열정이 만들어 내는 몰입의 세상에 발을 들여 놓는 순간이다.

논어에는 공자는 어떤 사람인가에 대한 내용이 나온다. 공자의 제자인

자로(子路)가 공자의 심부름으로 초나라에 갔다가 우연히 초나라 대신 엽공(葉公)이 여는 연회에 참석하게 된다. 그때 평소 공자를 궁금해 했던 엽공은 자로에게 공자의 인품 됨됨이가 어떤 사람이냐는 질문을 하였지만, 자로는 쉽게 대답을 하지 못하고 돌아왔다. 이를 들은 공자가 자로에 어찌 대답을 제대로 하지 못했느냐 타이르며, 앞으로 누가 물으면 이렇게 알려 주라고 말하였다.

"학문에 몰두하면 배고픔도 있고,
도를 이루는 즐거움에 근심도 잊으며,
늙어 죽을 때가 도래하는 것도 알지 못하는 사람이다.
발분망식(發憤忘食) 낙이망우(樂以忘憂) 부지로지장지(不知老之將至)"

공자는 자신이 학문과 도를 이루기 위해 온 힘을 기울이는 사람으로 표현되기를 원하였지만, 이는 또한 공자의 대단한 몰입 능력을 단적으로 보여주고 있기도 하다.

나는 한때 회사에 출근할 때 자동차를 운전하지 않고 선글라스를 끼고 지하철로 출근한 적이 있었다. 2004년 미니골드라는 브랜드로 유명한 ㈜HON이라는 주얼리 회사에 마케팅부장으로 입사한지 얼마 안 되었을 때의 일이다. 여성의 주얼리에 대해서는 워낙 생소했던 때라 나는 모든 게 마냥 즐겁고 재미났다. 하지만 마케팅부장으로 입사하였으면 빠른 시일 안에 CEO에게 뭔가를 보여주어야 하는 압박감도 없지 않아 있었다. 그러다 보니 자나깨나 시도 때도 없이 새로운 브랜드를 통해 성장할 수 있는 전략에 대해 깊은 생각을 하게 되었다. 능동적인 몰입이란 것에 대해 생각도 해보지 않았던 때였지만, 이렇게 어떤 생각에 한번 빠지면 헤어나지 못하는 것은 학창시절부터 여러 회사를 거쳐 지금까지 이루어지고 있는 나의 오래된 습관과도 같은 일이었다.

나는 이전에 애경산업에 다닐 때도 수시로 명동에 나가 화장품 매장을 둘러보기도 하고, 지나가는 여성의 화장한 모습을 뚫어지게 쳐다보다가 당시로써는 귀했던 디지털카메라를 한 달 치 월급을 다 털어 구입해서 무작정 여성들의 얼굴을 찍어댔다가 이상한 사람으로 몰린 적도 있었다. 그리고 이번에는 출근길 여성들이 어떤 주얼리를 하는지 그녀들의 귀와 목을 유심히 살펴보기 시작했다. 그러자 여성들이 지하철 치한인 줄 알고 가슴을 가리며 나를 피해 도망가는 것이 아닌가? 그래서 그때부터 일주일간 지하철에서 선글라스를 끼고 티 안 나게 몰래 여성들의 주얼리 착용한 모습을 훔쳐보며 출근한 적이 있었다. 나는 그렇게 먼저 여성들이 어떤 주얼리를 어떤 방식으로 착용하는가를 알게 된 후에야 비로소 회사의 상황에 대해 깊이 고민을 하기 시작했다.

원래 주식회사 미니골드라는 회사명을 ㈜HON으로 바꾼 지 얼마 안 되었던 이 회사는, 미니골드라는 브랜드 자체가 바로 회사나 다름없는 상황에서 수많은 개별 브랜드와 품목들이 모(母) 브랜드인 미니골드 테두리 안에서 서로 제살깎아먹기(Cannibalization)가 오랫동안 벌어지고 있었다. 이런 상황에서는 미니골드 매장에 어떤 새로운 브랜드를 출시하여도 매출성장에 큰 도움이 되지 않는다는 것을 나는 알 수가 있었다. 그러자 나의 화두는 HON이라는 회사의 업(業)의 본질은 과연 무엇인가에 꽂혔다. 나는 생각하고 생각하고 또 생각했다. 회사에서도 출퇴근 길에서도 침대 위에서도 심지어는 화장실에서도 이 화두는 내 머릿속을 떠나지 않았다.

그렇게 생각 속에서 헤어나지 못하고 2주가 지난 어느 날, 퇴근길에서 나는 머리 좀 식힐 겸 베르나르 베르베르의 "나무"라는 책을 읽었다. 우리의 일반적인 상식과 고정관념을 깨는 작가의 기발한 상상력의 세계가 펼쳐지는 이 책을 읽다 보니, 흩어졌던 나의 사념들이 어느 한 길을 따라 흐르더니만 마지막 종착지에서 만나는 것 같은 느낌이 들었다. 그 순간 나는 '유레카(Eureka)'를 마음속으로 외쳤다. 꼬리에 꼬리를 물던 내 생각의 끝은 그 책의 한 일화에서 고정관념을 단번에 깨부숴주며 너무도 쉽게 지금까지 풀지 못했던 화두 속에서 벗어나게 해주었다.

결론적으로 나는 미니골드가 주얼리 브랜드가 아니라 프랜차이즈 매장 브랜드임을 자각하게 된 것이다. 지금이야 화장품업계에는 미샤나 페이스샵 같은 단일 브랜드샵들이 넘쳐나게 많아졌지만, 당시 내 경험 상 화장품은 복합매장에서 여러 회사와 브랜드 간에 치열한 경쟁을 하던 시대였기 때문에, 화장품 출신이었던 나는 매장명이 브랜드가 되어야 한다는 생각은 상상조차 하질 못했었는데, 한순간 이를 깨우치게 된 것이다.

마침내 나는 입사한 지 한 달 만에 간단한 브랜드 전략을 CEO에게 프레젠테이션하였는데, 미니골드가 14k 골드 주얼리 매장이라면, 이를 중심으로 저가의 패션 지향적인 실버 액세서리 전문 매장과 결혼시장에 전문화된 다이아몬드 고급 주얼리 매장을 차별화된 컨셉으로 분리 독립시켜 사업을 순차적으로 확대해야 함을 강조하여 극찬을 받았다. 물론 미니골드 매장에는 이미 실버나 다이아몬드 제품들이 다 준비되어 있었지만, 골드 매장에서 실버와 다이아몬드의 판매 비중은 너무도 미미한 상황이었기 때문이었다.

이처럼 열정은 내가 직접 소비자를 찾아 움직이고 끊임없는 생각과 고민을 하게 하여, 나를 능동적인 몰입의 단계에 들어서게 하였다. 그때 유레카를 외쳤던 희열의 순간이나 깊은 사념에 빠져 시간 가는 줄 몰랐던 순간들은 고통과 힘듦이 아니라, 너무도 큰 즐거움이요, 기쁨이었다.

중국 당송팔대가(唐宋八大家)의 한 사람으로서, 송나라 때 문학가이자 정치가였던 구양수(歐陽脩)는 귀전록(歸田錄)에서 그가 집필한 대부분 저서를 삼상(三上)에서 완성하였다고 말했다.

"글을 짓는 일에는 삼상이 매우 좋으니, 바로 마상, 침상, 측상이로다 (소
작문장 所作文章 다재삼상 多在三上, 마상침상측상야 馬上枕上厠上也)."

침상(枕上)이란 잠을 자는 침대 위이고, 마상(馬上)은 길을 가는 말 위, 그
리고 측상(厠上)은 화장실을 의미한다. 이로 볼 때 구양수 또한 때와 장소
를 가리지 않고 글을 쓰기 위해 항상 생각하고 생각하는 몰입 속에서 살
았지 않나 싶다.

그리고 실제로 침대에 누웠을 때나, 차를 타고 어딜 갈 때나 화장실에 앉
아 있을 때는 그 어느 때보다도 강한 집중을 할 수가 있음을 모두 공감할
것이다. 이 세 곳, 즉 삼상(三上)의 공통된 특징이 하나 있다면, 다른 사람
과 단절된 나만의 세계라는 곳이다. 수백 년 전 구양수가 살았던 송나라
시절보다도 더 복잡성이 지배하는 현대에 와서는 이처럼 좋은 나만의 공간
을 찾기는 더욱 쉽지 않다. 요즘은 스마트폰이 삼상(三上)을 지배하고 있는
시대이지만, 이제 한번 삼상에서는 스마트폰을 잠시 끄고 책을 읽거나 생
각하는 사색의 시간을 늘려보길 바란다. 바쁜 현대인으로 살아가며 일부
러 시간을 내어 명상까지 할 여유조차도 없다면, 삼상에서 한번 몰입의 세
계를 경험해 볼 수 있지 않을까 싶다.

몰입이 주는 놀라운 집중력의 세계

지금까지 내가 말했던 몰입의 경험들을 미하이 칙센트미하이 교수는 그
의 저서 "몰입의 경영"에서 사람들이 몰입을 경험할 때 어떤 느낌이 드는지
를 말했다. 이를 요약해 보겠다.

1) 목표가 분명해진다

성공보다는 몰입의 과정을 통해 사람들은 만족감을 채운다. 이런 만족감과 성취감을 위해 목표는 더욱 명확하게 된다.

2) 피드백이 즉각적이다

일 자체에서 그 일의 중요성과 결과를 바로 깨우치며 스스로 동기부여를 하게 된다.

3) 기회와 능력 사이의 균형을 유지한다

과제가 능력보다 어려우면 몰입이 잘되지 않으며, 과제가 너무 쉬우면 지루해하고, 과제와 능력이 모두 높으면서 대등할 때 몰입이 제대로 된다. 그리고 몰입은 하나의 과제를 넘어 새로운 과제에 또 다른 도전을 가지게 한다.

4) 현재가 중요하다

몰입은 내 머릿속의 지우개처럼 나를 하얗게 지우고 지금 현재에 집중하게 한다.

5) 통제가 전혀 어렵지 않다

몰입은 어려운 상황에서 스스로 문제를 해결해 나가도록 스스로를 통제하는 능력을 주어 결국 자발적으로 문제를 해결해 내려고 한다.

6) 시간에 대한 감각이 달라진다

앞서 나의 자동차 사고의 순간들처럼 모든 걸 잊고 몰입하다 보면 시간이 멈춘 느낌이나, 시간이 느리게 흘러가는 느낌을 주기도 하며, 어느새 많은 시간이 지나버린 것처럼 시간이 너무 빨리 흐르게도 한다. 바로 몰입이 만드는 놀라운 집중력이 한순간도 놓치지 않는 결과이다.

열정적인 사람들은 뚜렷한 목표의식을 가지게 된다. 그리고 그 목표를 달성하기 위해 온 힘을 기울여 집중하고 때와 장소를 가리지 않고 생각하고 또 생각하니, 그것이 바로 몰입의 세계에 빠져드는 과정이다. 정신일도하사불성(精神一到何事不成)이라는 말이 있다. 정신을 한 곳으로 집중하면 무슨 일인들 이루어지지 않겠느냐는 말이다. 그러나 반드시 몰입을 통해 어떤 굉장한 성과를 이루어 낼 수 있다는 말은 아니다. 분명한 것은 몰입을 통해 일하는 과정 그 자체가 굉장한 즐거움과 기쁨을 주게 되어, 하는 일이 작은 행복이 될 수도 있으며, 나중엔 뿌듯한 성취감의 만족도 얻을 수가 있다는 것이다. 그리고 단언컨대 몰입은 그렇지 못할 때보다 분명 더 좋은 결과를 부여한다.

직책이 높이 올라갈수록 전문화되었던 업무는 점점 횡적으로 넓어지며 다양한 업무를 동시 다발적으로 처리해야 하는 멀티태스킹(Multi-Tasking)이 요구되고 있다. 더욱이 많은 인재와 부서로 세분된 대기업과는 달리 중소기업의 경우는 특히 한 명이 처리해야 할 일이 훨씬 더 많은 경우가 대부분이며, 요즘같이 업무가 더 복잡해진 상황에서 한번에 한 일에만 매달렸다가는 수많은 일을 바로 판단하고 결정하기가 쉽지가 않다. 아직 권한위임이 제대로 되어 있지 않은 작은 기업에서 근무하고 있는 나의 경우도 거의 회사 전반에 걸친 모든 일을 팀장들에게 직접 보고받으며 모두 의사결정을 하고 있다.

사석에서 가끔 팀장들이 그 많은 일을 어찌 다 알고 한번에 판단할 수 있느냐고 물으면, 내가 원래 여러 경험을 겪어서 그렇다고 쉽게 대답하지만, 그 정답은 역시 빠른 몰입 능력에 있다. 나는 예전부터 한 가지 일에만 몰두하지 않고 두뇌를 쪼개서 생각하는 습관이 있다. 책도 전혀 다른 종류의 책을 동시에 여러 권을 읽는다. 전문서적과 소설과 시집을 한 날에 함께 읽기도 한다. TV를 보며 책을 읽으며 인터넷 서핑도 함께하고, 심지어는 글도 쓴다. 순간적인 몰입 능력은 이렇게 동시에 여러 일을 할 수 있게 만든다. 하지만 이는 처음부터 가능했던 것이 아니다. 예전부터 잡식성으로 이것저것 잡다한 취미가 좋아서 동시다발적으로 했던 일들이 이제는 습관이 되어 어느새 순간몰입이 가능하게 된 것이다.

그리고 나도 책 한 권을 꼭 써보겠다는 열정으로, 매일 아침 새벽 5시에 일어나서 두 시간 동안 글을 쓰고 있는 지금 이 순간도 엄청난 몰입을 경험하고 있다. 그것이 어떤 때는 한 페이지가 되었든, 두 페이지가 되었든, 또는 반 페이지도 채 못 쓴 적이 있어도 상관없다. 이건 지금 내가 좋아서 하는 일이고, 글의 진도가 얼마 나가지 못했어도 몰입을 통해 앞으로 써나갈 내용이 한 방향으로 자리를 잡고 있음을 바로 알 수 있기 때문이며, 무엇보다도 이 글들이 모여 나중에는 책으로 출간되어 여러 독자를 찾아갈지도 모른다는 부푼 희열감이 나를 기쁘게 하고 있기 때문이다.

뜨거운 열정으로 가슴을 채우고 몰입의 세계에 한 발자국 내밀어 보자. 현실을 벗어난 또 다른 환상의 세계가 펼쳐져 있다는 것을 실감할 수 있을 것이다. 그리고 시간이 멈춘 것만 같은 그 환상의 세계가 현실 속으로 돌아왔을 때, 내적으로는 자신도 몰랐던 능력과 기쁨과 즐거움이, 그리고 외적으로는 탁월한 성과와 보상이 뒤따를 것이다.

러시아의 대 문호 톨스토이는 말했다.

"참으로 중요한 일에 종사하고 있는 사람은 그 생활이 단순하다. 그들은 쓸데없는 일에 마음을 쓸 겨를이 없기 때문이다."

5

뜨거운 열정으로 가슴을 채워라

열정을 채우는 방법

냉철한 이성에 바탕을 둔 용기와 절실함은 열정을 낳고, 열정은 주인의
식과 몰입의 경지로 직원들을 안내한다. 그러면 좀 더 구체적으로 어떻게
하면 직원들을 열정적인 사람으로 만들 수 있을까? 직원들이 뜨거운 열정
으로 가슴을 채우게 할 방법을 자세히 얘기해 보겠다.

내가 팀장으로 있었던 LG생명과학의 마케팅전략팀을 보고 다른 팀의 팀
장이 내게 물은 적이 있었다.

"마케팅전략팀은 소를 지붕으로 올리라고 하면 진짜 올릴 것 같은데, 왜
우리 팀은 안될까?"

여러 가지 복합적인 이유가 있을 것이지만, 그중 가장 중요한 것은 팀원
들의 열정이었다. 그럼 당시 나의 팀원들은 왜 열정으로 가득 차 있었을
까? 무엇보다도 회사의 미래전략을 이끈다는 강한 소명의식이 있었다. 그
들은 자기 일이 매우 중요하고 가치 있는 일임을 알고 있었다. 또한, 한 담
당자가 환경분석을 통한 장기 수요예측(Sales Forecasting)을 통해 사업성 평

가 의견을 제시할 때면, 나는 팀원들을 한 데 모여 난상토론을 하게 하였다. 신랄한 비판과 의견이 난무하였지만 절대 개인적인 감정이나 사람에게 쏟아지는 비난이 아니라, 보고서의 문제점을 지적하고 해결안을 찾을 수 있는 애정의 매와도 같은 시간이었다. 그리고 팀원들은 그 일을 하면서 스스로 더 배우고 성장하고 있음을 잘 알고 있었다.

내가 가장 팀원들에게 역점을 두었던 것은 스스로 학습하는 조직이 되어야 한다는 것이었다. 나에게 배울 수 있는 것은 그들보다 앞서 사는 사람의 짧은 경험에서 비롯된 얕은 지식의 단편이지만, 치열한 논쟁을 위해 준비하고 연구하여 발표하고 토론하는 경험은 스스로의 껍질을 깨어 세상을 알게 되는 깨우침의 과정이었다. 그들은 팀장인 내가 직접 지적한 걸 고치고, 시키는 일을 하는 것이 아니라, 이런 과정을 통해 스스로 자신감을 얻고 자신의 역량을 키울 수 있었다. 내가 약 4년 만에 LG생명과학을 떠날 때, 나를 붙잡았던 임원께서 물었다.

"신 팀장은 이곳에서 짧게 있으며 새로 배우고 경험한 것도 많았고, 이제야 팀장으로서 제 역할을 할 때인데, 회사에 큰 이바지도 없이 지금 떠나면 어떡하나? 그럼 당신은 도대체 회사를 위해 기여한 바가 무엇인가?"

나는 그때 자신 있게 말했다.

"모든 사람이 탐내는 인재를 남겼습니다."

케네스 토마스의 저서 "열정과 몰입의 방법(Intrinsic Motivation at Work)"을 보면, 사람들은 다음 네 가지의 조건이 충족될 경우, 일에서 재미와 열정을 느끼게 된다고 말하고 있다.

1) 자신이 가치 있는 일을 한다는 느낌 (Sense of Meaningfulness)
2) 일할 때 자신에게 선택권이 있다는 느낌 (Sense of Choice)

3) 일할 수 있는 역량이 있다는 느낌 (Sense of Competence)

4) 일을 통해 실제로 진보하고 있다는 느낌 (Sense of Progress)

마케팅전략팀원들에게는 이 네 가지가 다 있었다. 그리고 거기에 하나 더, 회사를 우리 손으로 변화시키고 이끌겠다는 꿈도 있었다. 그래서 그들은 스스로 가치 있는 사람들이 되었고, 소를 지붕 위에 올릴 것 같은 열정이 충만해 있었다.

내가 회사를 떠나고 남은 나의 팀원들은 지금 다른 팀으로 제각기 흩어졌지만, 여전히 유능한 인재로 인정받으며 일하고 있다. 하지만 가끔 그들과 대화를 나누면, 그때만큼의 열정은 많이 사라진 것 같다. 왜 그럴까? 리더가 바뀌고 달라진 리더십 때문일까? 절대로 그렇지 않다. 이건 리더 한 사람만의 역량 때문만은 아니고, 전사적인 조직 분위기 속에서 보이지 않는 한계와 마음속 체념에 스스로 적용해 나가게 되었기 때문이다.

그래서 다시 스스로를 열정적인 사람들이 되기 위해 노력해야 한다. 앞서 절실한 꿈과 용기가 열정을 만든다고 하였지만, 현실적으로 지금 바로 스스로를 위해 용기를 가지고 절실하게 한다는 것이 힘든 수행처럼 실행하기 어려운 일이라면, 마음을 다잡기 위한 촉매제 같은 것으로 우선 작은 일부터 시작할 수 있는 몇 가지 팁을 제안해 본다.

첫째, 먼저 주변에 본받고 싶은 열정적인 사람이 있으면 일단 그의 곁에 가서 친해져 보자. 찜질방 한구석에서 나오는 열기가 온 방을 뜨겁게 달구듯이 열정은 전염되기 때문이다. 그리고 그가 하는 생각과 행동을 하나씩 따라 해보자. 어느 순간 자신도 모르게 그와 쉽게 닮아 가고 있음을 알 수 있을 것이다. 그러면 일단 마음속 열정에 작은 불을 지필 수 있게 될 것이다. 그리고 그 작은 불씨를 더욱 키우는 것은 이제 스스로 해야 할 숙제이다.

둘째로 만약 내 주변에는 열정적인 사람이 한 명도 없다면, 스스로 헤쳐나갈 수밖에 없다. 내가 과거 열정적인 경험이 있는 사람이었다면 마인드 컨트롤을 통해 그 당시를 하나씩 기억해 보자. 이 방법은 슬럼프에 빠진 운동선수가 잘 쓰는 방법으로써 나도 가장 잘 활용하는 방법의 하나다. 프로야구나 골프 선수들은 가끔 자신의 폼이 망가지면서 난조를 겪는 경우가 허다하다. 이 경우 선수들은 과거 모습을 비디오를 통해 다시 보며 수정해 나갈 수 있으며, 또한 명상을 통해 그때의 마음가짐으로 다시 돌아가려고 노력한다.

이와 마찬가지로, 왜 나는 그때 그토록 어려운 환경 속에서도 열정을 불사르며 일해 나갈 수 있었을까? 내 주변에는 어떤 사람이 있었는가? 내가 했던 역할은 어떤 일이었는가? 그리고 나는 어떤 성취감을 느꼈는가? 회사는 내게 어떤 꿈을 주었고 나는 그 꿈을 위해 어떻게 일했는가? 등등 세부적으로 하나씩 유추해 가며 나의 경험이 나를 인도하도록 하는 것이다. 그리고 초심과 같았던 그때의 마음을 잊지 않고, 다시 한 번 과거의 나를 따라 해보는 것이다. 시간이 지났고 환경이 변해서 쉽지는 않겠지만 마음을 다잡고 용기를 낼 힘이 될 수 있을 것이다.

셋째로 내가 열정적이었던 경험조차도 없을 때이다. 이제는 스스로가 열정적인 사람이 되기 위한 어려운 자기와의 싸움이 되어야 한다. 가장 중요한 것은 간단명료한 목표이다. 세계적으로 유명한 스티브 잡스나 아니면 각 분야의 우상과 같은 열정적인 사람으로 뚜렷한 목표를 설정하고 세분된 자기 계획을 만들어야 한다. 이것은 절대 당장 그들처럼 되겠다는 거창한 계획이 아니다. 첫걸음을 내딛는 어린아이처럼 아주 작은 일보와 같은 사소한 것들이어야 한다. 예를 들면 매일 새벽 한 시간 더 일찍 일어나 업무에 필요한 지식을 쌓기 위해 책을 읽는다든지, 인터넷을 통해 업무 관련 정보를 수집하겠다든지, 동료들에게 좀 더 관심을 가지고 일을 도와주겠다는 등의 것들이다. 그런 계획들은 그냥 마음속에 잠들어 있는 것이 아니라, 계획표 상에 문자로 작성되어야 하는 자기와의 약속이고, 그 약속을 스스로 지키기 위한 노력의 결과는 작은 성취감 또는 성공체험이 될 것이다. 이것이 더욱 스스로를 채찍질해주어 나를 열정적인 사람으로 키워주고 나중에는 큰 성공체험으로 안내해 줄 것이다.

그리고 마지막으로는 회사의 역할이다. 앞서 마케팅전략팀원들의 사례처럼 회사의 잘못된 조직이나 문화, 성과보상체제는 열정적인 사람들의 타오르는 불도 끄는 나쁜 힘이 있기 때문이다.

맹자(孟子)의 대불승(戴不勝) 장에는 맹자와 송나라의 대불승과의 대화 내용에 "일부중휴(一傅衆咻)"라는 말이 나오는데, 한 사람의 스승(一傅)에게 배워도 여러 사람이 떠들면(衆咻) 소용없다는 의미이다.

송나라 왕 밑에 제대로 된 신하가 없음을 알고 맹자가 떠나려 하자 왕의 명령으로 대불승이 와서 남아달라고 설득하였다. 그러자 맹자가 말하기를, 제나라 말을 배우려면 초나라 사람이 아닌 제나라 사람에게 당연히 배워야 하지만, 제나라 사람 한 명이 말을 가르치더라도 주위에서 많은 초나라 사람들이 방해하면 아무리 회초리로 때려가며 제나라 말을 가르쳐도 배울 수 없음을 빗대어 얘기하였다.

아무리 역량 있는 직원들이 열정을 가지고 일하려 해도 조직 분위기가 따르지 못하면 한 사람의 힘으로는 어쩔 수 없는 일이다. 그러므로 회사의 모든 구성원이 한마음으로 열정을 가질 수 있는 분위기를 회사는 조성해야 한다. 열정은 마치 물처럼 위에서 아래로 흐르는 것이다. 직원들이 아무리 열정적이라 하여도 회사의 리더들이 그렇지 못하면 그들의 열정은 식어버린다. 그러나 리더들이 먼저 열정으로 넘쳐난다면 직원들에게 흘러들어가 열정으로 충만한 조직을 만들 수가 있다.

그러므로 회사의 비전과 사명은 뜬구름 잡기가 아니라 구성원들의 꿈과 열정과 연결되어 있어야 한다. 경영진은 너무 먼 얘기만을 하지 말고, 좀 더 구체적이고 실현 가능한 목표제시를 통해 차근차근 직원들을 이끌어줄 필요가 있다. 그리고 팀장은 목표달성을 위해 권한을 위임하고 직원들이 스스로 일을 통해 역량을 키워 나갈 수 있는 터전을 마련해 줘야 한다. 열정은 그런 환경 속에서 뿌리를 내리고 꽃을 피우는 것이다.

열정을 만드는 기업의 역할

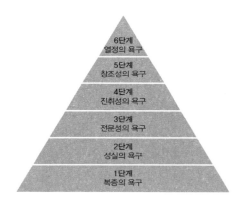

기업은 직원들이 열정을 가지고 일할 수 있게 하도록 조직문화를 바꾸고 조직을 재구성해야 한다. 최고의 경영전략가이자 런던경영대학원 교수인 게리 해멀은 저서 "지금 중요한 것은 무엇인가(What matters now)"에서 비즈니스의 5가지 쟁점 중 하나로서, 지금 중요한 것은 열정이라고 했다. 그는 매슬로우의 욕구계층이론(Maslow's Hierarchy)을 이용, 기업이 원하는 직장 내 인간 역량의 계층 모형을 만들었고, 그 제일 상위층 6단계에 '열정의 욕구'를 올려놓았는데, 이를 간단히 요약해 보면 이렇다.

매슬로우의 욕구 5단계의 가장 하부단위인 인간의 기본적인 욕구인 의식주와 안전, 그리고 사회적으로 살아가는 것은 누가 뭐라 해도 생존을 위한 가장 기초적인 필요조건이다. 따라서 이에 대해서는 특별히 누가 시키고 강조하지 않아도 인간은 당연히 살기 위해서 스스로 헤쳐나가야만 한다.

이와 마찬가지로 기업에서도 직원들의 입장에서 가장 기본적인 태도인 복종과 성실, 그리고 잘 훈련되어 전문가적인 역량을 쌓는 일은 경영자가 크게 강조하지 않아도 직원들이 당연히 하고자 하는 일이다. 하지만 기업은 그보다 더 나아가 진취적이고 창조적이며 열정적이고 주인의식 있는 인재들을 원한다. 그런데 문제는 경영자들이 바라는 상위층 3단계는 항상 마음속과 입에서만 맴돌 뿐이고, 정작 행동으로는 복종과 성실, 그리고 전문성을 강조하고 있다는 것이다.

게리 해멀은 이런 하부단계의 인력은 중국과 인도 등 저임금의 근로자로 아웃소싱하면 더욱 효율성을 높일 수 있으며, 실제로 많은 기업이 그렇게 하고 있다고 했다. 그러나 이런 체제는 오래 못 가고 결국 경쟁에 뒤처지게 될 것이다.

그래서 먼저 전문성을 넘어 진취성을 키워서 직원들이 문제나 기회를 잡았을 때 망설이지 말고 즉시 행동할 수 있도록 해야 하며, 통념과 고정관념에 맞서 새로운 아이디어를 만들어 내는 창조성을 기르도록 해야 한다. 또한, 직원들이 업무를 사명으로 여기고 모든 것을 바쳐 일하며 즐길 수 있도록 해야 한다. 그러기 위해서는 통제의 쳇바퀴를 반대로 돌려, 조직보다는 구성원을 먼저 생각하고, 사람들이 정말 하고 싶은 일을 찾도록 해주어 열정의 공동체를 구축해야 한다.

마케팅전략팀에서 3년을 보내며 나와 팀원들은 회사의 중요 전략과제를 다루는 한편, 영업/마케팅 혁신 TFT, 제품 포트폴리오 TFT 등을 비롯한 각종 혁신활동에 투입되었다. 점차 우리의 역량과 열정이 인정받게 되었기 때문이다. 그러나 이런 과정에는 항상 좋게 보는 사람들만 있는 것은 아니었다. 어떤 정치적 이유여서인지 모르겠지만, 탄생한 지 3년 만에 팀장도 모르는 새에 팀이 해체된 것이다. 갈 길을 잃은 나는 마케팅 3팀장으로 구사일생하였고, 팀원들은 각자 다른 팀으로 뿔뿔이 흩어져 버렸다. 그리고 우리의 열정의 불도 서서히 꺼지기 시작하여, 나는 1년 만에 회사를 떠나 지금 세라젬 H&B로 새 둥지를 폈으며, 각 팀으로 흩어진 팀원들은 과장, 차장으로 진급들을 하여 열심히 일하고 있는데, 내가 보기에 성실함은 여전하지만, 가슴 뛰는 열정이 많이 사라져 버린 것 같더니만, 결국 그들 중 가장 열정적이었던 송차장이 회사를 떠나 다른 회사로 자리를 옮기기도 했다. 게리 해멀이 말한 상위층의 3단계 진취성, 창조성, 열정의 욕구를 회사가 스스로 꺾은 것이었다. 지금 그들에겐 하위 단계인 복종과 성실, 그리고 전문성만 남아 있을 뿐이다.

무엇이 자기 일을 사명처럼 여기며 목숨처럼 일했던 직원들의 열정을 깎아 버렸을까? 부서 간의 헤게모니(Hegemony) 싸움, 조직의 이단아에 대한 공개처형, 아니면 훌륭한 인재로 성장한 마케팅전략팀원들에 대해 힘센 임원들의 욕심이었을까? 그것이 무엇이든 회사가 가장 큰 잘못을 한 것은, 마케팅전략팀원들의 성과와 열정을 보상으로 연결하여 불을 더욱 타오르게 하지 않고 오히려 꺼버렸다는 것이다.

내가 회사를 그만둔지 1년 후에, 그 회사는 CEO와 임원들이 바뀌는 진통을 겪기도 했다. 회사에는 아직도 분명 열정이 넘치는 사람들이 내부에서 쓴소리하고 온 힘을 다하고 있을 것이다. 그러나 어쩌면 여전히 그 소리가 경영층에 체계적으로 전달되지 않거나, 전달되었다 하더라도 車(차), 包(포) 다 떼이고 힘을 잃어 경영층이 귀담아듣지 않을지도 모르겠다. 그래서 회사의 리더는 반드시 직원들의 소리를 듣고 열정이 넘치고 활기찬 조직을 만들기 위해 온 힘을 다해 노력해야 한다.

열정이 넘치는 조직을 만들기 위해서는 지금까지 얘기한 바와 같이 직원들 스스로도 열정적인 사람으로 변화해야겠지만, 회사가 그런 직원들을 수용하고 더 키워줄 조직과 문화, 그리고 성과보상 체계가 제대로 이루어져야 한다. 그리고 무엇보다도 회사의 비전을 잘게 쪼개서 직원들 개개인의 꿈으로 나누어 주고, 전 구성원의 꿈이 다시 하나로 합쳐지면 결국 실현될 수 있다는 가능성을 부여하여, 직원들이 절실히 원하는 꿈으로 만들어 주어야 한다.

그러면 회사의 강요에 의해 말로만 하거나 어쩔 수 없이 하는 혁신활동이 아니라, 직원들이 회사의 비전과 목표를 달성하기 위해 스스로 우러나오는 창의적이고 혁신적인 업무를 수행하게 될 것이다. 그리하여 목표의식, 사명의식, 주인의식이란 말들은 공허하게 맴도는 외침이 아니라, 뜨거운 열정을 가슴에 품고, 펄펄 끓는 가슴에 참을 수 없어 몸부림치듯 일에 매진하는 직원이 직접 몸으로 실행되는 행동강령이 될 것이다.

게오르크 빌헬름은 말했다.
"이 세상에 열정 없이 이루어진 위대한 것은 없다."

열정은 자동차의 엔진과 같은 것이다. 자동차를 구르게 하는 바퀴도, 자동차를 바른길로 가게 하는 핸들도 엔진이 뜨겁게 타오르지 않으면 소용이 없다. 열정은 변화하고자 도전(CHALLENGE)하는 사람들의 심장이다. 변화를(Change) 향해 뜨거운 열정(Hot Passion)을 가슴에 가득 채운 당신은 이제 도전의 항해를 떠날 준비가 된 것이다.

Hot Passion, 뜨거운 열정으로 가슴을 채워라.

Attitude,

태도가 바뀌면 습관이 바뀌고
습관이 바뀌면 운명이 바뀐다

1

태도가 처음이자 마지막이다

태도는 생각과 행동을 지배한다

우리는 사람을 여러 방면에서 알게 모르게 평가하게 된다. 굳이 어떤 기업이나 조직에 속해 있지 않아도, 그냥 동네 이웃을 보아도 은연중에 그 사람이 '태도가 좋다, 안 좋다.'라는 표현을 자주 하게 된다. 바른 자세, 인사성, 도덕과 규범을 따르는 행동, 말하는 방식, 평상시의 습관, 일에 임하는 자세, 정신상태 등등… 그 어디에 가져다 놔도 태도라는 단어는 그냥 모든 상황에 잘 맞는 표현이 된다. 도대체 태도란 무엇이길래 인간을 표현하는 이 모든 의미를 다 포함하고 있을까?

국어사전을 보면 태도(態度)란, '몸의 동작이나 몸을 거두는 모양새'라는 뜻과 '어떤 사물이나 상황 따위를 대하는 자세'라는 뜻으로 몸과 마음가짐 모두에 적용됨을 알 수 있다. 그런 의미에서 태도는 우리의 정신과 생각에 지대한 영향력을 행사하고, 나아가서는 우리의 행동까지도 지배하는 놀라운 힘을 가지고 있다. 따라서 태도가 사람이 생각하는 능력이 되기도 하고, 행동하게 하는 원동력이 될 수도 있다.

우리나라 속담에 세 살 버릇 여든까지 간다는 말이 있다. 그만큼 버릇을 고치기가 얼마나 힘든지를 일러주는 말이기도 하지만, 자세히 살펴보면 세 살이라는 아주 어린 시절부터 이미 습관은 형성된다는 것을 의미하기도 한다. 그리고 그 습관이 만들어지기 바로 전 단계에 태도가 있다. 그래서 태도를 바꾸면 행동이 바뀌고, 행동이 바뀌면 습관이 바뀌어, 결국 좋든 나쁘든 여든 살까지 평생을 함께 살아갈 우리의 가장 친한 친구 습관은 우리 운명을 좌지우지하게 되는 것이다.

우리는 이미 형성된 습관을 바꾸기가 얼마나 힘든 일인지 너무도 잘 안다. 하지만 습관이라는 만성 고질병이 형성되기 전의 태도는 우리가 마음먹기에 따라서 좀 더 쉽게 바꿀 수가 있다. 그렇다면 이제 습관을 바꾸기 전에 먼저 태도를 바꾸는 일부터 해봐야겠다.

태도는 타고난 성격이나, 자라 온 환경에 매우 큰 영향을 받는다. 우리가 재미 삼아 하는 혈액형 테스트나 별자리 점, 토정비결 등을 보기만 해도, 수많은 세월 동안 통계적으로 모인 타고난 천성이 주는 사람의 특성들은 상당 부분 닮았음을 알 수 있다. 하지만 한날한시에 똑같이 태어났어도 어떤 이는 대통령이 되고 어떤 이는 평범한 촌부로 살아가기도 한다. 이는 같은 운명을 타고났어도 환경이 다르고 성격이 다르다면 분명 태도도 달라졌을 것이고, 그 사람의 미래도 당연히 달라질 수밖에 없다는 것을 입증해 준다.

인간은 사회적 동물로서, 혼자 살아갈 수가 없다. 한자 사람 인(人)자는 보이는 그대로 두 사람이 서로 기대어 의지하는 모습이다. 이 말은 사람은 누구나 서로가 의지하는 상호 의존적인 존재로서 인간관계가 형성된다는 것이다. 그런데 스티븐 코비의 성공하는 사람의 7가지 습관(7 Habits)에 의하면, 상호 의존성이란 오직 진정한 개인의 독립성 위에서만 이루어질 수 있다고 한다. 대인관계를 잘 이루기 위해서는 먼저 어린 자식이 부모에게 의존하듯이 맹목적으로 남에게 의존하려는 성향에서 벗어나, 스스로 심리적, 경제적으로 독립적인 자유를 누릴 수 있어야 비로소 남도 내게 의존하고 나도 남에게 의존할 수 있는 상부상조의 상호 의존성이 이루어질 수 있다는 것이다. 결국, 자신을 먼저 관리할 수 있어야, 비로소 대인관계를 관리할 수 있는 것이므로, 무엇보다도 먼저 스스로 태도를 바로잡는 것부터 시작하여 철저한 자기관리가 이루어져야 할 것이다.

지금이라도 늦지 않았다. 우리가 태도를 바르게 통제하여, 배워야 할 바람직한 태도와 버려야 할 잘못된 태도를 정확히 구분 짓고, 잘못된 성격, 행동과 습관 등을 고쳐 나갈 수만 있다면 분명 앞을 알 수 없던 운명도 한 발자국 우리에게 가까이 다가올 것이다.

잘하면 내 탓, 못하면 남의 탓이오

인간관계에서 가장 좋지 않은 태도는 자신의 잘못을 인정하지 않고 불평불만과 함께 남을 비난하는 것이다. 그런 태도로 일하게 되면 매사에 뜻하는 결론을 얻기가 힘들다.

나는 원래 회의를 용건만 간단히 짧게 하는 편인데, 중국에 와서 중국인 대리상들과 회의를 하다 보면 시간이 자꾸 질질 끌리는 경향이 있었다. 그들은 했던 얘기 또 하고, 그 얘기가 이 얘기를 만들고 이 얘기는 저 얘기를 만들며, 문제는 모두 남의 탓이고, 잘한 건 모두 자기가 했다고 한다. 그렇게 한참을 얘기하다 또 어떤 다른 문제점이 나오면 과거 남이 잘못했던 얘기가 또 나오고, 했던 얘기를 다시 하면서 문제는 모두 또 남의 탓이 되는 것이 되풀이된다.

처음에는 고객의 소리라는 측면에서 그들을 존중해주며 참고 들어 보려고 노력했지만, 이제는 내가 말을 끊어 버릴 수밖에 없게 되었다. 그렇지 않으면 하루가 다 가도록 회의가 끝날 기미가 보이지 않기 때문이다. 자기 자신에 집중에서 자신과 자신이 속한 지역에서 발생하고 있는 영업적인 현황을 직시하고 문제를 해결해야 하는데, 아무리 얘기해도 문제보다는 남을 비방하거나 모든 일이 회사지원이 부족하다며 회사 탓으로 돌리는 일은 전혀 변함이 없다. 그래서 결국 내가 쓰게 된 말은……

"그건 아는 얘기고, 그건 좀 전에 했던 얘기고, 그건 과거 얘기고, 그건 딴 사람 얘기고…"라고 말을 하며 끊임없이 쏟아지는 비난의 화살들을 끊고는 "카오리 카오리바~."라고 한다.

중국 발음으로 '카오리'는 고려(考慮)하겠다는 말로 확정 지을 수 없는 애매한 대답으로 의미 없고 끝장 없는 회의를 끝낼 수밖에 없다.

중국에서 마치 카멜레온처럼 수시로 변하고, 양파처럼 껍질을 벗기고 벗겨도 속이 나오지 않는 것과 같은 대리상들을 마주하며 처음에 나는 매우 큰 당혹감을 감추지 못하였다. 하지만 벌써 5년이 지난 지금 나는 그들을 누구보다도 더 잘 이해하게 되었다.

찬란한 역사와 문화를 가지고 있으면서도 공산정권 이후 모든 것을 부인하고 스스로 퇴보한 나라, 중국. 남들에게 잘났다고 나섰다가는 반공으로 몰려 총살당했던 사람들, 잘못한 일을 반성한다고 스스로 책임을 지려 하면 바로 숙청당했던 어두운 역사 속에서, 급속한 자유경제주의로 인해 경제수준은 발전했지만 의식 수준은 아직도 20~30년 전에 머물러 있는 그들은, 철저한 개인의 이익과 돈을 위해 남은 어찌 되든 상관없다는 배금주의자와 이기주의자로 변해 버리고 말았다. 그리고 무엇보다도 오래전부터 내려오는 체면이 중요한 그들은 서로를 비방하고 헐뜯으면서도 자신이 받는 모욕은 참지 못해 크게 화를 내고 싸우며 더욱 맹렬히 상대방을 비방한다. 그들에게 자신이 잘못한 것은 아무것도 없다. 오직 남의 탓만 있을 뿐이다.

톨스토이는 말했다.

"깊은 강물은 돌을 집어 던져도 흐려지지 않는다. 모욕을 받고 그 즉시 화를 내는 사람은 작은 웅덩이에 불과하다."

비난의 화살은 부메랑이 되어 다시 돌아온다

사람이 먹는 음식은 그것이 아무리 형편없다 하더라도 허기를 채워 주는 소중한 고마움이다. 하지만 이렇게 고마움을 먹는 사람의 입에서 나오는 말은 때로는 배설물보다 더 구리고 더럽고, 비수처럼 날카로워 심지어는 다른 사람을 죽음에 이르게도 한다. 중국에서 사업하고 있는 지금, 중국 대리상들과 대화를 하다 보면 해가 갈수록 가슴이 더 답답해서 참기가 힘들 지경이다. A는 B를 비난하고 B는 C를 비난하고, C는 또 A를 비난한다. 이들은 도대체 자기 잘못이란 하나도 없는 사람들 같다. 그런데 그들은 모르는 것이 하나 있다. 많은 다른 대리상들도 ABC를 모두 좋아하지 않는 다는 것이다. 비난의 화살은 부메랑처럼 멀리 돌아와 결국 자기 심장을 강타하는 것임을 그들은 잘 모른다.

조직보다는 개인, 장기적 성장보다는 단기적 이익, 남보다는 나를 먼저 생각하는 중국인 대리상들의 의식 속에는 어찌 보면 자신의 본심을 드러내지 않고 모든 걸 남의 탓으로 돌리며 그 사람을 맹렬히 비난하는 것이 생존할 수 있는 처세술의 한 방편이었을지도 모른다. 중국에서 이런 태도는 어느 정도는 먹혀들어 갈 수도 있겠지만, 역시나 그리 오래가지는 못한다. 실제로 대리상 중에서도 그런 경향의 리더들을 보면, 대부분이 1년 만에 하부조직이 와해되어 회사를 떠나는 사람들이 많기 때문이다. 반면 5년이 넘도록 직원들을 위해 진심으로 헌신하고 노력한 리더들은 실적이 우수한 대리상으로 성장하여 부하들의 존경을 받으며, 아직 우리 회사와 좋은 관계를 유지하며 영업을 이끌고 있다.

과거 중국 춘추시대 제나라는 강국이었다. 춘추오패 중의 한 명인 제나라 환공은 관포지교로도 유명한 관중을 등용하여 부국강병을 꾀하여 춘추시대 가장 강하고 좋은 나라를 만들었다. 그리고 지금 산동성의 성도인 제남이 바로 제나라의 땅이었으며, 우리 회사에서 가장 영업을 잘하는 조직이기도 하다.

반면 청도 인근 지역은 과거 노나라 땅이었다. 노나라는 약소국으로서 제나라에 침범을 자주 당했다. 그리고 지금 이 지역 대리상들도 영업력이 약해 시장을 자꾸 제남지역 대리상들에게 침범당하고 있다. 그걸 보면 마치 춘추시대의 역사가 현대에 와서도 재현되는 것만 같아 신기하기도 하다.

과거 역사를 되돌아봐도 부국강병을 하지 못하고 민심이 흔들린 나라가 결국 약소국으로 전락하여 침범을 당하는 것은, 침범한 나라를 탓하기보다 나라를 강하게 만들지 못한 군주의 잘못을 탓해야 한다. 그와 마찬가지로 청도지역의 총대리상은 자기 잘못은 하나도 인정하려 하지 않고 위아래도 모르며 문제가 생기면 남을 비방부터 하는 사람으로 악명이 높았다. 그러자 처음엔 멋모르고 모였던 하부 대리상들도 점차 그녀의 실상을 알게 되자 상당 부분 회사와 거래를 하지 않게 되어, 그동안 거래했던 청도지역 매장들은 재거래를 하고 싶어도 할 수가 없는 형편이 되어, 어쩔 수 없이 인근 제남의 대리상들과 거래를 하게 되었다.

그런데 그녀는 조직이 와해된 것에 대해 자기 잘못은 모르고, 자꾸 자기 구역을 침범해서 영업하는 제남 대리상들을 탓하며 회사보고 막아달라고 요구를 하였다. 그렇다고 회사로서 영업도 제대로 못 하며 제 땅이라고만 우기는 사람에게 시장을 놀리며 마냥 기다려 줄 수 있겠는가? 그래서 나는 참다못해 7월 실적을 50%뿐이 달성 못 한 그녀를 불러 매출 부진 사유를 물었다. 그러자 그녀는 나의 예상에 어긋남이 없이 여름철이라 날이 더워서 화장품이 잘 안 팔린다고 대답을 하였다. 그때 나는 답답하고 한심한 그녀에게 차근차근 말하였다.

"이 넓은 중국 땅에서 어딘 가을이고 어딘 여름인가요? 어려운 환경인 것은 누구에게나 똑같습니다. 아니 오히려 청도 이남 지역은 40도가 넘는 무더위로 더 힘든 곳도 있습니다. 그런데도 판매를 잘하는 곳은 항상 잘하고, 못하는 곳은 여전히 못 합니다. 우리를 둘러싼 환경은 정도의 차이는 있지만 거의 같은 조건입니다. 그리고 우리는 그 환경을 절대 바꿀 수가 없습니다. 이렇게 우리는 환경을 바꿀 수 없지만, 그래도 환경을 바라보는 우리들의 태도는 바꿀 수 있습니다. 우리가 어떤 마음가짐을 가지고 긍정적으로 환경을 바라보느냐에 따라 우리는 분명 어려움을 극복할 수 있다는 것입니다. 더워서 안 된다는 얘기는 이제부터 더는 말하지 마십시오. 그건 내가 무능력하다는 핑계일 뿐입니다."

손자병법에는 전쟁의 승패에 대해 병사를 탓하지 말고 조직의 기세를 탓하라고 했다(구지어세 불책지어인, 求之於勢 不責之於人). 직원들이 잘하고 못하는 것은 모두 조직 분위기, 조직의 사기에 따라 달라지는 것이다. 리더가 직원들의 사기를 올리는 일보다 실적이 저조한 직원들을 탓하고 다른 조직을 탓하며 회사를 탓한다면, 어느 조직이 제대로 사기가 오르겠는가? 반면 제남 지역은 그렇지가 않았다. 매사에 긍정적인 마음과 자부심으로 스스로 목표를 향해 노력하는 사람들로 뭉쳐 있어 사기가 하늘을 찌를 듯했다. 그것이 일등 조직인 이유이다.

먼저 나의 잘못을 인정하고 반성하라

수석침류(漱石枕流)라는 사자성어가 있다. 해석하면 돌로 양치질하고(漱石), 흐르는 물을 베개 삼는다(枕流)는 말이다. 그런데 이것이 말이 되는가?

어찌 돌로 이를 닦고 물을 베개로 사용할 수 있겠는가? 이는 바로 남에게 지기 싫어서 자기가 틀렸는데도 자기 잘못을 인정하지 않고 억지 고집을 부린다는 것으로 중국 진서(晉書) 손초전(孫楚傳)에 나오는 일화이다.

진나라의 손초가 벼슬길에 나가기 전 젊었을 때의 일이다. 진나라 초엽에는 오랜 전란으로 왕조가 계속 바뀌어 선비들은 현실을 피하여 깊은 산으로 들어가 세상을 등지고 살면서 노장사상(老莊思想)을 얘기하며 지내는 것이 유행일 때였다. 손초도 죽림7현(竹林七賢)처럼 세속을 버리고 산속으로 들어가 생활하려고, 친구인 왕제(王濟)를 불러 그의 속마음을 얘기했다.

"나도 이제는 세상을 떠나 돌로 양치질하고 흐르는 물을 베개로 삼을 작정이네(漱石枕流)"

이 말을 들은 왕제가 말했다.

"어이 이 친구야 자네 말은 돌을 베개 삼고 흐르는 물로 양치하며 살겠다(침석수유, 枕石漱流)는 말 아닌가?"

수석침류(漱石枕流)가 아니라 침석수유(枕石漱流)라고 말해야 맞는 말이다. 하지만 손초는 왕제의 말에 자신이 실수했다는 것을 알면서도 억지를 부렸다.

"자네는 너무 고지식하게 듣는구먼, 내 말은 돌로 양치질하겠다는 것은 모래로 이빨을 닦겠다는 것이고, 물로 베개로 삼겠다는 것은 옛날 은자처럼 쓸데없는 소리를 들었을 때 물로 귀를 씻겠다는 뜻이거늘…"

여기서 유래된 말이 수석침류(漱石枕流)다. 즉 자신의 실수나 잘못을 깨끗하게 인정하지 않고 변명만 늘어놓는 것을 의미하는 것이다.

사람들은 이처럼 자신의 잘못을 쉽게 인정하지 못하고 자신에게 유리하도록 스스로를 합리화하고 알게 모르게 책임을 회피하며 남의 탓으로 돌리려는 경향이 있다. 가장 쉬운 예가 지각하거나 결근했을 때이다. 만약 어젯밤에 술을 마시고 늦었다면 솔직히 그리 얘기하면 될 것을 이런저런 다른 탓으로 돌리려 한다. 나는 이런 점을 잘 참지 못하는 성격이다. 워낙 술이 강한 편이라 회사 생활하면서 술 마시고 지각해 본 적이 거의 없는 나는 도저히 힘들어서 안 될 것 같으면 전화를 걸어 솔직히 말하고 공식적으로 하루나 반 차 휴가를 내기 때문이다.

하루는 팀장 한 명이 40분을 지각하고는 내게 말했다.

"죄송합니다. 오늘 차가 너무 막혀 지각했습니다."

"같은 시간에 나왔는데 오늘따라 차가 유난히 막힌 건가, 아니면 늦게 일어나고 늦게 나와서 차가 많이 막힌 건가?"

내가 묻자 팀장은 주저하듯 쭈뼛거리더니 결국 솔직히 말했다.

"죄송합니다. 늦게 일어났습니다."

"그럼 차가 막힌 것이 원인이 아니라 늦게 일어난 것이 진짜 원인 아닌가? 근데 왜 교통 핑계를 하나?"

총경리가 되어서 이 정도도 관대하게 넘어가지 못하고 한마디로 너무 꼬장부리는 것일지도 모르겠다. 하지만 원인은 어제 술을 많이 마셨다는 자기 잘못에 의한 늦잠이고, 교통체증은 과정이며 지각이 그 결과인데, 사람들은 일반적으로 스스로를 합리화하여 자기 탓은 숨기고, 애꿎은 교통체증 같은 다른 탓으로 돌리며 근본적인 원인을 외면하고자 한다. 이렇게 매사 원인을 인식하지 못하고 반성하지 못하면 항상 과정도 제대로 흘러갈수가 없고, 그 결과는 뻔한 일이 된다. 사소한 일이라도 항상 솔직하게 자신의 잘못부터 찾고 반성하며 고쳐나가는 태도가 중요하다. 작은 일을 보면 큰일도 알 수가 있는 것처럼 사소한 일을 대충 넘어가려고 하는 사람에겐 큰일을 맡길 수가 없기 때문이다.

웨스트민스터 대성당 지하묘지에 있는 한 영국 성공회 주교의 무덤 앞에는 아래와 같은 글이 적혀 있다고 한다.

"내가 젊고 자유로워서 상상력에 한계가 없을 때 나는 세상을 변화시키겠다는 꿈을 가졌었다. 좀 더 나이가 들고 지혜를 얻었을 때 나는 세상이 변하지 않으리라는 것을 알았다. 그래서 내 시야를 약간 좁혀 내가 사는 나라를 변화시키겠다고 결심했다. 그러나 그것 역시 불가능한 일이었다. 황혼의 나이가 되었을 때 나는 마지막 시도로, 나와 가장 가까운 내 가족을 변화시키겠다고 마음을 정했다. 그러나 아아, 아무도 달라지지 않았다. 이제 죽음을 맞이하기 위해 자리에 누운 나는 문득 깨닫는다. 만약 나 자신을 먼저 변화시켰더라면, 그것을 보고 내 가족이 변화되었을 것이고, 그것에 용기를 얻어 내 나라를 더 좋은 곳으로 바꿀 수 있었을 것을…. 그리고 누가 아는가, 세상까지도 변화되었을지…!"

2

태도의 가장 근본은 정직이다

정직은 나를 바르게 인도한다

수많은 태도에 관한 표현 중에서도 나는 사람들의 태도를 결정짓는 가장 근본적인 것이 정직(正直)이라고 생각한다. 아무리 긍정적이고 성실하며 열정적이고 능력 있는 사람이라 하더라도 정직하지 못하면 바르지 못한 방향으로 길을 가게 되기 때문이다. 그런 점에서 정직은 인생을 종착지까지 바르게 안내하는 내 마음속 올바른 가이드라고 할 수 있겠다. 앞서 얘기한 남의 탓과 비난도 사실은 그 근본이 자신에게 스스로 정직하지 못하기 때문이다.

오래전 하버드 비지니스 리뷰에서 미국의 훌륭한 리더 수백 명을 인터뷰한 결과 그들의 공통점을 발표했는데, 그중 가장 첫 번째로 나온 것이 바로 정직과 청렴(Personal Integrity)이었다. 훌륭한 리더는 리더십에 대해 어떻다고 논하기 전에 먼저 한 명의 개인으로서 정직하고 청렴한 사람이었다. 정직하지 못하고 청렴하지 못한 리더가 어찌 자신의 목소리를 키워 다른 사람들에게 영향력을 발휘할 수 있겠는가?

이렇듯 정직이란 타인에게 보여주기 위한 것이 아니다. 정직은 보이지 않는 구렁텅이에 빠지지 않도록 자신을 막아주며, 설령 한 발이 흙탕물 속에 잠기었다 해도 다른 발로 굳건히 맨땅을 짚어, 빠진 발을 다시 빼낼 수 있도록 스스로를 구제해 주는 강한 힘이다.

하지만 이 사회를 살아가는 처세에서 정직이 항상 올바른 일이 아닐지도 모르겠다. 선의의 거짓말(영어로 White Lie)이란 말이 있듯이 때론 하얀 거짓말이 세상을 살아가는 데 더 편리하므로, 사람들은 작은 일에는 별일 아니라고 스스로를 위로하며 쉽게 거짓말과 타협하는 것일지도 모른다. 사실 이 세상에 태어나 죽을 때까지 한 번도 거짓말을 하지 않는 사람이 어디 있겠는가? 기독교에서는 심지어 사람이 태어날 때부터 원죄를 짓고 세상에 나온다고 하지 않았는가. 사람은 이렇게 나올 때부터 죄를 지었는데도 살아오면서 또 더 많은 죄를 짓게 되어 있다. 그래서 법이 있고 도덕이 있으며, 신앙이 있고 자기 성찰과 반성이란 것이 있으며, 정직이란 덕목을 통해 스스로 자기반성을 하고, 같은 실수를 더는 반복하지 않으려는 태도를 더욱 쌓아가야만 하는 것이다.

에머슨은 말하였다.
"사람은 혼자 있을 때 정직하다. 혼자 있을 때는 자기를 속이지 못한다. 그러나 남을 대할 때는 그를 속이려고 한다. 하지만 좀 더 깊이 생각하면, 그것은 남을 속이는 것이 아니고 자기 자신을 속인다는 것을 알아야 한다."

남의 돈을 탐하지 마라

어린 시절 옷장에 숨겨 둔 어머니의 쌈짓돈을 몰래 훔쳐 만화책을 보고 아이스크림을 사 먹고 들어온 적이 있었다. 처음 한 번 해보니 그 재미가 쏠쏠하여 한 번이 두 번 되고 두 번이 세 번 되었지만, 어머니는 알아채지 못하시고 나는 조금씩 더 많은 돈을 **빼내기** 시작하였다. 그러던 어느 날 변함없이 만화책을 보고 집으로 돌아왔는데, 어머니가 빗자루를 들고 나를 기다리고 계셨다. 나는 순간 뜨끔하였지만 계속 모르는 채 고집을 부렸다가, 두꺼운 빗자루 손잡이로 손바닥을 엄청나게 맞고 나서야 울며 잘못을 빈 적이 있었다. 가난했던 살림에 적은 돈이라도 금방 티가 났던 형편이라 어머니는 이미 다 알고 계셨지만, 하나뿐인 아들을 위해 스스로 반성하기를 묵묵히 기다렸다가 끝내는 회초리를 든 것이다. 나를 때리며 함께 눈물지으며 끝내는 나를 부둥켜안으며 큰 소리로 함께 우셨던 어머니의 가슴에는 넉넉히 용돈 하나 제대로 주지 못했던 형편이 자식을 잘못되게 하였구나 하는 회한이 묻어 나왔을 것이다.

그 후로 나는 절대로 남의 돈에 손을 대지 않는 것을 철칙으로 살아왔다. 그건 취직 후 회사에서도 마찬가지였다. 업무상 정해진 예산 내에서 회사 돈을 사용하는 것이야 당연한 일이겠지만, 예산이 남았다고 해서 회사 돈을 개인적으로 사용하는 일 또한 절대로 있을 수 없는 일이었다.

1993년 피어리스 화장품 판촉팀에서 근무한 지 만 3년이 되었을 때의 일이다. 엄청난 판촉비 경쟁을 하고 있었던 화장품업계에서 판촉과 근무 3년이면 집 한 채도 산다는 말이 나왔을 정도로 판촉업계는 매우 지저분한 접대문화가 판을 치는 곳이었다. 당시는 화장솜이나 유리컵이 가장 보편화된 판촉으로 매월 평균 15만 개 정도는 변함없이 꾸준히 하는 판촉물이었다. 당시 한 개에 200원으로 매입했던 유리컵이 15만 개면 한 달에 3,000만 원 상당의 유리컵을 매달 구입한 것이었으니, 20년 전을 감안하면 그 규모가 꽤 큰 편이었다.

그런 상황을 너무도 잘 알았던 피어리스 경영주는 판촉팀원들이 혹시 접대를 받으며 가격을 올려줄까 봐 항상 의심하여 직원들을 믿지 못하고 달달 볶아서, 내가 근무한 3년 동안 내 위로 팀장이 여섯 명이나 바뀔 정도였다. 그리고 평균 6개월 정도 수명의 팀장이 없는 공백 기간뿐만 아니라, 신임 팀장이 왔을 때도 가장 오래 팀에 남아 있었던 나는 사원이 아니라 거의 팀장 수준의 일을 수행해야만 했다. 그러다 보니 판촉팀에서의 나의 영향력은 사원의 신분임에도 불구하고 점점 커지게 되었다.

그러던 어느 날 한 유리컵 업체 영업팀장이 나를 찾아왔다. 그는 당시 다른 회사 유리컵을 사용했던 내가 자기 회사로 업체를 바꾸길 바라며 솔깃한 제의를 하였다. 유리컵 하나에 10원씩 쳐서 내게 주겠다는 것이었다. 당시 내 월급이 60만 원 정도였는데, 유리컵 하나에 10원이면 월급의 두 배가 넘는 150만 원이 세금도 낼 필요도 없이 들어오는 것이었다. 그러나 나는 일언지하에 거절하며 다시는 나를 찾아오지 말라며 그를 돌려보냈다. 만약 그가 내게 10원을 주지 않고 경쟁사보다 단가를 5원 인하해 주겠다고 하였다면, 어쩌면 나는 그를 선택했을지도 모른다. 그때 내가 이런 방식의 뒷거래가 싫다고 하였더니, 그가 했던 말이 기억난다. 다른 회사의 판촉팀 직원들은 다 그렇게 하며 나눠 먹는데, 유독 왜 당신만 그러느냐고….

결혼 후 6년 동안 전셋값 때문에 여섯 번의 이사를 할 정도로 나도 돈이 필요했던 때였다. 하지만 그건 나의 신념에 어긋나는 일이었다. 그렇게 일한다고 경영주가 믿어주는 것도 아니고 회사에서 월급 더 주는 것도 아니었지만, 내겐 한순간의 이익으로 한숨에 날려버릴 수 없는 더 큰 꿈이 있었기 때문이며, 어릴 때부터 일찍 깨우친 정직이라는 태도를 쉽게 져버릴 수가 없었기 때문이다.

정직은 소신 있는 행동을 만든다

한 나라의 대통령마저도 자신의 이익을 위해 돈을 빼돌리고 추징금도 갚지 않으려고 하는가 하면, 주변 친지나 동창생들과 짜고 일을 만들어 특혜를 주고 이익을 나눠 먹는 세상이라지만, 사실 이 사회를 자세히 들여다보면 나보다 더 정직하게 살아가는 사람들이 대다수인 것이 사실이다. 뉴스는 그들을 조명하는 것보다 잘못한 이들을 더 크게 부각시켜 이 사회가 마치 전부 그렇게 돌아가는 것처럼 오해하게 하는 큰 잘못을 저지르고 있다. 그러다 보니 대통령도 하는데, 유명 연예인도 하는데, 나 한 명 더 한다고 어떻게 되겠어 하는 심정으로, 다들 부정직한 행위를 저질러서는 안 된다. 우리나라를 지탱하는 힘은 이름깨나 난 소수의 그들이 아니라, 이름도 모르는 대다수의 정직한 국민들이기 때문이다. 그런 점에서 우리는 모두 정직하고 소신 있는 태도를 가져야 한다. 나를 위한 정직은 내 인생뿐만 아니라 내 주변의 다른 사람들도 정직하게 바른길을 인도하기 때문이다.

1988년 5월 대학을 갓 졸업하고 LG그룹 공채로 입사하여 연수를 받을 때의 일이었다. 당시는 LG그룹으로 채용되면 여러 계열사로 배치받기 전에 약 2주간 수백 명이 함께 연수를 받았었는데, 그중 일주일은 전국을 돌며 계열사 공장 투어를 하는 신나고 재미있으며 매우 큰 자부심을 느낄 수 있는 시간이 주어졌었다.

아직 서먹했던 입사 동기들과 여러 대의 관광버스를 나눠 타고 평택 VTR 공장을 거쳐 청주 인근 호텔에서 첫 하룻밤을 지내게 되었을 때의 일로 기억난다. 당시 연수생들은 밤에 외부로 나가서 개인 활동을 못 하게 통제되었으며 특히 음주는 절대 금물이었는데, 한 무리가 호텔을 몰래 빠져나가 술을 마시고 들어왔다. 나는 그때 마침 산책 중이었다가 호텔 앞 상점의 파라솔 의자에 몇몇 동기들 쪽으로 다가갔다. 마침 술 마시고 들어온 동기들이 무용담을 한창 자랑하고 있었다. 그때 교육을 책임지고 진행하고 있었던 기획조정실 연수팀 사람들이 나타나 그 자리에 있던 사람들은 전부 술을 마신 것으로 오해해서 모두 경위서를 쓰라고 하였다. 갓 입사하여 뭣도 모르는 모두는 어찌할 바를 모르고 한마디도 못하고 있었다.

결국, 내가 참다못해 말했다.

"술 안 마신 사람도 있는데 왜 모두 경위서를 써야 하나요? 난 쓸 수 없습니다."

결국, 난 진행팀으로 불려 가서 여러 말을 들어야 했다. 단체활동이니 연대 책임을 져야 한다는 등, 혼자만 살려고 그러는 건 조직생활에서 좋지 않다는 등, 명령을 거부하면 퇴소 조치하겠다는 등……

하지만 난 끝내 경위서 쓰기를 거부했다. 솔직히 아깝긴 했지만, LG가 이 정도 회사라면 안 다니면 그만이라는 결심까지 그때 했었다. 다행히 나는 별문제 없이 회사에 다니게 되었지만, 그들이 내게 어떤 나쁜 평점을 줘서 당시 내가 가고 싶었던 마케팅부서가 아니라 영업으로 발령이 나게 되었는지는 지금도 모르는 일이다. 하지만 잘못된 행정이나 구태의연한 처리 방식, 시키면 시키는 대로 하라는 식은 예전부터 못 참고 하고 싶은 얘기를 곧 바르고 정직하고 소신 있게 말하는 것이 내가 살아온 태도였다.

그래서 내겐 지금까지 따르는 사람도 많았지만 그만큼 나를 싫어하는 사람도 많았다. 그 바람에 나는 업적이나 성과와는 상관없이 정치적 헤게모니에 밀려 여러 번 회사를 떠나야만 했던 것도 사실이었다. 그 바람에 나와 함께 같은 꿈을 꾸었던 후배들을 뒤로 남기고 떠나게 된 것에 대해서는 언제나 마음 깊이 미안해하고 있다. 그러나 나의 이런 태도에 대해 난 지금도 후회는 없다. 그게 나만의 자기다움이기 때문이다.

윌리엄 헤즐리트는 말했다.

"정직한 사람은 모욕을 주는 결과가 되더라도 진실을 말하며, 잘난 체하는 자는 모욕을 주기 위해서 진실을 말한다."

정직함은 강직함이 아니다

정직하다는 것이 때론 독야청청(獨也靑靑), 나만 홀로 푸르다고 주장하는 것이 되어서는 안 될 것이다. 정직이 강직(剛直)되면, 선의의 정직이 자칫 교만하고 잘난 체하는 사람처럼 보여 낭패를 당할 수도 있기 때문이다.

초나라의 대부 굴원(屈原)이 간신들의 모략으로 쫓겨나 방황하다가 한 호숫가에서 어부와 나눈 의미 깊은 대화가 있다(어부사 漁父辭).

"그대는 삼려대부(三閭大夫)가 아닙니까? 어인 이유로 여기까지 오게 되었습니까?" 어부가 묻자 굴원이 대답하였다.

"온 세상이 모두 혼탁한데 나만 홀로 깨끗하고, 뭇사람들이 모두 취해있는데 나만 홀로 깨어 있으니 그래서 추방을 당했소이다."

"성인은 일에 얽매이거나 막히지 않고 세상의 변화에 따라 옮기어 나가야 하니, 세상 사람들이 모두 혼탁하면 왜 그 진흙을 휘저어 흙탕물을 일으키지 않으며, 뭇사람들이 모두 취해있으면 왜 그 술지게미를 먹고 박주(薄酒)를 마시지 않아, 어찌 그리 깊은 생각과 고상한 행동을 하여 스스로 추방을 당하셨소?"

"내 듣기로, 막 머리를 감은 자는 반드시 관(冠)을 털어서 쓰고, 막 목욕을 한 자는 반드시 옷을 털어 입는다 하였소이다. 어찌 몸의 깨끗한 곳에 지저분한 것을 묻히겠소? 차라리 상강(湘江)에 뛰어들어 물고기의 뱃속에서 장사를 지낼지언정 어찌 희디흰 순백으로 세속의 먼지를 뒤집어쓴단 말이오?"

굴원의 대답에 어부는 떠나가며 의미심장한 노래를 불렀다.

"창랑(滄浪)의 물 맑으면 내 갓끈을 씻으리오, 창랑의 물 흐리면 내 발을 씻으리오.

창랑지수청혜 가이탁오영 滄浪之水淸兮 可以濯吾纓
창랑지수탁혜 가이탁오족 滄浪之水濁兮 可以濯吾足."

이렇게 어부는 굴원에게 혼자 잘났다고 너무 강직하게 살지 말고 시대의
흐름과 주변 환경에 맞게 조금이나마 허리를 굽히고 환경에 적응하여, 조
직의 구성원들과 함께 뜻을 계속 펼쳐야 하는 것이 아니냐며 따끔한 충고
를 던져 주었다. 이 점은 과거 내가 가장 부족했던 점이 아닌가 싶다. 정직
이 강직이 되면 부러지고 물러날 수밖에 없으므로, 그동안 나를 따르고 같
은 꿈을 꾸었던 후배들에게 나는 어쩌면 무책임한 짓을 하게 된 것일 수도
있다. 과유불급(過猶不及)이란 말처럼 무엇이라도 도에 지나치면 탈이 날 수
밖에 없으며, 그로 인해 나를 다치게 하는 일이 나 혼자만이 아니라 함께
한 모든 이들도 다치게 할 수 있음을 알고 때론 자중하며 참고 기다릴 줄
아는 지혜도 필요한 것이다.

명심보감에도 이런 말이 나온다.
"물이 너무 맑으면 물고기가 없고 사람이 너무 살피면 친구가 없다."

3

벼는 익을수록 고개를 숙인다

스스로 한발 물러나 역지사지(易地思之)하자

1997년 어린 나이에 대리 직급으로 첫 팀장이 되었을 때, 나는 직원들을 인정하지 않고 뭐든지 혼자 독단적으로 일을 다 처리하려고만 했었다. 이런 모습이 어쩌면 다른 연륜 있는 팀장(부장)들과 상사들이 보기에 제 잘났다고 혼자 설쳐대는 치기(稚氣)처럼 비쳐 보였을지도 모른다. 이 점에서 나중에 나는 과거 많이 부족했던 점을 인정하고 반성한 바가 있다.

1998년 애경에서 마리끌레르 화장품을 성공적으로 런칭하고 1년이 지났을 때였다. 나는 당시 마리끌레르 브랜드 출시를 통해 화장품 매출을 두 배나 신장시켰으니 대단히 큰 성공을 거두었다고 자부했다. 그러나 1년이 지나고 나서 커다란 문제점이 발생하였다. 모든 관련 부서(연구실, 디자인실, 생산부, 영업부, 자재부, 포장개발부 등)의 사람들이 색조/기초제품별로 구성된 담당 프로덕트 매니저(PM, Product Manager)를 무시하고 팀장인 나와만 얘기하려고 하였다. 나는 너무 힘들어 도저히 시간을 쪼갤 여력도 없었으며, 이러다 지쳐 쓰러지겠다 싶을 정도였다. 천만다행인 건 이를 통해 내가 스스로 팀원들과 나 자신을 되돌아보게 되는 시간을 가지게 되었다는 것이다.

그리고 나는 깜짝 놀랐다. 우리 팀은 모든 의사결정이 내게만 있었고 팀원들은 PM으로써 어떤 권한도 없이 시키는 일만 하는 수동적 존재로 전락해 버린 것이었다. 당시 두 번째 프로젝트도 기획하고 있던 나로서는 도저히 혼자서는 감당이 되지 않는 너무도 심각한 문제였다.

나는 큰 마음을 먹고 모든 업무를 직원들에게 하나씩 넘겨주기 시작했다. 우선 관련부서와의 커뮤니케이션은 모두 담당 PM을 통해서만 하게 했는데, 이 과정이 내가 직접 일했을 때보다 더욱 고통스러운 시기였던 것 같다. 참고 기다리는 나도 힘들었지만, 늦어진 업무처리로 관련부서로부터 불평이 쏟아졌으며, 상사들은 이런 나를 오해해서 내가 한 번의 성공에 취해 더는 열심히 일하려 들지 않는다며 나를 질책도 하였다. 그러나 나는 그 모든 것을 감내하고 스스로를 죽여 팀원들이 직접 실행하며 성장할 수 있도록 기회를 열어 주었다.

그렇게 6개월이 지나자 팀원들은 누가 봐도 매우 훌륭한 마케터로 성장했고, 나도 현재보다 미래를 준비할 여력이 생기게 되었다. 그리고 팀원들과 함께 나는 애경의 주력 브랜드가 된 여드름 전용 화장품인 에이솔루션(a-Solution)을 탄생시킬 수가 있었다. 그 결과 회사는 훌륭한 인재와 함께 미래 성장 동력인 신브랜드를 얻게 되었고, 나 또한 좋은 경험으로 리더로서 한층 더 성장한 자신을 발견할 수 있었다.

인간관계의 핵심은 결국 "나의 주장"이 아니라 "당사자의 가치"에 초점이 맞춰져서, 나의 주장이 그 사람의 이익이나 성장에 도움이 되도록 하는 배려의 마음이다. 그때 이후로 나는 좌우명을 하나 정하였는데, 20년이 다 된 지금도 여전히 변함이 없다. 역지사지(易地思之), 즉 상대방과 처지를 바꾸어 생각하라는 한자성어이다. 한때 나 아니면 안 된다는 식의 사고방식은 스스로를 더욱 힘들게 하고 죽이는 짓이라는 것을 그때 나는 깨달았다. 남에 대해 배려는 겸손함에서 비롯되는 것이다. 스스로 자신을 낮추어 겸손한 사람이 되어야 남을 배려하고 남을 살리며 궁극적으로는 자신을 살리게 된다는 것을 그때 나는 몸소 깨우치게 되었다.

목계지덕(木鷄之德)형 외유내강 인재

장자(莊子)의 달생편(達生篇)에는 우리에게 겸손함의 미덕을 가르쳐 주는 목계지덕(木鷄之德)에 대한 일화가 있다.

기원전 8세기 중국 주나라의 선왕(宣王)은 닭싸움을 매우 좋아해서, 어느 날 '기성자'라는 투계 조련사에게 최고의 싸움닭을 만들어 달라고 닭을 사서 보냈다. 열흘이 지나자 왕은 닭의 훈련이 잘됐는지 궁금해서 기성자에게 훈련이 어떤가 물어보자 기성 자가 대답하길, "닭이 강하긴 하나 교만하여 자신이 최고인 줄 압니다. 아직 멀었습니다."라고 했다.

또 열흘이 지나 왕이 다시 물으니, 기성 자는 "교만함은 버렸으나 상대방의 소리와 행동에 너무 쉽게 반응하기 때문에 인내심과 평정심을 길러야 합니다."라고 말하였다. 또다시 열흘 뒤에 왕이 또 묻자 기성자는 "조급함은 버렸으나 눈초리가 너무 공격적이라 눈을 보면 닭의 감정상태가 다 보입니다. 아직은 힘듭니다."라고 말했다.

마침내 40일째가 되던 날 기성 자는 상대방이 아무리 소리를 지르고 위협해도 반응하지 않는 것이 완전히 평정심을 찾았다고 하며 왕에게 말했다.

"다른 닭이 아무리 도전해도 동요하지 않으니, 마치 나무로 만든 닭(木鷄)처럼 그 덕이 완전하여, 이젠 어떤 닭이라도 바라보기만 해도 도망칠 것입니다."라고 대답하였다(망지사목계 기덕전(望之似木鷄 其德全).

일반적으로 사람들은 자신의 이익이 먼저이고 공을 다투어 자랑하길 좋아하며 출세를 위해 수단과 방법을 가리지 않는 경우가 많다. 그리고 요즘은 조건 없는 겸손이 미덕인 세상도 아니라, 실제로 나는 직원들에게 자신을 위해 스스로 뿔나팔을 불어야 한다고 말하기도 한다. 21세기는 자기 PR, 셀프 마케팅(Self-Marketing)의 시대이다. 묵묵히 일만 열심히 하면 잘되는 시대는 농경사회에서나 가능했던 일이며 이제는 오히려 못난 사람으로 취급받기도 한다. 하지만 자신의 뿔나팔을 불라는 것이 겸손하지 말라는 말이 절대 아니다. 자만하고 잘난 체하라는 말도 아니다. 자신이 잘한 것에 대해 정당하게 의견을 말할 수 있는 자신감과 용기, 자부심을 가지라는 말이다.

목계지덕형 인재가 바로 그렇다. 교만하여 자신이 최고라고 으스대지 않고, 외부의 상황에 성질 급하게 반응하지 않는 끈기와 인내를 가지고 있으며, 눈초리가 부드럽고 겸손하여 자신을 통제할 줄 아는 내면이 강한 사람이지만, 싸움에서는 물러나지 않고 적을 제압할 수 있는 한마디로 외유내강(外柔內强)한 사람이다. 스스로 겸손할 줄 아는 사람은 어떤 일이든 수용할 줄 아는 열린 사람이다. 그래서 이런 목계지덕 같은 사람에겐 세상에 당할 자가 없을 것이다.

4

긍정이 주는 새로운 세상

피할 수 없으면 즐겨라

어느 여름날 일요일 아침, 아침부터 청소해달라는 아내의 등쌀에 나는 피곤한 몸을 이끌고 소파에서 일어나며 생각하였다.

"피할 수 없으면 즐겨라~"

나는 청소기를 밀고 당기면서 제자리 뛰기를 하는 한편, 한 손으로는 청소기를 아령처럼 들었다 놓기를 반복하며 약 30분간 청소를 하였다. 온몸에 땀이 범벅되어 샤워하고 나니 한여름의 더위도 싹 가신 듯 상쾌해졌고, 운동해야지 생각만 하고 몸으로 행동하지 못했던 스스로에게도 뿌듯한 성취감이 찾아왔다. 그 후로 주말이면 아내를 도와 청소하는 일은 부족한 운동을 그나마라도 할 좋은 기회가 되었다. 바로 긍정의 힘이 가져다준 결과였다.

바쁜 생활과 일상 속에서 나는 과연 어떤 삶을 살 것인지 스스로에게 질문을 해보자.

"나는 어떤 삶을 원하며, 나에게 주어진 이 시간을 어떻게 보낼 것인가?"

때론 이런 질문을 통해 자신의 삶에 대해 생각해볼 필요가 있다. 이 세상에 내 삶의 끊임없는 여정을 중단시킬 수 있는 사람은 아무도 없다. 다만 스스로가 가로막을 뿐이다. 인생은 남이 대신 살아 주는 것이 아니므로, 내 인생의 걸림돌은 다른 사람이 아니라 자기 자신인 경우가 대부분이다. 결국, 내가 맞서야 할 가장 큰 적은 바로 나 자신이다. 행복하건, 슬프건, 평화롭건, 혼란스럽건, 그것은 외부의 문제가 아니다. 바로 이곳, 조그만 내 마음속에서 일어나는 모든 일들이기 때문이다.

세상에서 가장 먼 거리는 머리에서 가슴까지의 거리라고 한다. 30센티 정도밖에 안 되는 이 거리가 평생을 걸려 도달하려고 해도 미처 만나지도 못하는 경우가 대부분이다. 그만큼 나 자신을 찾는 일은 쉬운 일이 아니다.

그렇다면 이제 머리로 이해하려고만 하지 말고 가슴이 시키는 데로 한번 해보면 어떨까? 설령 무모해 보이는 도전일지라도 불안과 비관보다는 긍정적인 마음으로 세상을 향해 도전장을 던져보자. 벅찬 가슴으로 난관을 향해 뛰어넘으려는 순간 과거의 걸림돌은 디딤돌이 되고 더 큰 도약대가 될 것이다.

피할 수 없으면 즐겨라. 내 마음이 시키는 데로 즐기면 무엇이 어떻든 간에 이루어질 것이다. 그것이 바로 긍정이 주는 놀라운 힘이다.

체념의 한계

미국 동부의 저명한 학자 지그 지글러는 20~30cm를 뛸 수 있는 벼룩들을 7~8cm 높이의 유리병 속에 가두어 넣고 관찰하였다. 벼룩들은 병 안에서 밖으로 나오려고 이리저리 계속 뛰며 병뚜껑에 계속 머리를 부딪쳐댔다. 그렇게 여러 시간이 지나서 벼룩들이 잠잠해지자 뚜껑을 열어주었는데도, 벼룩들은 더는 유리병보다 높이 뛰어올라 병 안에서 탈출할 수가 없게 되었다. 이 7~8cm 유리병 천정의 한계가 벼룩들에겐 넘을 수 없는 삶의

한계가 되어 더는 높이 뛰지 못하게 된 것이다.

우리 마음속에도 이와 같은 체념의 한계라는 보이지 않는 벽이 있다. 신입사원으로 들어왔을 때만 해도 패기 충천했던 사람이 조직의 보이지 않는 벽에 부딪혀 자꾸만 아픔을 겪게 되자, 점점 그 틀 속에 스스로를 맞추게 되어 자신을 그 틀 속에 가두었던 상사와 비슷한 사람처럼 변하게 되고 만다.

어렸을 때는 호기심에 가득 차서 천진난만하게 묻기도 많이 했다.

"왜요?"

그러다 점점 자라면서 스스로 알게 된다. 묻지 않고 입 닫는 것이 속 편하다는 사실을……. 이렇게 스스로를 유리병 속에 가둔 채 우리는 인간임을 포기하고 벼룩과 같은 체념의 구렁텅이 속으로 빠져드는 것이다.

비슷한 사례로 서커스 코끼리의 체념이 가져다주는 안타까운 마음속 한계도 있다.

서커스 코끼리의 발에 쇠사슬을 묶어서 작은 말뚝에 매어 두어도, 덩치가 큰 코끼리는 말뚝을 뽑고 도망갈 생각을 조금도 하지 않는다. 그 이유는 코끼리가 어렸을 때부터 말뚝에 묶인 채로 길들여졌기 때문이다. 처음 어린 코끼리는 쇠사슬에 묶여 있는 것이 몹시 답답해서 말뚝을 뽑아버리려고 안간힘을 쓰다 사육사에게 매를 맞기도 하고 단단한 쇠말뚝에 묶인 발목에 상처와 고통을 받게 되었을 것이다. 그러다가 점점 자유롭게 살고 싶다는 마음도 사라져 "내 힘으로는 이 말뚝을 뽑을 수 없어!"라고 체념을 하게 되었다. 그 후로 아기코끼리는 더는 말뚝에서 탈출하려고 몸부림치지 않게 되었고, 완전히 성장한 후에도 체념의 말뚝과 익숙해진 채 살아가게 되었다.

비단 벼룩이나 코끼리뿐만 아니라 사람도 마찬가지로 반복되는 한계에 부딪히면 할 수 없다는 스스로의 한계 속에 갇히고 체념하는 경우가 비일비재하다. 조직의 틀은 견고하여 한 사람의 힘으로 깨기가 매우 어렵다. 잘못된 관행을 바로 잡고자 몸부림치면 칠수록 체념은 더욱 빠르게 다가온다. 하지만 지그 지글러가 나중에 유리병 바닥을 불로 뜨겁게 달구자 벼룩이 깜짝 놀라 다시 유리병 밖으로 튀어 올랐다는 점을 간과해서는 안 된다. 벼룩과 코끼리는 할 수 없었던 것이 아니라 할 수 없다고 스스로 포기한 것이었다. 하지만 인간은 스스로 불타오르는 자극으로 체념의 무덤을 뛰쳐나올 수가 있다. 그것이 바로 희망이고 긍정이다. 체념이 자신을 점차 잡아먹도록 내버려 두지 말고, 긍정적인 마음으로 작은 것부터 하나씩 극복해 나가는 것이 중요하다. 긍정의 힘은 작은 성취감들을 통해 무럭무럭 자라나서 나중에는 더 큰 성공을 가져올 수 있게 한다.

따라서 우리는 내 마음속 승리자로서의 긍정의 힘을 찾아내야 한다. 모든 인간은 실패한 사람으로 태어나는 것이 아니라, 이미 태어나기 전부터 성공자이고 승리자이기 때문이다. 인간은 수억 개의 정자 중 가장 빠르고 강하며 우수한 하나의 정자만이 난자와 수정되어 태어난 승리의 DNA를 가지고 있다. 생각해보라. 한 두 개의 경쟁도 아닌 자그마치 수억 대 일의 경쟁을 물리치고 이긴 위대한 승리이다.

이제 우리 마음속에 있는 승리자의 본질을 뽑아내어 보자. 남들이 바라보는 모습이 아닌 나 자신이 생각하는 나의 진짜 모습을 찾아야 한다. 이 사회 속에서 움츠러들어 남들은 고양이라고 하더라도 내 속에 숨겨진 진정한 호랑이를 끄집어내야 한다. 그것이 바로 치열한 이 사회를 살아가는 첫 번째이고 기본적인 긍정적 태도이다.

지구의 정기는 긍정으로 통한다

"지구에 있는 모든 것은 끊임없이 변화하고 있지. 이 지구는 살아있는 존재니까. 정기를 가진 땅덩어리란 얘기야. 우리는 그 정기의 일부분이고. 아주 가끔은 우리도 그 정기가 우리에게 작용하고 있음을 느끼곤 하지. 그런데 정말 중요한 것은, 자네가 그 크리스털 가게에서 일하는 동안 크리스털 그릇들 역시 자네의 성공을 위해 애를 썼다는 거야."

코엘료의 소설 "연금술사"에서 연금술을 배우고 있는 영국인이 주인공 산티아고에게 한 말이다. 자아의 실현을 찾아 떠나 온 여정 중에 작은 크리스털 가게에서 일하게 된 산티아고의 긍정의 힘은 그 가게를 크고 번창하게 하였다. 그 얘기를 들은 영국인은 생명도 없는 크리스털 또한 산티아고를 위해 노력했기 때문에 성공이 이루어진 것이라고 말도 안 되는 말을 하였다. 하지만 이 말도 안 되는 말이 사실은 이 세상에서 이루어지고 있음을 양자물리학 과학자들은 실험을 통해 입증하였다.

몇 년 전 한글날 특집으로 방영된 MBC 말의 힘이란 프로그램에서 MBC 아나운서들은 똑같은 쌀밥을 두 개의 유리병에 넣고 한쪽에는 '사랑해, 고마워'라는 좋은 글을 붙이고, 다른 쪽엔 '미워, 짜증나'라는 나쁜 글을 붙인 후 수시로 각각의 쌀밥이 담긴 유리병에 좋고 싫은 말을 하는 실험을 보여주었다. 그리고 몇 주 후 뚜껑을 개봉한 결과 좋은 글과 말을 담은 쌀밥은 몸에 좋은 누룩이 핀 반면, 나쁜 글과 말을 전달한 쌀밥은 까맣게 썩어 간 것을 발견하였다.

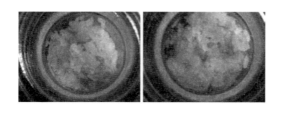

그런 점에서 특히 말은 정말로 잘 관리해야 하는 무서운 것이다. 말은 우리 안에 있는 것을 바깥으로 드러내는 힘이 있기 때문이다. 따라서 실패를 고백하면 실패를 할 것이고, 성공을 고백하면 성공이 우리 것이 될 수도 있다.

이 실험은 사실 이번이 처음이 아니었다. 왓칭(Watching 김상운 저) 이란 책을 보면 쌀밥에 대한 실험뿐만 아니라, 같은 방법의 물에 대한 실험에서도 몸에 좋은 육각수로 변한 물과 분자가 분해되어 마실 수 없게 변한 물의 현미경 관찰 사진도 볼 수가 있다. 그것은 인간의 긍정과 부정이 가져다주는 놀라운 영향력이다. 오래전 발표된 시크릿(Secret)이란 책에서도 사람이 간절히 바라는 힘은 우주의 기를 통해 전달되고 신비하게도 이루어진다는 주장을 하여 세상을 놀라게 한 바도 있지만, 다분히 종교적이고 정신적이었던 것과는 달리 왓칭에서는 양자물리학 과학자들이 오랜 실험을 통해 과학적으로 입증한 결과를 보여주고 있어 더욱 신뢰감이 든다.

양자물리학적인 측면에서 세상은 눈에 보이지 않는 미립자로 이루어져 있으며, 사람, 동식물, 광물 등 지구에 존재하는 그 어떤 사물도 모두 결국은 미립자 덩어리라 했다. 그리고 그것이 생물이든 아니든 미립자들끼리는 서로 보이지 않는 커뮤니케이션을 하고 있다. 내가 사랑하는 마음을 동식물뿐만 아니라 이미 만들어진 밥이나 물조차도 알아들을 수 있듯이, 세상은 어떤 정기로 서로가 상호작용을 하고 있다. 동양에서는 예부터 '기가 통한다, 기가 막힌다.'라고 말하며 눈에 보이지 않는 어떤 힘에 주목하였다. 설령 중국무협영화나 소설처럼 하늘을 날고 장풍을 쏘는 것이 아닐지라도, 우리는 생활 속에서 사람과 사람 간의 기, 사람과 동물, 식물, 어떤 사물 간의 영향력 등을 느낄 수가 있다.

우리 회사에 어떤 사람 손에만 가면 새 전자제품들이 이상하게 유독 고장이 자주 난다. 아마도 그가 기기들을 사랑하고 아끼지 않으며 단순히 필요에 의한 도구로써만 사용하기 때문이 아닐까 생각한다. 워낙 PC를 지독히 많이 사용하는 나는 내/외부적으로 PC를 수시로 관리하고 있다. 주인 잘못 만나 남들보다 두 배로 혹사당하는 PC에게 미안해하며 나의 업무를 도와주는 것에 감사의 마음을 전하는 것이다. 그래서 그런지 내 PC는 오랜 사용으로 어쩔 수 없는 경우를 제외하곤 잦은 고장이 나는 경우가 거의 없었다. 나의 긍정적인 마음이 사랑하는 PC에게도 전달되었기 때문이라 생각한다.

긍정의 힘은 참으로 놀랍고 신비한 힘을 가져다준다. 새로운 21세기를 맞이하며 세상이 한창 시끄러웠던 서기 2000년, 나는 선배와 함께 작은 화장품회사를 창업하여 그동안 다니었던 직장생활을 접고 난생처음으로 사업이란 것을 하게 되었다. 그러나 선배가 급성 간암으로 갑자기 사망하는 등, 여러 사정으로 3년 만에 사업을 접게 되자, 나 혼자 모든 걸 떠안게 되어 약 3억 원이라는 거액의 빚을 지게 되었다. 빚도 빚이었지만 회사가 망하고 소득이 거의 없던 상황에서 매월 갚아 나가야만 하는 이자만 해도 도대체 감당할 수 없어, 처음엔 세상이 온통 까맣고 막막하였으며 신은 왜 내게 이리도 혹독한 시련을 주는지 너무도 억울하고 분통하였다. 그러자 급기야는 물만 마셔도 설사를 할 정도로 신경성 과민증상까지 걸리게 되었다.

나는 피해가 가족에게까지 돌아가지 않게 하려고 아내와 법적으로 이혼도 하고, 끝내는 아파트 옥상에 올라 뛰어내릴 생각까지도 하였다. 나 하나만 죽으면 모든 게 해결된다고 생각했었기 때문이었다. 옥상 끝에서 발하나만 내밀면 나는 이 세상 사람이 더는 아니었던 순간이었다. 그때 나의 삶에 대한 애착이 강하게 나를 붙잡으며 말을 걸어왔다.

"죽을 결심으로 살면, 세상에 무엇을 못하겠는가?"

나는 순간 번쩍 정신을 차리고 다시 발걸음을 돌렸다. 그리고 그때부터 그까짓 3억 원 정도는 매년 5천만 원씩 모으면 6년이면 다 갚을 수 있다는 긍정적인 마음으로 다시 인생을 설계하였다. 마음이 긍정적으로 변하니 놀랍게도 아팠던 몸도 금방 다 나았고, 다시 자신감이 찾아왔다. 그리고 적극적으로 직업을 찾아, 주얼리 회사인 미니골드에 취직하였다가 다시 대기업인 LG생명과학으로 자리를 옮겼으며, 음대 출신인 아내는 친지들에게 돈을 빌려 작은 피아노 교습소를 차렸다. 그때부터 우리는 악착같은 절약으로 돈을 갚아나가 먼저 이자 부담이 큰 금융권 빚을 다 갚았으며, 친지들에게 빌린 돈도 결국 계획을 앞당겨 5년 만에 다 갚았다.

그래서 지금 내 인생의 시작은 어쩌면 빚을 다 갚은 이후인 2008년부터인 것 같다. 지금은 샐러리맨들이 바라는 억대 연봉을 받으며, 그동안 모으지 못했던 것을 만회하기 위해 상당한 금액을 저축할 수 있게 되었고, 이전보다 풍요로운 생활을 누릴 수 있게 되었지만, 만약 그때 내가 부정적인 생각으로 삶을 포기했다면 지금의 내가 있을 수는 없었을 것이다. 이렇게 긍정은 놀라운 에너지를 발산하여 불가능할 것 같은 난관을 극복할 수 있도록 자신을 끌어당겨 준다. 할 수 없다는 생각을 버리고 지금이라도 할 수 있다는 마음을 갖는 순간 긍정의 힘은 이 지구를 돌아 강한 기운을 가지고 내게 다시 돌아올 것이다.

내 버스의 운전사는 나 자신이다

긍정 에너지에 대해 생각나는 "에너지 버스"라는 책이 있다. 저자인 존 고든은 이 책을 통해, 인생의 주인은 바로 나라는 것을 버스 운전사 조이의 입을 빌려 얘기하며 매우 재미있고 유익한 우화를 창조해냈다. 내용을 잠시 요약해 보면 다음과 같다.

월요일 아침, 마치 세상이 온통 한통속이 되어 주인공 조지를 괴롭히고 있는 것처럼, 자동차 바퀴는 펑크났고, 직장에서도 해고될 위기였으며, 엎친 데 덮친 격으로 가정에서도 소홀했던 그에게, 아내는 더는 참을 수 없다며 이별의 최후통첩을 해왔다. 어쩔 수 없이 펑크난 자동차 대신 버스를 타고 출근을 하기로 한 조지는 거기서 '조이'라는 재미있는 버스 운전사를 만나게 되고, 그로부터 인생궤도를 뒤바꿔 놓을 획기적인 이야기를 듣게 된다. 버스 운전사 조이가 한 말을 그대로 인용해 본다.

"당신 버스의 운전사는 당신 자신이다.'라는 말입니다. 당신 인생을 스스로 책임지지 않고 그 버스를 당신 뜻대로 조종하지 않는다면, 절대 원하는 목적지로 갈 수 없어요. 늘 누군가 다른 사람의 여행길에 끼어 탈 수밖에 없어요. 때로 잠시 다른 사람의 버스를 타야 할 때도 있지만, 어디까지나 우리에게는 각자의 버스가 있어요. 그런데 대부분 사람은 한 가지 중대한 실수를 범하고 있지요. 자신의 버스가 어디로 가고 있는지, 어떤 경로로 그 목적지에 도달할 것인지, 자기 스스로 결정해야 한다는 사실을 잊는다는 거예요."

앞서 말했지만, 사람들은 누구나 직장에서든 가정에서든 자신의 잘못을 인정하기보다는 남의 탓에 내가 이 지경까지 힘들다고 생각하는 경향이 있다. 매출이 안 되는 이유, 가정생활이 피곤한 이유, 친구들과의 관계가 소원해진 이유, 직장상사와 힘든 이유, 진급이 누락된 이유 등, 나를 둘러싼 환경 속에서 내가 힘든 이유를 내가 아니라 회사 정책 때문에, 직장 상사 때문에, 집사람 때문에, 친구 때문으로 돌리는 것이다. 그렇지만 내 버스의 운전사는 남이 아니라 바로 나이기 때문에, 그렇게 어려워진 이유가 바로 자신이 그렇게 운전해왔기 때문이라고 돌이켜 생각해보면 어떨까?

사실 샐러리맨들은 일과를 얼른 마치고 돌아가려는 강한 귀소본능을 가지고 있다. 그런데 이런 마음은 지금뿐만 아니라 오랜 기원전에도 있었나 보다. 손자병법에도 비슷한 말이 나오니 말이다.

"병사는 아침에는 기운이 날카롭지만(조기예, 朝氣銳),
낮에는 기운이 게을러지고(주기타, 晝氣惰),
저녁이 되면 돌아갈 생각만 한다(모기귀, 暮氣歸)."

그래서 손자는 무릇 장군이란 병사를 탓하지 말고 저녁에도 아침처럼 기운이 넘치도록 조직의 기세를 키워야 한다고 강조했다.

하지만 그보다 앞서 자신 스스로도 한번 반성해 보자. 집에만 빨리 돌아갈 생각으로 직장생활을 한다면 몸담은 그 직장이 얼마나 지루하고 재미가 없겠는가? 잠자는 시간과 밥 먹는 시간을 빼면 하루 24시간 중 가장 많은 시간을 보내고 있는 직장은 내 인생이 보내는 대부분의 시간이다. 그렇다면 어찌 내 인생의 대부분을 마지못해 살며 함부로 낭비할 수 있겠는가?

이제 스스로의 의지로 인생의 목적지를 향해 직접 운전해 나가보자. 그러려면 먼저 버스에 '긍정 에너지'라는 연료를 가득 채워야 한다. 그래야 비로소 새로운 인생 여정의 출발 준비가 되는 것이다.

버스는 1인승이 아니다. 목적지를 향한 나의 비전을 함께할 수 있는 사람들을 버스에 태워야 한다. 이때 버스에 사람들을 더 태우려는 욕심에, 이미 버스에 탑승한 사람들의 긍정 에너지를 빨아먹는 '에너지 뱀파이어'를 태워서는 안 된다. 불평불만으로 가득 찬 에너지 뱀파이어들은 긍정 에너지로 움직이는 에너지 버스 승객들까지도 부정적으로 만들 수 있기 때문이다. 만약 처음에 에너지 뱀파이어를 모르고 태웠다면, 발견 즉시 내리도록 조치를 취해야 한다. 그리고 승객들이 버스에 타고 있는 동안, 그들을 매료시킬 열정과 긍정의 에너지를 발산하여, 승객들을 사랑하고 함께 즐길 수 있도록 한다면, 우리는 성공적인 삶을 운전할 수 있을 것이다.

공자는 "가까이 있는 사람들을 기쁘게 하면, 멀리 있는 사람도 찾아온다(근자열 원자래 近者悅 遠者來)"라고 했다. 긍정의 힘은 내 주변의 가까운 사람들, 직장 동료, 상사, 부하, 가족, 친지 등을 활기차고 기쁘게 한다. 그리고 그 에너지는 다시 다른 사람들에게 전달되어 더 많은 사람을 끌어당기게 한다. 그런 의미에서 긍정은 당기기 게임인 것 같다. 요즘 인간관계에서 밀고 당기기를 줄여서 '밀당' 해야 한다고 얘기들 하는데 '밀'은 빼고 '당'만 해야겠다. 긍정은 밀지 않고 당기게 하는 일방통행로이다. 내가 먼저 긍정적으로 밀지 않고 당기면, 다른 사람들도 나를 더욱 당길 것이다.

5

인간관계의 근간은 신뢰이다

사람의 말이 곧 신뢰이다

"신팀장~! 내가 KT를 떠나 세라젬으로 자리를 옮겨 화장품 계열사를 하나 창업할 것인데, 대한민국에서 제일 먼저 생각나는 사람이 신팀장이더라. 나랑 같이 세라젬으로 가자."

KT 조서환 부사장께서 어느 날 문득 전화를 주셨다. 당시 LG생명과학 마케팅 3팀장이었던 나는 일말의 주저도 없이 대답했었다.

"네. 가겠습니다." 세라젬이라는 회사가 어떤 회사인지도 잘 모르던 때였다.

그리고 2년이 지나, 상해로 함께 출장을 간 저녁식사 자리에서 사장이 된 그가 문득 내게 물었다.

"신상무는 왜 그때 이름도 모르는 회사 알아보지도 않고 무조건 오겠다고 했나?"

나는 너털웃음과 함께 대답했다.

"사장님이 가시는 곳이니 제가 무얼 더 알아보겠습니까? 그리고 설령 세라젬에 와서 잘 안 된다면 사장님께서 어느 회사든 저를 추천해주시지 않겠습니까? 허허~."

사실 내가 세라젬에 주저 없이 간 진정한 이유는 애경 때부터 내게 마케팅을 가르쳐 준 스승이자 상사였던 조서환 사장에 대해 강한 믿음도 있었지만, 나를 LG생명과학에 추천해주셔서 사업에 실패하고 어려웠던 시절, 내가 다시 재기할 수 있도록 기회를 주신 조사장에 대한 나의 약속 때문이었다. 나는 LG생명과학에 입사 당시 스스로에게 말하였다. 언젠가 그분이 나를 원할 때 한 번쯤은 무조건 도와주겠다고….

한자의 믿을 신(信)자를 풀어보면 "사람(人)의 말(言)"이 된다. 사람이 한 번 던진 말은 더는 주워담을 수 없다. 그러니 그 말에 대해서는 반드시 약속을 지켜야만 믿음이 쌓이는 것이다. 사람의 지위를 막론하고 아무리 사소한 것이라도 약속이란 반드시 지켜지기 위해서 존재하는 것이다. 신뢰란 결국 사람의 말이 행동으로 이루어져야만 형성되기 때문이다. 우리 주변에는 참으로 말로만 일하는 사람들이 너무도 많다. 현란한 미사여구와 논리 정연한 말솜씨는 한순간 사람들을 현혹시킬 수는 있겠지만, 행동이 따르지 못하는 말은 더는 멀리 오래가지 못한다.

시간을 잘 지키지 않는 친구나, 한 번 내뱉은 말을 툭하면 어기는 상사에게 그러지 말아 달라고 요청을 한 적이 몇 번 있었다. 그러자 그들은 매번 별일도 아닌 걸 가지고 왜 그러냐고 웃어넘기는 경우가 많았다. 그러나 사실 그건 진정으로 별일이다. 왜냐하면, 이미 나의 마음속 믿음에는 작은 균열이 가기 시작했고, 끝내는 그 틈 사이를 비집고 헤쳐 나온 잡초처럼 의심이 자라나기 시작했기 때문이다.

내가 피어리스 화장품을 떠나기로 했던 결정적인 사건이 하나 있었다. 팀장이 수시로 바뀌는 상황에서 당시 사원이었던 나는 사장에게 직접 결재를 받으러 들어가거나, 새로 온 팀장과 함께 결재를 들어가는 경우가 자주 있었다. 하루는 사장에게 불려간 팀장이 하얗게 질려 예전에 결재받았던 서류를 찾아서 사장실로 가져오라는 다급한 연락이 왔다. 나는 서류철에서 품의서를 찾아 사장실로 가지고 들어갔다. 그곳에는 사장의 고함에 고개 숙인 팀장이 아무 말도 못 하고 서 있었다.

"누가 그렇게 많은 돈을 써서 판촉하라고 했어?" 사장이 소리를 질렀다.

"사장님, 여기 사장님께서 사인하신 서류가 있습니다." 나는 서류를 사장에게 보여주며 말했다.

그러자 사장은 볼펜으로 자신이 이전에 사인했던 것을 벅벅 지우며 말했다.

"내가 언제 집행하라고 사인 한 줄 알아? 그냥 봤다고 사인 한 거지…"

그때부터 나는 그 회사의 오너이자 사장을 믿을 수가 없었다. 사원이면서 팀장처럼 일하며 온 정열을 다 바쳐왔었는데, 그는 아무도 믿지를 않고 심지어는 자신이 결정한 것조차 믿지 못했으니, 어느 직원이 그를 따르겠는가? 그 후 얼마 되지 않아 결국 나는 애경산업으로 자리를 옮겼고, 뒤를 이어 다른 사람들도 하나둘씩 피어리스를 떠나게 되었는데, 당시 화장품 업계로 뿔뿔이 흩어져 제대로 능력을 보여준 그들을 보고 사람들은 피어리스 사관학교라는 말을 했을 정도였다. 그리고 인재가 사라진 피어리스는 한때 화장품업계 4위였던 영광을 뒤로하고 IMF 때 부도가 나서 역사의 뒤안길로 사라졌다.

믿음이란 당기기 게임

끊임없이 아내를 의심하는 남편이 있다고 하자. 아내는 어려운 살림을 위해 밤늦게도 일을 하는데, 남편은 제대로 일도 하지 않으며 아내가 밤늦도록 진짜 일하는 건지, 아니면 딴짓하다가 일부러 밤늦게 일하는 척하는 건지 의심스러워 했다. 그러나 남편은 차마 일하는 아내에게 물어보고 확인하진 못하고 의심의 불씨만 키워가며, 이 사람 저 사람에게 아내의 흉을 보고 다니게 되었다. 그러던 어느 날, 그 말이 돌아 아내에게까지 전달되어, 아내는 너무도 큰 충격을 받게 되었다. 이제 아내는 어찌해야만 할까? 집안 살림이 어찌 되든 남편에 맞춰 일도 그만두고 남편 시중만 들어야 할까, 아니면 남편을 떠나 자기 살길을 찾아가야 할까?

직장에서도 마찬가지다. 부하 직원에 대한 아주 작은 의심의 씨앗 하나를 가슴에 품게 된 리더는 처음엔 그것이 별것 아닌 사소한 일이라고 웃어넘겨도, 어느새 그 씨앗이 싹을 틔워 뿌리를 내리고 결국은 곧은 줄기로 자라 꽃을 피운다는 사실을 잘 모르고 있다. 그러기 때문에 의심이란 씨앗조차도 뿌려서도 안 된다. 의심의 근원이 사라질 수 있도록 사소한 것이라도 매사에 명확하게 밝히고 넘어가야 한다. 명심보감에도 "의심스러운 사람은 쓰지 말고, 사람을 썼거든 의심하지 말라"라는 말이 있는 것처럼, 리더에게 부하는 의심하고 감시해야 할 대상이 아니라 물을 뿌리고 영양제도 공급해줘서 스스로 굳게 자랄 수 있도록 믿고 키워야 할 대상이기 때문이다.

신뢰는 쌍방향이다. 서로 간의 상호작용이다. 따라서 분명 한 사람의 노력만으로 이루어질 수 없는 일이지만, 나부터 먼저 노력하면 분명 상대방에게 강한 영향력을 줄 수 있는 인간관계의 근간이기도 하다. 세상의 모든 일이 남에게 받기 전에 나부터 주어야 하는 'Give & Take'인 것처럼, 내가 믿음을 먼저 주어야 상대방에게도 신뢰가 형성되는 것이다. 그런 의미에서 남은 나의 거울인 것이다. 내가 의심받을 짓을 하면 남도 그럴 것 같아 믿을 수 없게 되고, 내가 태만하고 게으르면 남도 일 안 하고 게을러만 보이며, 내가 책임감이 없으면 사소한 일에서도 끊임없이 남의 탓을 한다. 진정한 리더는 남을 통해 자신의 허울을 발견하고 스스로 겸손할 줄 아는 사람이어야 하며, 이를 통해 직원들과 서로 굳건한 믿음으로 연결되어야 할 것이다.

논어(論語)의 '안연편(顔淵篇)'에는 공자와 그의 제자 자공(子貢)의 대화에서 신뢰의 중요성에 대해 '무신불립(無信不立)'이란 얘기가 나온다.

자공이 정치에서 중요한 것이 무엇이냐고 묻자, 공자는 "첫째 먹는 것이 풍족하여야 하고(足食), 둘째는 군사력이 충분해야 하며(足兵), 마지막으로 백성의 믿음을 얻는 일(民信)이 중요하다"고 대답하였다. 그러자 자공이 "어쩔 수 없이 하나를 포기해야 한다면 무엇을 빼야 합니까?"라고 묻자 공자는 군대를 포기해야 한다고 대답했다. 자공이 다시 나머지 두 가지 가운데 또 하나를 포기해야 한다면 무엇이냐고 묻자, 공자는 식량을 포기해야 한다며 말했다.

"옛날부터 사람들은 죽을 수밖에 없다(자고개유사 自古皆有死).
그러나 백성의 믿음이 없으면 국가가 서지 못한다(민무신불립 民無信不立)."

아무리 먹을 것이 풍족하고 군사력이 강해도 백성의 신뢰가 없는 국가는 존립할 수 없다는 것처럼, 기업들도 많은 인력을 보유하고 많은 월급을 준다고 하여도 직원들과 신뢰로 맺어진 강한 유대관계가 없거나, 품질과 서비스를 통한 고객과의 신뢰가 형성되지 못한 기업은 오래 존속될 수가 없을 것이다. 그리고 개인도 마찬가지다. 사람들 간에 믿음이 없는 사람은 더불어 살아갈 수가 없다. 인간관계에서 가장 중요한 미덕은 역시 신뢰이다.

6

태도는 습관을 바꾸고 습관은 운명을 바꾼다

습관은 운명을 바꾼다

습관(習慣)에 관해 빠지지 않고 등장하는 트라이언 에드워즈(Tryon Edwards)의 명언이 있다.

"생각은 목적을 통해 행동으로 이어진다. 행동은 습관을 형성하고, 습관은 성격을 결정하며, 성격이 그 사람의 운명을 바꾸어 놓는다."

즉, 사람은 자신의 생각을 말로 표현하고, 그 말은 행동을 따라오게 해서, 생각을 바꾸면 행동이 바뀌게 되고, 행동이 바뀌면 습관이 바뀌고, 습관이 바뀌면 성품이 바뀌고, 성품이 바뀌면 운명이 바뀐다는 것이다. 결국, 사람의 생각과 말과 행동을 지배하는 것은 태도이므로, 한마디로 태도가 습관을 바꾸게 하고 습관이 운명을 바꾼다는 말이다.

그러면 제일 시발점인 '생각'도 아니고 '행동'이나 '태도'도 아니라, 하필이면 왜 '습관'이 '운명'을 바꾼다고 하는 것일까? 왜 습관이 인생의 성공과 실패를 좌우하는 것일까?

그것은 누구나 쉽게 새로운 생각을 하고 수시로 생각을 바꿀 수도 있으며, 또한 그 생각대로 행동도 할 수 있겠지만, 그러한 행동을 습관이 되도록 지속해서 반복하여 실천하기가 매우 힘들기 때문이다. 매년 새해만 되면 하는 자신과의 약속도 작심삼일이 되는 것처럼, 사람들이 가장 하기 어려운 것은 같은 행동을 지속해서 반복하는 것이다. 비록 많이 힘들더라도, 반복적인 행동을 지속해야만 몸에 익숙해져 습관이 되기 때문에, 다름 아닌 습관이 운명을 바꾸게 한다는 것이다.

사람들은 모두 성공할 잠재력과 공평한 기회를 타고났지만, 그 결과가 다른 것은 모두 태도와 습관 때문이다. 습관은 항상 우리와 함께 있으며, 삶의 조력자가 될 수도 있고 가장 무거운 짐이 될 수도 있다. 따라서 우리는 나쁜 습관을 버리고 좋은 습관을 선택하여 몸에 맞도록 엄격하게 훈련해야 하는데, 올바른 습관을 창조하는 것은 세포가 기억할 수 있을 정도의 훈련뿐이다. 일반적으로 오래된 습관을 버리고 뭔가 처음 해보는 일은, 마치 운동선수가 폼을 바꾸기 위해 수천 번의 연습을 하듯이, 몸에 맞지 않는 옷을 억지로 입는 것처럼 어색하기도 하다. 그러나 그것에 한번 익숙해지면 언제 그랬느냐는 듯이 오히려 이전의 습관이 어색해질 수도 있다. 그만큼 습관이란 한번 길들이기 나름이다.

습관이란 무엇인가?

나는 몇 년 전 KBS1에서 방영했던 〈습관〉이라는 다큐멘터리를 본 적이 있었다. 이제부터 그 다큐멘터리에 나왔던 내용을 바탕으로 내 생각을 재구성하여 습관을 소개하겠다.

習慣 그럼 도대체 습관(習慣)이란 무엇일까? 습관의 한자어를 보면 습(習)자는 둥지(白)에서 어린 새가 하늘로 날기 위해 날개깃(羽)을 계속 퍼덕이는 모습을 형상화한 것이고, 관(慣)자는 마음 심(心)에 꿸 관(貫)자가 더해진 것이다. 즉 어린 새의 날

갯짓이 마음에 꿰였다는 뜻이다. 어미의 품에서 벗어나 둥지를 박차고 날아오르기 위해 어린 새는 수도 없이 날갯짓을 반복한다. 그리고 매일 반복한 날갯짓은 어린 새의 마음속에 깊이 자리 잡혀, 어느 날 자신도 모르게 하늘을 날 수 있는 모습으로 바뀔 것이다. 이렇게 습관(習慣)이란 어린 새가 날갯짓을 매일 반복하여 마음에 꿰인 듯 익숙해져, 누가 시키거나 의도적으로 하려 하지 않아도, 자동으로 이루어지는 자연스러운 행동을 의미한다.

이 다큐에서는 운전경력 10년인 그룹과 1주일 미만인 그룹을 나누어서, 좌우가 반대로 작동되는 자동차 깜빡이가 있는 차를 운전하도록 한 재미난 실험이 있었다. 즉, 원래 레버를 아래로 내리면 왼쪽이 깜빡이는 것을 오른쪽이 깜빡이도록 조작하고, 마찬가지로 위로 올릴 경우에는 왼쪽이 깜빡이도록 한 후, 두 그룹이 운전할 때 깜빡이를 제대로 작동시키는지를 조사한 실험이었다. 실험 결과는 운전경력 1주일 미만인 그룹의 운전 중 깜빡이 작동 성공률이 10년 이상인 그룹에 비해 월등히 높게 나타났다.

운전 경력 10년인 사람들은 오랜 기간 운전하면서 자동차에 장치되어 있는 깜빡이 작동 레버에 습관이 들어 있었기 때문에, 머릿속으로는 그 장치가 바뀌었음을 알고 있었음에도 불구하고, 자동으로 예전에 하던 방식으로 레버를 작동하는 실수를 많이 했지만, 운전 경력 1주일 미만인 그룹은 아직 습관이 들지 않았기 때문에, 머리로 인지하고 있는 그대로 행동할 수가 있었기 때문이다.

세계적인 프로축구 선수인 박지성 선수의 예를 들어보겠다. 골대 부근에 있던 박지성 선수에게 갑자기 볼이 날아왔다. 순간 박지성 선수가 볼을 향해 몸을 날려 헤딩으로 골키퍼 바로 왼쪽 옆 빈 곳으로 골을 꽂아 넣었다고 하자. 그때 박지성 선수는 볼이 날아오는 것을 보고 과연 이런 생각을 하였을까?

'앗~! 볼이 내 쪽으로 날아오는데 이건 발로 차기 힘드니 헤딩을 해야겠고, 거리상 달려가는 것보다 몸을 던져서 맞춰야겠다. 그런데 골키퍼가 가운데 있으니 이왕이면 왼쪽 빈 곳을 노려서 그곳에 넣으면 골인되겠다.'

아마 이런 생각을 하고 움직였다면 이미 볼은 상대 선수에게 빼앗겼을 것이다. 이는 끊임없이 반복된 훈련과 경기 감각으로 생각보다 몸이 본능에 따라 먼저 움직였기 때문에 가능한 것이다. 이렇듯 습관도 생각에 앞서 몸이 자동으로 움직이도록 베인 행동의 결과이다.

아리스토텔레스는 말했다.

"탁월한 사람이라서 올바르게 행동하는 것이 아니라, 올바르게 행동하기 때문에 탁월한 사람이 되는 것이다. 현재의 우리는 우리가 반복적으로 하는 행동의 결과이다. 즉, 탁월함은 행동이 아니라 습관이다."

습관은 어떻게 형성되는가?

어떻게 해야 나의 나쁜 습관을 고치고 좋은 습관을 들일 수 있을까? 먼저 습관을 만들기 위해서는 간절히 바라는 것이 있어야 한다. 건강하고 날씬한 몸매를 가지고 싶다는 간절한 열망을 가져야만, 먼저 그 열망을 이루기 위한 단계적인 목표를 수립하게 되고, 그 목표를 이루기 위해 매일 새벽 5시에 일어나 한 시간을 달리고, 저녁에는 밥을 반 그릇만 먹는다는 등의 구체적인 계획과 방법이 나오게 된다. 그리고 그 방법을 끊임없이 반복해서 실행하게 되면, 행동이 습관으로 형성되는 것이다.

'세 살 버릇 여든까지 간다', '바늘 도둑이 소도둑 된다.'라는 속담처럼 나쁜 습관에 한 번 길들면 헤어나기가 쉽지 않다. 언젠가 TV에서 한 동네에서 여성 속옷만 수천 벌을 훔친 사람에 대한 방송을 본 적이 있다. 중견 기업체 임원까지 했던 멀쩡한 50대 남성이었는데, 실직하고 속상한 마음에 한 번 하기 시작한 여성 속옷 낚시에 재미를 들인 게, 나중엔 습관이 되어 하루라도 하지 않으면 안 될 정도가 된 사례였다. 그는 아슬아슬하게 남몰래 속옷을 훔친 것에서 성취감과 희열감을 느꼈다고 했다. 이런 성취감이 그를 속옷도둑으로 습관들게 만든 보상이었다.

이점을 반대로 생각해 보면, 어떤 행동에 대한 스스로의 약속과 보상이 지속할 수 있다면 습관을 새로 만들 수 있지 않을까 싶다. 습관을 형성하는 것은 자기 자신과의 싸움이라서, 다른 사람이 평가해서 상과 벌을 줄 수 있는 것이 아니므로, 스스로 자신과의 약속에 대한 상과 벌을 줄 필요가 있다. 그런데 이런 상벌에는 항상 성과에 관해 판단 기준이 있어야 하는데, 그 기준이 바로 목표가 되어야 한다. 그러므로 먼저 구체적인 목표와 이를 달성하겠다는 행동원칙이 필요한 것이다.

로버트 치알디니의 "설득의 심리학"을 보면 마음을 움직이는 여섯 가지의 설득의 법칙이 나오는데, 나는 이중 습관을 고치려는 방법으로 '일관성의 법칙'에 주목하였다. 일관성의 법칙이란 일반적으로 사람들은 하나로 통하는 특정 기대치를 따라 행동하게 된다는 것이다. 2000년 미국 대통령 선거 때 사람들에게 선거 당일에 투표할 것인가를 물어보았더니, 투표에 참가하겠다고 말한 사람들의 투표율이 그렇지 않은 사람들보다 월등히 높았다고 한다. 대다수 사람은 자신이 바람직한 일을 하겠다고 공언을 하게 되면 그 일을 행하게 되는 경우가 많게 되는 것이다.

따라서 만약 나쁜 습관을 고치고 싶거나 좋은 습관을 만들고 싶다면, 먼저 자신과의 약속을 여러 사람에게 공언함으로써 약속을 더 굳건히 다지고 책임감을 가지는 것이 필요하다. 특히 이때는 말로만 하는 것보다 서약서를 작성해서 여러 사람에게 증인을 세게 하면 더 큰 효과가 있다.

다음으로 회사에서 매월 목표대비 실적을 체크하고 관리하는 것처럼 습관적인 행동도 관리가 돼야 한다. 습관을 고치기로 공언을 하고 목표가 생긴 사람들은 자기가 습관적인 행동을 할 때마다 기록하여 자신을 객관적으로 관찰할 필요가 있다. 이를 통해 자기의 습관이 어떻게 진행되고 고쳐지고 있는지를 스스로 인식하여 고질적인 습관의 고리를 끊고 바꿔 나갈 수 있게 된다.

마지막으로 행동에 대한 결과가 좋으면 자꾸 더 하게 된다는 효과의 법칙처럼, 나쁜 습관을 고치기 위해서는 스스로에게도 보상과 벌을 주어야 한다. 이때 상과 벌이란 자신이 약속을 잘 지켰을 때, 그동안 사고 싶었던 좋아하는 것을 구입하거나 여행을 간다든지, 영화를 본다든지, 뭐가 되었든 하고 싶은 것을 하나씩 하거나 하지 않는 방식이라 할 수 있겠다. 또한, 나쁜 행동을 또 하게 되면 행동 전에 불편한 행동을 하나 더 넣음으로써 나쁜 습관에 대해 제재를 가하는 벌을 줄 수도 있다. 예를 들어 담배를 끊으려는 사람은 특히 술자리에서 더 담배를 피우고 싶어 하는데, 때와 장소와 상관없이 담배는 무조건 밖으로 나가서 피겠다는 불편한 행동을 스스로 하나 더 넣음으로써 서서히 자제할 수 있는 것이다.

다른 사람의 좋은 습관을 나의 것으로 만들자

이렇게 우리는 어떻게 노력하느냐에 따라 습관을 고칠 수도 있고, 좋은 습관을 만들 수도 있다. 또한, 다른 사람들의 좋은 습관을 본받아 나의 습관으로도 만들 수 있다. 마이크로소프트사의 빌 게이츠는 다른 사람의 좋은 습관을 자신의 습관으로 만드는 것이 습관이라고 한다. 세계 제일의 갑부이지만 항상 겸손하고 어려운 사람들을 위해 거액을 기부하는 기부천사로서 노블레스 오블리제(Noblesse Oblige)의 좋은 본보기를 보여주고 있는 그이기 때문에, 오만하지 않고 남의 좋은 점을 받아들여 지금의 성공을 이루었다고 생각된다.

돌이켜 보면 그의 성공의 역사는 남의 것을 자신만의 것으로 적용하였기 때문이라 생각된다. 그의 성공 신화의 첫 단추였던 MS-DOS는 이미 IBM에서 그들만의 PC를 위해 만들어진 것이었지만 MS가 재빨리 모든 PC에 표준화하였고, 지금은 흔한 윈도즈(Windows)에서 마우스를 사용하여 아이콘을 클릭하는 방식인 GUI(Graphic User Interface) 또한 애플의 매킨토시에서 먼저 시작한 것을 도입하여 일반 PC에 맞게 발전시킨 것이다. 오피스 프로그램인 엑셀(MS-Excel)은 로터스(Lotus 1-2-3), 인터넷 익스플로러(Internet Explorer)는 넷스케이프(Netscape) 등, 이미 시중에 나와 있는 선도자의 제품을 따라 하고 이를 윈도즈라는 독점 괴물 운영체제에 맞도록 개선하여 그 시장들을 모두 먹어 치운 결과 지금의 성공을 이루게 되었다. 어쩌면 운영체제를 독점하는 거대 괴물의 힘으로 만든 쉬운 일로 보일 수도 있겠지만, 빌 게이츠의 남의 좋은 점을 배우려는 습관이 없었다면 불가능한 일이었을지도 모른다.

이제 우리는 생각과 말과 행동을 통해 습관을 바꿀 수가 있음을 알았다. 습관을 바꾼다는 것은 자기와의 힘겹고 지겨운 싸움이지만, 그 결과는 인생의 운명을 바꿀 창대한 것이다. 그러므로 이제 습관이라는 목표를 향해 굳은 결심으로 도전해보자. 그 도전이 나를 변화시킬 것이고 나의 운명을 바꿀 것이며, 나아가서는 세상을 바꿀 수도 있다.

빌 게이츠와 함께 세계 제일의 갑부이자 투자가인 워렌 버핏은 빌 게이츠와 함께한 토론회에서 이렇게 말했다.

"조금만 연습하면 타인의 장점을

여러분의 것으로 만들 수 있습니다. 그리고 조금만 더 노력하면 아예 몸에 밴 습관으로 만들 수도 있죠. 습관의 족쇄란 너무 가벼워 느낌도 없다가 점점 무거워져 결국 다리를 절단 내고 맙니다. 제 나이에는 습관을 바꾸기 어렵습니다. 이미 습관의 노예가 된 것이죠. 하지만 젊었을 때 좋은 습관을 실천하면, 머잖아 자기 것으로 만들 수도 있습니다."

습관이 바뀌면 성품도 바뀐다

자기의 나쁜 습관을 고치고 남의 좋은 습관을 배우려고 하는 이유는 습관을 바꾸면 성품이 바뀌고 성품이 바뀌면 운명이 바뀌기 때문이다. 그럼 어떻게 습관이 바뀐다고 성품이 바뀌는 것일까? 도대체 내 운명을 바꾸는 진정한 성품이란 무엇일까?

최근 인터넷을 보면 얼짱, 몸짱 풍조에, 여기저기에서 몸을 만들고 성형수술을 하며, 새로운 화장법에 따른 카멜레온 같은 놀라운 변신들을 보여주고 있다. 비록 나름 힘든 노력이나 비법이 있어 보이지만, 겉으로 보이는 외모는 이렇게 노력에 따라 상당 부분 바꿀 수 있는 것으로 생각한다. 지금은 미용산업의 발전으로 헤어스타일, 패션, 화장만 바꾸어도 쉽게 이미지를 만들 수도 있는 세상이기 때문이다.

하지만 우리가 보는 외모나, 겉으로 드러난 성격, 남에게 보이는 이미지나 기교, 처세술과 같은 외적인 성품들은 한 사람의 전부인 양 오인되어 보이지만, 실상 극히 작은 빙산의 일각일 뿐이다. 이런 것들은 아무리 바꾼다 해도 자신의 본질이 바뀌는 것이 아니므로 소용이 없다.

스티븐 코비의 성공하는 사람의 7가지 습관에 의하면 우리가 습관을 통해 인생의 운명이 바뀐다는 것은, 바로 바다 밑에 숨겨진 거대한 보이지 않는 존재, 즉 인내심, 집념, 정직성, 개방성 등과 같은 자신의 내적인 성품이

고쳐져야 한다는 것이다. 반복된 행동이 습관을 정복하여 저절로 바뀌는 것은 외적인 것이 아니라 바로 이 내적 성품이기 때문이다.

그렇다고 사람이 성품만 좋으면 만사형통일 것인가? 당연히 아니다. 성품이 좋지만, 역량이 떨어지는 사람이 있다면 사람들은 말한다. "참 안타깝다. 조금만 더 일 좀 잘하면 금상첨화일 텐데…" 그는 뭐라고 잔소리를 해도 허허, 욕을 해도 허허, 전혀 변화가 없고 발전이 없다. 그저 안타까울 뿐이다.

그리고 성품도 좋지 않은 사람이 역량도 떨어진다면, 일도 못 하는 것이 싸가지도 없다고 욕먹기 딱 십상이다. 이 사람은 자신뿐만 아니라 주변 사람들에게도 민폐를 끼치는 조직에서는 없어져야 할 사람일 것이다.

그러면 반대로 성품이 좋지 않은데 역량이 뛰어나면 어떨까? 솔직히 기분 나쁘지만 무시할 수 없는 사람이다. 이런 사람은 한국 드라마에 꼭 나오는 재수 없는 사람 중의 하나이다. 이런 사람 주변에는 어쩔 수 없이 처음엔 사람들이 따르지만, 결국 말로는 비참하게 외로이 쓸쓸히 끝나는 경우가 대부분이다. 더러운 연못이 오래가지 못하듯이 성품이 바뀌지 않는 한 주변에 오래도록 머무는 사람은 없을 것이다.

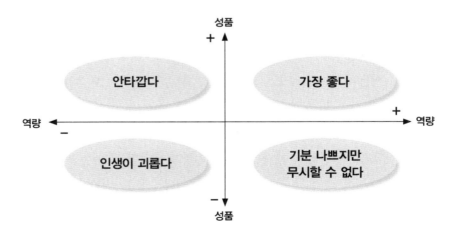

마지막으로 성품도 좋고 역량도 좋다면 최상의 사람일 것이다. 그리고 이쯤 되면 역량이라는 것도 반복된 노력, 즉 습관에 의해 만들어진다는 것을 모두 알 것이다. 그러니 더는 무엇이 필요하겠는가? 앞의 뭔가 부족한 세 가지 경우에 속한다고 생각하는 사람은 자신이 부족한 점이 무엇인지 스스로 인식하고, 부족한 부분을 바꾸기 위해 지속적이고 반복적인 노력을 해야 할 것이다.

내가 부족한 점, 내가 잘못된 점을 찾아 채우고 고치고 습관으로 만들어 성품과 역량을 모두 키운다면, 그 습관이 우리 인생과 운명을 바꾸게 할 것이다.

파스칼은 말했다.
"습관은 제2의 천성이며, 제1의 천성을 파괴한다."

결국, 습관을 바꾸는 데 필요한 것은 또 다른 새로운 습관일 뿐이다. 그렇다면 이제 편협된 태도를 버리고 정직하고 긍정적인 태도로 세상을 대해 보자.

잘못된 관행과 습관을 버리고 반복된 노력으로 내 운명을 결정지을 새로운 습관을 만들어 보자.

Attitude, 태도가 바뀌면 습관이 바뀌고, 습관이 바뀌면 운명이 바뀐다.

chapter 4

Learning,

배움엔 끝이 없다
배우고 또 배워라

1

스스로를 낮추면 배움이 보인다

위학일익(爲學日益), **배움이란 매일 채우는 것이다**

어린 시절, 우리는 공부하기가 싫어서 입시만 끝나고 대학만 들어가면 더는 공부를 안 해도 된다는 막연한 기대 속에 살아왔다. 그러나 대학에 진학하니 전공이라는 또 다른 공부가 기다리고 있었고, 졸업하고 취직을 하기 위해서는 대학입시보다도 힘든 취직준비를 위해 전공과목뿐만 아니라 영어와 상식, 심지어는 경영학과 인문학 등도 더 공부해야만 하는 상황이 되었다. 그렇다고 취직만 하면 끝나는 것도 아니다. 그동안 대학에서 배운 건 다 소용없다는 듯이 취직을 해도 OJT(On the Job Training: 일을 통해 배우고 훈련하는 과정)를 통한 업무 익히기와 현업에 관련된 더욱 전문화된 교육, 그리고 진급 경쟁에서 누락되지 않기 위한 자기계발, 영어, 마케팅 교육 등, 배움은 한도 끝도 없이 더욱 커져만 가고 있다.

애경산업에서 마리끌레르 브랜드 출시를 준비하면서 주야로 거의 쉬지도 않고 일할 때였다. 바빠서 잠시라도 시간 내기가 참으로 힘든 때였는데, 당시 마케팅 임원이었던 조서환 이사가 툭하면 교육을 가라는 것이었다.

사실 워낙 마케팅 쪽으로 발이 넓었던 그에겐 마케팅연구원, 생산성본부 등 교육단체에서의 교육 청탁도 끊이지 않아, 이를 거절하기도 참 쉽지 않은 일이었을 것이다. 그러나 그 교육이란 게 여러 회사의 성공사례 발표가 주 내용인 것으로써, 처음엔 새롭고 좋았더라도 자꾸 참석하다 보면 맨날 그 내용이 그 내용같이 뻔한 것 같았다. 그래서 나는 바빠서 도저히 못 가겠다고 말하며 매번 빠질 궁리를 하였지만, 그때마다 조이사는 약속한 인원이 부족하다며 무조건 참석하라고 계급장으로 짓누르듯 명령을 하였다. 그렇게 나는 어쩔 수 없이 속으로 궁시렁 거리며 교육에 참석한 적이 한두 번이 아니었다.

어쨌든 당시 참으로 가기 싫었던 교육이었지만, 세월이 흘러 그나마 교육 기회도 없어지자 너무도 생각나는 것이 그 당시 교육받으며 조금이라도 배울 수 있었던 즐거움이었다. 그리고 그때는 뻔하고 불필요한 내용이라 생각했던 것들이 시간을 돌아 언젠가는 아련한 기억 한 편에서 결정적인 도움을 줄 때도 있었다. 마케팅의 사례라는 것이 수많은 기업에서 끝도 없이 양산되는 제품들처럼 나타났다 사라지는 것을 반복하는 것으로써, 다른 회사의 마케팅 사례는 마치 모래알처럼 별것 아닌 사소한 것일지라도, 쌓이고 쌓이면 나중에 없어서는 안 될 중요한 건축의 기초가 될 수 있다. 어쩌면 나는 지금도 그 수도 없이 참석했던 마케팅 교육이 밑거름되어 아직도 20년이 지난 지금까지도 버티고 있을지도 모르는 일이다.

노자는 도덕경에서 "배움이란 매일 채우는 것이고, 도란 매일 비우는 것이다(위학일익 위도일손 爲學日益 爲道日損)"라고 하였다. 채워도 끝이 없는 것이 지식인지라 매일 학문은 경진하여 채워나가야 하지만, 예수님과 부처님처럼 마음을 비우고 오욕칠정(五慾七情)을 다 내려놓아 도를 깨우칠 수 없는 것이 사람이라면, 마음을 조금만 비우고 자신을 다른 사람과 비교하여 이제는 고통을 당하지 말고, 그저 어제의 나와 비교하여 부족한 부분을 채울 수 있도록 끊임없이 배움에 정진해 나아갈 필요가 있겠다.

그렇게 배움은 매일 매일을 채워도 끝이 없는 것이라서, 나는 지금도 중국이라는 현실 속에서 부족한 배움의 갈증 속에 조금이라도 더 배워 보려고 노력하고 있다. 나는 중국 칭다오농업대학에서 한국인 경영자를 위한 CEO 과정을 이수하였고, 50이라는 나이에 뒤늦게 모교인 한양대사이버대학교 대학원에 들어가 MBA를 졸업하였으며, 다방면으로 많은 책을 탐구하고 있다. 하지만 배우면 배울수록 갈증만 더 커지기만 하는 게, 배움이란 진정 죽을 때까지 내려놓을 수 없는 한없는 길인가 보다.

한 학생이 아인슈타인에게 질문하였다고 한다.

"선생님은 이미 해박한 지식을 가지고 계신데 어째서 배움을 멈추지 않으십니까?"

이에 아인슈타인이 재치 있고도 뼈 있는 대답을 하였다.

"이미 알고 있는 지식이 차지하는 부분을 원이라고 하면, 원 밖은 모르는 부분이 됩니다. 원이 커지면 원의 둘레도 점점 늘어나 접촉할 수 있는 미지의 부분이 더 많아지게 됩니다. 지금 저의 원은 여러분들 것보다 커서 제가 접촉한 미지의 부분이 여러분보다 더 많습니다. 모르는 게 더 많다고 할 수 있지요. 그런데 어찌 게으름을 피울 수 있겠습니까?"

지식이 많으면 많을수록, 지혜가 깊으면 깊을수록 겸손해지는 이치는 이렇듯 배움에 끝이 없기 때문이다. 그러므로 얕은 지식과 잣대로 자신을 자랑하며 더는 고개 숙여 배움을 청하지 않는다면, 그것이 얼마나 어리석은 일인지를 우리는 아인슈타인을 통해서 배울 수가 있다. 또한, 배우면 배울

수록 교만하지 말고 스스로 자신을 낮추어 어리석은 사람처럼 더욱 배움을 청해야 한다고, 스티브 잡스는 그의 성공의 키워드(Key Word)로, 'Stay Hungry, Stay Foolish'를 얘기한 바가 있다. 이는 평소 인문학을 사랑해서 "나에게 소크라테스와 한 끼 식사 할 기회를 준다면 애플의 모든 기술을 그 식사와 바꾸겠다."라고 말할 정도였던 그의 배움에 대한 철학을 대표하는 명언이다.

난득호도(難得糊塗), 총명한 사람이 어리석게 보이기는 어렵다

청나라 때 양주팔괴(揚州八怪) 중의 한 명으로 유명한 서화가인 정판교(鄭板橋, 판교는 호이고 이름은 섭燮)라는 사람이 있다. 별칭 그대로 양주팔괴 중의 한 사람인 그는 참으로 괴짜가 아니었겠는가만은, 시/서/화에 능해 삼절로 이름도 높았다고 하여, 그가 쓴 "난득호도(難得糊塗)는 지금도 많은 중국 사람들이 가훈으로 삼고 있다고 한다 (難 어려울 난/ 得 얻을 득/ 糊 풀 호/ 塗 진흙 도).

우리는 흔히 잘못된 정보를 들었을 때 "이야기를 호도하지 마라"라는 표현을 쓴다. 호도(糊塗)를 한자 그대로 직역하면 풀로 칠하고(糊) 진흙으로 덮는(塗) 것으로, 진실을 감추고 흐지부지하게 결말을 덮어버리려는 말이다. 그런데 이 호도를 사람의 경우에 빗대면 어떨까? 한마디로 흐리멍텅하고 어리석은 사람이 될 것이다. 따라서 난득호도란 '어리석기 어렵다'는 의미로써, 다음과 같은 일화가 전해지고 있다.

어느 날 정판교가 현령이 되어 거봉산을 찾았다가 어느 집에서 하룻밤 신세를 지게 되었는데, 그 집 주인은 스스로를 어리석게 살아가는 바보 늙은이라는 뜻으로 호도노인(糊塗老人)이라 소개하였다. 다음 날 호도노인은 집에 있는 큰 벼루를 보여주며 현령이 이곳까지 왔으니 벼루에 새길 좋은 글 하나 써 달라고 부탁하였다. 정판교는 하룻밤 고마움의 표시로 호도를 빗댄, '어리석기 어렵다'는 뜻인 '난득호도(難得糊塗)'라는 네 글자를 쓰고는 스스로를 과시하는 의미로 자신을 과장해서 쓰고는 호도노인에게 남은 빈 곳에 글을 써달라고 했다. 그러자 호도노인은 아래와 같이 거침없이 글을 썼다.

아름다운 돌 얻기 어렵고
굳센 돌 특히 얻기 어렵지요.
아름다운 돌이 굳센 돌로 바뀌기는 더욱 어렵답니다.
아름다움은 속에 있고, 굳셈은 밖에 있으니,
시골 사람 오두막에 숨어 살뿐
부귀의 문 넘나들지 않습니다.

노인이 쓴 이 글에 깜짝 놀란 정판교는 그제야 산속에 사는 이 노인이 한때 출중한 고관이었으나 부귀영화를 버리고 자신을 숨기며 바보인 척 살아가는 범상치 않은 인물임을 알게 되어, 다시 붓을 들어 앞에 쓴 '난득호도' 네 글자에 더하여 다음과 같이 썼다.

총명하기도 어렵고, 어리석기도 어려우며,
총명하면서 어리석어 보이기는 더욱 어렵네요.
집착을 내려놓고 한 걸음 물러서면 마음이 편해지니
원하지 않아도 나중에 복으로 보답이 올 것입니다.

즉, 난득호도는 '총명하기는 어렵고 총명한 사람이 어리석어 보이기는 더욱 어렵다'는 말을 의미하는데, 역설적으로 보면 이렇게 어려운 만큼 학식이 뛰어나면서도 실력을 감추고 자신을 낮춰 어리석은 듯 행동하는 사람이 인품이 높다는 것을 표현하는 말이다. 따라서 내가 과연 아는 것은 얼마만큼이고 모르는 것은 어느 정도인지, 모르면서도 배우지는 않는지, 혹은 모르는 것이 무엇인지도 모르고 살고 있지는 않은지, 스스로를 뒤돌아보며 하루하루를 겸손하게 배우고 익히기를 중단하지 말아야 할 것이다.

주) * 호도노인의 원문
득미석난(得美石難)
득완석우난(得頑石尤難)
유미석전입완석갱난(由美石轉入頑石更難)
미어중완어외(美於中頑於外)
장야인지려(藏野人之廬)
불입부귀문야(不入富貴門也)

* 정판교의 답글 원문
총명난 호도난(聰明難 糊塗難)
유총명이전입 호도경난(由聰明而轉入 糊塗更難)
방일착 퇴일보 당하심안(放一着 退一步 當下心安)
비도후래 복보야(非圖後來福報也)

학습은 부단히 익히는 것이다

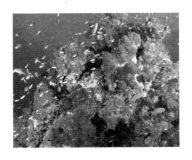

인간은 뇌를 가지고 있다. 그리고 살아 움직이는 모든 동물도 뇌가 있다. 환경에 적응하고 살아남기 위해서는 생각하고 판단하고 행동으로 옮기게 하는 뇌가 필요하기 때문이다. 그런데 동물 중에 멍게라는 놈은 참으로 재미있는 경우다. 처음 멍게는 아주 작은 뇌를 가지고 태어난다. 멍게의 뇌는 오직 어느 돌부리에 정착하고 살아야 한다는 한가지 생각으로 활용된다. 그러다가 멍게가 적당한 곳을 찾아 정착해서 살아가게 되면, 그 뇌는 더는 필요가 없게 되어 점차 퇴화하여 없어진다고 한다. 지구 상의 모든 생명체 중에 오직 행동하는 생물들만 뇌를 가지고 있지 식물들은 뇌를 가지고 있지 않다. 그리고 동물이지만 이런 식물처럼 한 곳에 정착하여 사는 멍게도 뇌가 필요 없게 되는 것이다. 왜냐하면, 한 곳에 안주한다는 것은 급변하는 환경의 변화를 극복하여 더는 살아남으려는 생각과 몸부림이 필요 없기 때문이다.

사람은 뇌가 있다. 하지만 우리 주변에는 그 뇌를 담고 있는 머리를 달고 있어도 없는 것만 못한 사람들이 있다. 눈이 있어도 진실을 발견할 수 없고, 입이 있어도 의견을 말할 수 없고, 귀가 있어도 남의 얘기를 듣지 못하고, 뇌가 있어도 아무 생각이 없어, 차라리 머리가 떨어져 버렸으면 의자처럼 깔고 앉을 수라도 있겠지만, 목 위에 무겁게 붙어 있기만 한 머리는 그저 멋을 내거나 모자를 쓰기 위해서만 있는 것이 되어 버렸다. 그들은 바로 멍게처럼 안주하여 한때의 지식과 경험이 전부인 양 살아가는 사람들이다.

서경(書經)에 보면, "배우지 않는 사람들은 마치 담장에 얼굴을 대하고 있는 것과 같다(불학장면 不學牆面)"라는 말이 있다. 한 마디로 벽보고 얘기하는 것처럼 답답한 사람들을 일컫는 말이다. 이런 사람들의 공통된 특징 중의 하나는 바쁘다는 핑계로 배우려 하지 않으며, 책도 거의 읽지 않는다는 것이다. 자신의 과거 경험과 노하우에만 의존해 새로운 지식을 받아들이지 않으면, 결국 자신의 업무능력을 떨어뜨릴 뿐만 아니라 조직의 생산성까지도 저해하게 됨을 나는 잘 알고 있다.

그리고 지금 내 주변에도 그런 사람들이 많다. 경력자를 뽑아 일하다 보면 전 직장에서 있었던 경험을 인정하지 않을 수가 없다. 그런데 그것이 처음 몇 번이 아니라 1년이 지나도 매 그 타령이라면 이제는 그를 다시 한 번 생각해 볼 수밖에 없다. 아인슈타인도 이런 점에서 '내 학습을 방해한 유일한 방해꾼은 바로 내가 받은 교육이었다'고 말하였다는 점을 명심해야 할 것이다.

새로운 환경과 새로운 경험에는 새로운 지식이 필요하다. 그리고 새로운 지식을 가득 채우기 위해서는 고정관념과 선입관을 좌우하는 과거의 불필요하고 무용한 지식과 경험치를 과감히 버려야 한다. 먼저 비워야 채울 수 있다. 비우지 못하는 사람에게 새로운 회사의 새로운 가치는 마음속 깊이 진정으로 채워지지 않는다. 잡념이나 불필요한 정보와 구시대적인 지식으로 가득 채워진 머릿속을 깨끗이 비워 공간을 마련하는 일은 의식적으로 마음먹기에 달려 있다. 불필요하다는 생각보다 스스로 겸손히 낮추어 부족하여 필요하다는 마음가짐만으로도 사람들은 새로운 지식을 받아들이게 된다. 자신의 경험을 토대로 새로운 지식을 받아들이고 부단히 배우려고 노력하는 사람만이 이 시대를 이끄는 진정한 인재가 될 것이다.

배운다는 것은 한자로 '학(學)'이라고 하고, 우리는 일반적으로 이 학(學) 자 뒤에 항상 습(習)자를 붙여서 학습(學習)이라는 말을 한다. 그런데 지금 보니 이 습(習)자가 이미 우리에겐 익숙하다. 우리는 이미 습관(習慣)을 얘기할 때 어린 새의 끊임없는 날갯짓인 '습(習)'자를 배운 바가 있기 때문이다.

이렇듯 습(習)이 들어간 학습(學習)이란 단지 배우는 것에 그치는 것이 아니라, 지금 배운 것을 오랜 시간에 걸쳐 끊임없이 몸에 익히는 것, 즉 배움을 습관으로 만드는 것이라 할 수도 있겠다.

공자는 "배우고 때로 익히면 어찌 즐겁지 아니하겠는가(학이시습지 불역열호 學而時習之 不亦悅乎)"라고 말했다. 여기서 때로 익힌다는 의미는 때때로 가끔 익힌다는 말이 아니다. 배운 것이 때에 알맞게 수시로 자주 익혀야 한다는 말이다. 공자에겐 그렇게 늘 새로운 걸 배우고 익히는 일이 참으로 즐겁고 기쁜 일이었을 것이다.

그러나 비단 공자 같은 현인이나 학자들뿐만 아니라 우리 같은 일반 사람들도 마찬가지다. 우리는 학습을 귀찮고 졸린 일이 아니라 즐겁고 신나는 일로 받아들여야 한다. 그렇다고 금방 싫증내서 놀다가 치워버리는 아이들의 장난감처럼 하다 안 하다를 반복해서는 안 된다. 학습은 100m 달리기처럼 즉각적인 성과를 가름하는 것이 아니라, 마라톤처럼 인생이라는 장거리 게임의 마지막을 함께 완주할 훌륭한 동반자이기 때문이다.

괴테는 말했다.

"유능한 사람이란 언제나 배우는 사람이다."

2

혼자 하는 최고의 학습법, 독서

독서는 스스로 배우는 방법이다

어린 시절 나의 큰이모는 작은 만화방을 운영한 적이 있었다. 내가 초등학교에 들어가기도 전인 60~70년도는 유치원도 귀했었지만, 워낙 집이 가난해서 아버지와 함께 구멍가게를 하며 일을 하셨던 어머니는 나를 유치원에 보낼 형편도 아니었기 때문에, 매일 어린 나를 이 만화방 이모에게 맡겨뒀었다. 그러다 보니 어린 나이부터 그림책 보듯이 만화 보는 재미에 흠뻑 빠졌던 나는 초등학교를 들어가기도 전에 만화책을 보다가 어른들에게 조금씩 물어보면서 자동으로 한글도 깨우치게 되었으니, 세상에 즐거움을 막을 것이 뭐가 있겠느냐는 말을 나는 이미 아주 어린 시절부터 몸소 실천한 것이다.

그렇게 만화책 읽기를 좋아했던 나는 커가면서 만화책이 세계 전래 동화집과 위인전이 되었고, 셜록 홈즈와 아르센 루팡이 포와로와 미스 마플이 되었으며, 중고등학생 때는 데미안이 젊은 베르테르가 되어 폭풍의 언덕에서 보봐리 부인과 사랑을 하고 죄와 벌을 받아 바람과 함께 사라질 정도로 고전 문학에 심취하기도 했었다. 그렇다고 이젠 만화책을 안 본다는 것이 아니다. 지금도 만화책은 평생 내가 즐겨보는 가장 좋아하는 책이기도 하다. 중요한 건 어린 시절 만화책을 통해 책 읽기를 좋아하게 된 나는 지금까지 평생 책이 손을 떠나지 않을 정도로 책과 함께 살아왔다는 것이다.

바쁘고 힘들고 도저히 공부하러 어디를 다닐 시간이 없다면 이젠 책을 읽어보자. 책은 말 없는 스승이요, 독서는 마음의 양식이란 말처럼 책 속에 길이 있다. "좋은 책을 읽는 것은 과거의 가장 뛰어난 사람들과 대화를 나누는 것과 같다"고 데카르트는 말하였으며, "내가 세계를 알게 된 것은 책에 의해서였다."라고 사르트르는 말하였다. 책은 우리를 앞서 간 위대한 천재, 현인, 성인들의 생각과 경험과 사상이 남긴 유산과도 같은 것이다. 따라서 가장 쉽기도 하고 어쩌면 가장 어렵기도 한 배움의 방법이 책을 읽는 것일지도 모르겠다.

유명한 베스트셀러는 영화와 드라마로 만들어져 있어 DVD를 빌려 보기만 하면 쉽게 내용을 알 수 있고, 내가 좋아하는 만화책도 그림으로 많은 부분을 표현해서 책보다 더욱 재미있다. 그리고 유명 저자들의 강연만 들으면 쉽게 그 책의 내용을 이해할 수도 있으며, 많은 사람이 SNS를 통해 책 요약도 제공해 주는 세상이다. 그런데 왜 귀찮게 책을 읽어야만 할까?

쇼펜하우어는 "독서란 자기의 머리가 남의 머리로 생각하는 일이다."라고 말했다. 이처럼 글자로 인쇄된 책을 읽는다는 것은 내 생각의 틀을 깨고 저자의 생각과 이야기를 다시 나의 것으로 받아들이는 과정이다. 이미 그려진 그림과 동영상을 아무 생각 없이 받아들이는 TV나 영화와는 달리 글자를 통해 보이지 않는 그림을 머릿속에 창조해 내는 과정이다. 그러기 때문에 같은 내용이라도 읽는 사람마다 다른 그림을 그릴 수가 있으며, 한 사람이 같은 책을 읽더라도 읽을 때마다 다른 느낌으로 다가오는 것이다. 책은 그래서 생각하는 습관을 만들어 주고 창의력을 키워주는 중요한 첫 단계이다.

책이 사람을 만든다

실제로 한 달에 한 권의 책이라도 읽는 사람이 내 주변에는 그리 많지 않다. 그 흔한 책조차 바쁘다고 읽지 않는 사람들은 입으로만 바쁘다고 떠들며 실상은 자신이 게으른 사람이라고 자랑하는 부끄러운 짓을 하는 것이다. 그러면서 내가 어떤 책을 그들에게 권하면 다음에 시간 나면 꼭 읽어 보겠다고 말하는데, 독서에서 다음은 내겐 읽지 않겠다는 말로만 들린다. 우리가 옛 친구를 우연히 만났을 때, 다음에 식사 한번 하자고 말하는 것은 대부분이 다음에 기회가 되면 보게 될지도 모른다는 그냥 인사치레로 던지는 말이지, 진짜로 꼭 다시 만나고 싶다는 말이 아닌 것처럼, 독서 또한 다음이란 말은 마음에서 진정으로 우러나오는 말이 아니라, '난 그딴 책 같은 것 읽기 싫어'라는 표현을 부드럽게 던지는 인사치레일 뿐임을 나는 잘 안다. 책을 읽는 일에는 다음이란 말은 있을 수 없다. 오직 지금만 있을 뿐이다.

그래서 진정으로 바쁘고 힘든 노력으로 어느 정도 성공하였다고 책을 읽지 않는 사람을 보면, 나는 과연 그의 성공이 얼마나 더 크게 될지, 아니면 얼마나 오래갈지 의심스럽게 생각한다. 아시아 최고의 갑부이며 청콩그룹의 회장인 리자청은 말했다.

"자금은 있는데 지식도 없고 새로운 정보도 흡수하지 못한다면 어떤 분야에 종사하든 노력에 상관없이 실패할 가능성이 크다. 이와 반대로 자금이 없더라도 지식이 있으면 조금만 노력해도 많은 수익을 올릴 수 있어 성공에 다가갈 수 있다."

책을 읽는다는 일처럼 중요한 일을 뒤로 미루고 학습하지 않는 사람의 성공이 과연 얼마나 오래 가겠는가?

청나라 4대 황제인 강희제(康熙帝)는 8세 어린 나이에 즉위하여, 14세 때 친정을 시작한 이래, 중국 역대 황제 중에서 재위기간이 61년으로 가장 길었다. 청나라 초기인 강희제 재위기간 동안 한족들의 많은 반청운동에도 불구하고, 강희제의 백성을 위하는 현실적인 정치와 한족과 만주족을 문화적으로 하나로 묶는 장기적인 안목은 오히려 환관들의 부정부패가 난립했던 명나라 때보다 훨씬 더 살기 좋은 나라를 만들어 갔으며, 다음의 옹정제(雍正帝), 건륭제(乾隆帝)로 계승되어 청나라는 최고의 전성기를 이루게 되었다. 강희제의 초상화에 항상 책이 그려져 있듯이 책이 손을 떠나지 않았던 강희제의 학습에 대한 열정이 만주족이 세운 청나라가 중국에서 가장 오래된 왕조로써 수백 년을 구가하게 한 원동력이었지 않았을까 싶다.

우리나라의 영웅 안중근 의사 또한 "하루라도 책을 읽지 않으면 입에 가시가 돋는다"는 너무나도 유명한 말을 남겼으며, 감옥에 갇혀 돌아가시기 전까지도 책을 읽고 글을 쓰는 그 의연한 자태에 감옥을 지키던 일본인 순사마저도 감명을 받아 그를 존경하게 되었다는 유명한 일화도 있다.

이렇게 한 나라의 위대한 황제도, 죽음을 앞둔 영웅도 끝까지 책을 내려놓지 않은 이유는 무엇일까? 아니 어쩌면 반대로 그들이 황제고 영웅이기 때문이 아니라, 책을 끊임없이 읽고 삶을 성찰하였기 때문에 그런 위대한 황제와 영웅이 되었을 것으로 생각한다.

그래서 책이 사람을 만든다는 말처럼, 우리가 먹는 음식물이 몸뚱이를 먹여 살리듯 우리가 읽는 책 한 권이 우리의 정신과 마음을 단단하게 먹여 살리고 키우는 것이다. 책 속에는 정치, 종교, 철학, 문학, 경제, 과학 등 어떤 지식의 한 단편이 아니라, 이 세계의 역사와 시대의 흐름이 있고 하나의 삶과 우주가 담겨있기 때문이다.

고대 로마의 정치가이자 사상가인 키케로는 말했다.

"책은 청년에게는 음식이 되고 노인에게는 오락이 되며, 부자일 때는 지식이 되고, 고통스러울 때면 위안이 된다."

책은 많이 읽을수록 좋다

나는 한 달에 약 세 권 정도의 책을 읽는다. 하루에 한 권을 읽는 사람도 있다고 하니, 그에 비하면 한 참 미치지 못하는 양이지만, 회사에 다니는 샐러리맨의 입장에서는 적지도 않고 많지도 않은 가장 적정한 수준이라고 생각한다. 하지만 이조차도 사실 내겐 무척 버거웠다. 처음엔 한 달에 한 권이 목표였던 것이 두 권이 되었다가 세 권이 된 것은 뚜렷한 책 읽기 목표를 가지고 나서부터였다.

2007년에 LG생명과학 마케팅전략팀장이 되고 나서였다. 어느 정도 의약품에 대한 전문적인 지식을 미천하게나마 접하게 된 나는 이 정도가 딱 나의 한계라는 생각이 들었다. 나는 절대로 의약품과 관련된 대학을 나오고 그곳에서 약사, 석사, 박사 학위를 받은 사람들의 전문지식을 따라 잡을 수는 없었다. 그렇다면 내게 필요한 것은 바로 내가 이 회사에 온 이유처럼 회사가 원하는 나만의 자기다움이었다. 나는 자기다움에 승부를 걸기로 했다. 의약 전문가들에게 없는 나의 강점을 더욱 보강하는 것이 내가 그들과 다른 경쟁력을 더욱 강하게 가져갈 길이라 생각한 것이다.

당시 새로운 직장에서 적응하기도 힘들었던 나는 어떤 배움의 장을 찾아갈 여력이 절대적으로 없었다. 그때부터 나는 책 읽기 목표를 수립하였다. 마케팅과 경영에 관련되어 더욱 전문가가 되기 위해 경영 전문서적은 2주일에 한 권, 팀장으로서 리더십과 자기계발을 배양하기 위한 서적은 1주일에 한 권, 마지막으로 역사, 소설, 수필, 시집과 같은 문학, 인문 서적 또한 1주일에 한 권을 읽는 것이 당시 목표였으며, 그 약속을 처음 중국에 와서 사업을 시작했던 2010년 단 1년을 제외하고는 지금까지 지켜나가고 있다.

사마천의 사기에는 진시황제가 외부의 유능한 인재를 등용하는 것에 대해 그들의 충성도에 문제가 있다며 내부 귀족들이 반대하여 다시 쫓아내려고 하자, 이를 염려한 이사(李斯)가 올린 상소문의 내용이 나온다. 그 내용 중에 '태산은 한 줌의 흙이라도 사양하지 않는다. 그래서 큰 산이 될 수 있다. (태산불사토양 고능성기대 泰山不辭土壤 故能成其大)' 라는 내용이 나온다. 태산이 중국의 명산이 될 수 있었던 것도 단 한 줌의 작은 흙과 돌이 오랜 시간 쌓여서 만들어진 것이니, 군왕도 외부 인재라고 차별하지 말고, 한 명이라도 똑같이 기회를 주어야 군왕의 덕이 천하를 다스릴 수 있을 것이라는 말이다.

나는 독서도 마찬가지라고 생각한다. 책은 그 내용이 어쨌든 태산의 한 줌 흙처럼 나의 지식을 쌓아가는 토대가 될 것이다. 물론 독서에는 목표와 목적이 있어야 하고 자기 나름의 방법이 있어야 한다. 목적이 없는 독서는 그저 아무 생각 없이 산책하는 것과 다름없다. 내 인생의 미래 목표와 지금 현재의 목적이 만나는 점에서 그에 알맞은 책을 찾아 읽어야 한다. 때론 그게 잘 안 맞을 수도 있고 불필요한 책이 될 수도 있지만, 그것도 상관없다.

나는 책의 질도 중요하지만, 양도 매우 중요하다고 생각하는 사람이기 때문이다. 내게 필요한 좋은 책 한 권 보다, 지금은 부족하고 실망스러울지도 모르는 책 열 권이 더 중요할 수도 있다. 무엇이 되었든 책을 한 권 읽으면 그 한 권의 이익이 전부 당장은 아니더라도 조금이나마 내게 다가올 것이고, 길을 먼 곳을 돌아오듯이 그때 불필요한 내용이라고 생각했던 것도,

나중에는 필요한 것이 되어 다시 오게 될 것이다.

　그래서 책을 읽을 때는 메모가 매우 중요하다. 메모가 힘들면 밑줄이라도 쳐 놓고 나중에 다시 확인해 볼 수 있으면 더욱 좋을 것이다. 언젠가 내 기억 저편에 한때 읽었던 책의 편린이 스쳐지나 갈 때, 얼른 메모를 찾거나 책을 다시 꺼내 밑줄 친 부분을 훑어 본다면, 잊고 지냈던 책의 좋은 내용이 그때야 비로소 마음속에 더욱 다가올 수 있을 것이다.

　최근에는 많은 사람이 인터넷이나 전자책을 통해 책을 읽기도 하고 많은 정보를 습득한다. 분명 인터넷은 매우 중요한 정보와 지식을 빠르고 손쉽게 획득할 수 있는 훌륭한 매개체이지만, 화면에 나온 정보 한곳에 집중하기가 쉽지가 않으며, 줄을 긋지도 못한다. 또한, 인스턴트적인 정보는 쉽게 휘발유처럼 머릿속에서 사라지지만, 나중에 필요하면 다시 꺼내 보기도 쉽지가 않다. 한 연구 조사결과에 의하면 독서의 몰입 정도에서 인터넷보다는 모바일, 모바일보다는 책이 더 몰입이 잘된다고 한 이유도 그렇다. 그런 점에서 나는 책은 반드시 글자로 인쇄되어 출간된 책을 읽기를 권한다.

　T.S. 엘리엇은 말했다.
　"우리가 정보의 홍수 속에서 잃어버린 지식은 어디에 있는가?"
　정보를 찾고 활용한다는 것은 단순히 한순간의 필요에 의해서인 경우가 많지만, 지식은 좀 더 앞을 내다보며 미래에 일어날지도 모르는 어떤 일에 대비하는 보험처럼 부단히 쌓아가는 것이다. 정보의 홍수 속에 진정한 지식을 쌓기 위해서는 이제 인터넷과 스마트폰을 잠시 내려놓고 책 속에 숨어있는 진리를 찾아 떠나는 여정의 시간을 더욱 늘려야 할 것이다.

책 읽는 방법, 독서삼도(讀書三到)

마치 인맥관리를 위해 새롭고 다양한 많은 사람을 만나면서도 오랜 친구들을 여전히 만나는 것처럼, 한번 읽고 마는 책이 아니라 두고두고 여러 번 반복해서 읽어야 하는 질적인 측면이 중요한 책들도 있다. 읽을 때마다 새로운 위안과 지혜를 주는 책은 최근 봇물처럼 쏟아져 나오는 많은 자기계발 신서들과는 다른 깊은 깨우침을 준다. 따라서 여러 신서를 읽으면서도 이런 책들은 두고두고 함께 또 읽어 주면 좋을 것이다.

30년 지기 친구를 수년 만에 만나도 바로 어제 만난 것처럼 변함없는 것 같이 좋은 책은 좋은 친구와 같다. 처음 책을 읽을 때에는 한 사람의 친구와 알게 되고 같은 책을 두 번째 읽을 때에는 옛 친구를 만나는 것 같다는 중국속담처럼, 친하고(親) 오래된(舊) 친구같이 시대를 관통하여 여전히 우리의 삶을 조망해주는 고전이나 인문서들은 항상 가까이하고 오랫동안 만나는 친구가 되어야 할 것이다. 하지만 고전이란 누구나 읽은 것으로 자랑하려 하지만, 실은 막상 읽고 싶어 하지 않는 것이다. 학창시절 이후 고전을 다시 읽는다는 일은 강한 의지와 의도적인 노력이 있지 않으면 그리 쉽지 않은 일일 것이다. 그렇듯 고전은 선뜻 읽기가 어렵기도 하며 읽으면서도 마음에 깊이 새기기가 쉽지가 않다.

그런 의미에서 우리에게 주자학으로 유명한 주자(주희)가 말한 "독서삼도(讀書三到)"에 주목해 보자. 주자는 책을 읽는 세 가지 방법에 대해 눈으로 보고(眼到), 입으로 소리 내어 읽고(口到), 마음으로 얻는 것(心到)이라 말했으며, 이 중에서 제일 중요한 것은 심도라고 말했다. 책을 그저 눈으로 읽고 마는 것은 어쩌면 한순간 스쳐 지나가는 별똥별처럼, 인터넷에서 얻은 인스턴트 정보처럼 마음속에 남지 못하고 반짝 뇌를 스쳐 지나갈 뿐이다.

그래서 사극 드라마를 봐도 과거 선비들은 항상 공자 왈 맹자 왈 소리 내어 읽으며, 어린 시절부터 선생님은 그렇게 지겹도록 독후감을 쓰라고 하셨나 보다. 선생님이 책 읽으라고 해서 읽었으면 됐지, 왜 귀찮게 독후감까지 써서 제출해야 하는지 그때는 잘 몰랐었다. 하지만 지금 와서 돌이켜 보면 독후감을 쓴다는 일은 주자가 말한 것처럼 내 마음속에 책의 내용을 심어 넣는 심도의 과정이었다.

사실 내가 가진 가장 나쁜 버릇 중의 하나가 메모를 하지 않는 것이다. 지금까지 기억력이 좋아 나름 버티고 있었지만, 최근 중국에 와서 너무 많은 일로 가끔 놓치는 경우가 발생하는 걸로 봐서는 이제부터라도 매사 메모를 하는 습관을 들여야 할 때인 것 같다. 천재 레오나르도 다빈치는 수첩을 항상 가지고 다니며 30년 동안 수천 자의 메모를 통해 미술, 문학, 과학의 원리를 꼼꼼히 정리하여 세상을 놀라게 한 수많은 창의적인 아이디어와 작품을 남겼다. 나보다 더 천재인 그조차 수첩에 메모하는 습관이 있었는데, 나는 메모를 하지 않는 습관 때문에, 처음 이 책을 쓰면서 과거의 기억을 더듬어 다시 책을 하나씩 찾아 읽어야 하는 고생을 톡톡히 했었다. 다행히 이후 나는 메모의 중요성을 뒤늦게 깨닫고 틈틈이 내 생각을 메모하고 있다.

특히 나는 혼자 산책이나 조깅을 할 때 기억 저편에 숨어있던 많은 생각이 톡톡 튀어나오는 것 같다. 그럴 때마다 걸으면서 스마트폰을 꺼내 얼른 주요 제목을 메모하고, 집에 와서 다시 관련 서적이나 정보를 찾은 다음 노트북에 글을 정리해 놓는다. 그리고 그것이 모이고 하나의 이야기로 연결되어 지금 쓰고 있는 한 편의 글이 되고 있다. 지식은 기억하여 생기는 것이 아니라 내용을 기록하는 과정에서 생기는 것이다. 항상 메모하는 습관은 배움에 근간이 되는 원칙일 것이다.

그런데 나는 주로 책을 읽을 때 메모보다는 밑줄을 그으며 전반적으로 책을 한번 다 읽고 나서, 나중에 밑줄 부분을 작게 소리 내어 다시 한 번 읽으며, 그 내용이 지금 나에게 어떤 의미로 다가오는지를 깊이 생각하는 습관이 있다. 나도 모르게 오래전부터 주자의 독서삼도를 조금이나마 따라 하고 있었다. 이것이 앞서 얘기한 대로 메모를 하지 못한다면 밑줄이라도 그어야 하는 이유이다. 마치 소의 되새김질처럼 책도 다시 한 번 꺼내 뇌로 씹어 소화하고, 그 영양분을 사색이라는 핏줄기를 통해 마음속 깊이 전달해 주는 과정은 메모만큼 강력한 힘을 가지고 있다. 책을 읽은 후의 사색은 다시 한 번 과거를 돌이켜 보고 지금 현재와 미래의 나의 상황에 책의 내용을 대비해 봄으로써, 스스로 깨우침을 갈구하는 수도자의 의식과도 같은 과정이다.

식물이 영양분을 흡수하여 광합성을 해야만 꽃을 만개할 수 있듯이 배움도 그런 것이다. 새로운 지식은 배움이라는 식물에 영양분을 주는 것이며, 학습과 사색은 식물이 햇빛을 만나 광합성을 하듯이 그 지식을 내 경험에 녹여 지혜로 만들어 가는 과정이다. 그런 과정이 있어 지식은 지혜와 통찰력이라는 꽃을 피우게 해준다.

통찰력은 사색을 통해서 만들어지는 것이다. 책으로 지식을 쌓고 현장에서 다져진 경험이라도 사색이 이루어지지 못하면 피상적인 현상으로만 머물게 된다. 사색은 정해진 틀에서 벗어나 자유로운 상상을 통해 생각의 범주를 넓히기도 하지만, 밖에서 들어온 지식과 경험을 속으로 쌓아가는 작업이기도 하기 때문이다. 하지만 이에 하나를 더해 그 사색의 결과를 글로 남긴다면 책은 60% 이상 확실하게 나의 것이 될 것이다.

매년 대학입시가 끝나면 명문대 수석 합격자와 인터뷰하는 것이 TV에 방영된다. 그런데 그들이 얘기하는 공부비법을 들으면 웬만한 시청자들은 울화통이 치밀어 오를 것이다. 매번 수업시간 열심히 듣고 예습 복습을 철저히 한 것뿐이란다. 사람들은 뭔가 다른 비법이 있을 것이라 매년 기대하지만, 결과는 허무하게도 누구나 다 알고 있는 뻔한 거짓말 같은 것이다. 하지만 그 뻔한 거짓말은 사실이다.

독일의 심리학자 에빙하우스(Ebbinghaus Hermann)는 기계적 학습과 기억 측정 방법을 연구하여, 시간의 경과에 따라 기억력이 사라지는 정도를 나타내는 망각곡선이라는 연구결과를 발표하였다. 그에 의하면 강의를 받은 후 하루가 지나면 대부분 사람은 기억이 거의 사라져 강의 내용의 약 20% 정도만 남는다고 한다. 그러나 만약 강의 직후 2분만 복습을 하여도 강의 내용의 40%를 기억할 수 있으며, 몇 시간이 지난 후 두 번째 복습하였을 경우에는 강의 내용의 60%를 기억할 수 있다고 한다. 또한, 사전에 강의 받을 내용을 예습하고, 앞서 말한 방법대로 강의를 받고 나서 두 번 복습 한다면, 강의 내용의 80%를 기억할 수 있다는 결과를 얻었다.

수업 시간 전에 미리 예습한 후 강의를 열심히 집중해서 듣고, 그 날 바로 두 번 복습하는 습관이 공부를 잘하게 한다는 당연한 결과임을 그는 입증한 것이다.

이렇듯 책에 밑줄 친 부분을 다시 한 번 읽고 독후감을 쓴다는 것은 공부로 치면 두 번 복습하는 것과 같으므로, 에빙하우스의 연구결과처럼 독후감을 쓴다면 60% 이상은 책의 내용을 기억하게 될 것이다. 그리고 그렇게

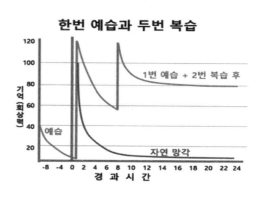

남긴 글은 나중에 한번 읽었던 책의 내용이 다시 필요할 때 100% 책을 나의 것으로 만들어 주는 매우 유익한 길라잡이가 되어주기도 한다.

배움을 100% 나의 것으로 만드는 방법

그렇다면 책을 100%를 나의 것으로 만드는 방법은 없을까? 어찌 보면 간단하면서도 어려울지도 모르겠지만 정답은 책 내용을 남에게 이야기하는 것이라고 나는 주변 사람들에게 항상 말하고 있다. 독서 토론회도 좋고 친구와 얘기해도 좋고 특히 가장 좋은 것은 책의 내용을 정리해서 발표하는 것이다.

책뿐만 아니라 어느 곳에서 누군가에게 교육을 받았든 간에 전달교육은 가장 좋은 학습법이다. 강의를 듣는 것으로만 그치지 않고 책을 읽는 것으로만 그치지 않고 이를 다시 한 번 정리해서 남에게 전달한다는 것은 되새김질한 음식이 완전히 나에게 흡수되어 내 것이 되는 순간이다.

최근 대기업 부장으로 있는 후배 한 명이 내게 이런 말을 해왔다.

"선배님, 우리 회사에서는 존경하며 배울만한 멘토가 없어요. 혼자 배우며 일하려니 무척 힘이 듭니다."

그때 나는 그에게 이렇게 말했다.

"대기업 부장쯤 되었으면 이제는 본인이 멘토가 되어야지. 멘토가 되어 직원들을 가르치고 코칭하는 과정에서 남에게 배우는 것보다 스스로 더 많은 것을 배울 수 있을 것이야."

기업에서 차/부장 정도면 회사의 임원들이 멘토가 되어야 하겠지만, 어디 현실적으로 우리나라 기업에서 부하들을 세심하게 신경 쓰며 가르치고 배려해주는 임원이 얼마나 많겠는가? 밑에서 보기에 임원이 한가해 보일지도 모르겠지만, 사실 위로 올라갈수록 업무 영역이 늘어난 것만큼 업무량은 더 늘어나고, 파리 목숨 같은 계약직 근로자로서 임원들은 대부분 자기 살아남기도 바쁘고 힘든 것이 현실이다.

그러다 보니 차/부장쯤 되는 직급이라면 이젠 스스로 알아서 커가야 한다. 결국, 스스로가 자신의 멘토가 되어야 한다는 것이다. 강의를 듣고 책을 읽고 이를 다시 정리해서 부하 직원들에게 자신의 경험을 함께 녹여서 상황에 맞는 교육을 한다면, 그만큼 더 좋을 수는 없을 것이다. 부하 직원에게 교육하는 것은 상사에게 교육을 받는 것보다 훨씬 더 값진 배움이다.

실제로 배움의 기회가 적은 중국에서 생활하는 나는 읽은 책의 내용을 워드로 정리해서 중국 직원들에게 번역을 시킨 후 다시 파워포인트로 교육자료를 직접 만들고 직원들과 사업자들에게 교육하고 있다. 단순히 책의 내용을 요약해서 발표하는 것만이 아니다. 교육하고자 하는 주제에 맞게 새롭게 각색하고 편집하여 뺄 것은 빼고 넣을 것은 더 넣어 완전한 나의 스토리로 만들어서 강의한다.

특히 나는 중국인들의 눈높이를 맞추기 위해서 파워포인트 작성에 더욱 노력한다. 말이 통하지 않아 통역을 쓰는 교육환경에서 말이나 글보다는 그림, 그림보다는 동영상으로 이해를 시키는 것이 더욱 효과적인 나의 방식이다. 그러기 위해 책에서 읽은 좋은 구절과 관련된 이미지 하나하나를 찾기 위해 여러 시간 동안 인터넷을 찾아 헤매기도 하며, 시간 날 때마다 지식채널e, 동물의 왕국, BBC 다큐멘터리, 국내 방송에서 방영한 수많은 시사교양 프로그램들을 보며 내용에 알맞은 동영상을 자르고 편집하여 교육에 활용하고 있다. 그리고 거기에 나의 경험과 철학이 담기게 되면 남의 것을 통해 얻은 정보, 아이디어, 지식은 완벽한 나만의 교육자료로 재탄생 되는 것이다.

그래서 중국 전역을 누비며 중국인 사업자들에게 하는 나의 강의는 매우 인기가 높은 편이다. 나는 교육을 통해 때론 감동을 주어 눈물을 적시게도 하며, 때론 큰 웃음과 함께 중국인들에게 자신감과 긍정의 힘을 끌어

내 준다. 사실 지금 쓰고 있는 이 책의 내용이 그간 내가 중국에서 그들에게 강의하고 코칭했던 내용을 근간으로 한 것들이다. 교육 자료를 만들고 강의를 하면서, 다른 사람들에게 배우거나 책을 통해서 배운 것들을 나의 것으로 만들게 되자, 나도 이렇게 생각과 내용을 재정리하여 책을 쓸 수도 있게 되었다.

나를 가장 잘 이해하고, 나를 가장 잘 가르쳐 줄 수 있는 사람은 그 누구도 아닌 바로 나 자신임을 알아야 한다. 내가 모르는 지식은 외부로부터 얻어야 하지만 나의 경험과 인생을 통찰할 수 있는 지혜는 바로 나 자신이 생산해야 한다. 그 과정을 나는 배움과 함께 가르침을 통해 얻을 수 있다고 본다.

괴테는 말했다.

"나는 책을 읽는 방법을 배우기 위해서 80년이라는 세월을 바쳤는데도 아직 그것을 다 배웠다고 말할 수 없다."

그렇다. 독서에 어떻게 한 가지 방법이 있고 정도가 있겠는가? 단지 나의 경험으로 미루어 볼 때, 지금까지 내용을 요약한 다음과 같은 5단계 과정으로 책 읽기를 해본다면 과거 피상적으로 읽었던 것보다 더 큰 도움이 될 것이라고 나는 확신한다.

1. 목표 : 월 얼마나 많은 책을 읽을지 목표를 수립한다.
2. 목적 : 지금 상황에 맞는 책을 선정한다.
3. 다독 : 여러 권의 책을 읽으며 마음에 닿는 내용은 밑줄을 치며 끝까지 다 읽는다.
4. 정독 : 다시 한 번 밑줄 친 부분을 소리 내어 읽거나 메모를 하며, 내게 주는 의미가 무엇인지 사색을 한다.
5. 발표 : 독후감을 써서 SNS에 올리거나, 발표자료를 만들어 동료 또는 부하 직원들에게 목적에 맞게 재편집하여 발표한다.

3

세상의 모든 것이 나의 멘토이다

인간관계 속에서 배우는 괄목상대(刮目相對)

괄목상대(刮目相對)라는 말이 있다. 눈을 비비고 다시 보며(刮目) 상대방을 대(對)한다는 뜻으로, 다른 사람의 성과나 학식이 크게 진보한 경우를 말하는 것인데, 그 유래는 우리가 잘 아는 삼국지에서 나온다.

오(吳)나라 왕, 손권(孫權)의 부하 중에 여몽(呂蒙)이라는 장수가 있었다. 여몽은 졸병에서 시작하여 장군까지 된 사람으로 용맹하고 충성스러웠으나, 한마디로 무식했다. 그래서 손권은 그가 장군으로서 이론적인 병법을 알아야 한다며 학문을 깨우치도록 충고를 했다. 이때부터 그는 전장에서도 책을 손에서 놓지 않을 정도로 열심히 공부했다. 그러던 어느 날, 손권의 참모이자 뛰어난 학식을 가진 노숙이 여몽과 의논할 일이 있어 찾아왔다. 여몽과 막역한 친구여서 여몽을 누구보다도 잘 알고 있었던 노숙은 예전의 그가 아닌 여몽을 보며 깜짝 놀라면서 말했다.

"아니 언제 그렇게 공부했나? 과거 오나라 있을 때 여몽(呂蒙)이 아닐세…"

그러자 여몽(呂蒙)이 대답하였다.

"선비가 헤어진 지 사흘이 지나면 눈을 비비고 다시 대해야 할 정도로 달라져 있어야 하는 법이라네."

여몽의 말처럼 3일만 지나면 괄목상대해질 수 있는 것이 사람인데, 우리 주변의 잘 아는 사람이든 처음 만나는 사람이든 간에 우리가 배우지 못할 사람이 어디 있겠는가? 꼭 어떤 특별한 멘토를 찾아 그를 따르는 것도 좋겠지만 좀 더 눈을 넓게 뜬다면 이 세상 모든 사람이 멘토가 될 수 있을 것이다. 이는 자석과도 같은 인간관계와도 상통되는 말이다.

나는 자석의 음극과 양극처럼 사람들 간의 관계도 음극과 양극이 있다고 생각한다. 애인 관계도 그렇고 친구 관계도 그러하며, 직장 내 상하관계도 그런 것 같다. 사람은 처음에 동질감에 서로 끌리는 듯하지만, 막상 가까이 가면 그 동질감 때문에 실망하거나 상처를 받아 서로를 밀어내게 되는 반면, 서로 많이 다른 사람들은 처음엔 이상하게 생각하더라도 알면 알수록 자신과 다른 그를 통해 새로운 점을 배우게 되고 색다른 개성에 점점 더 끌리게 된다.

그래서 같은 극끼리는 너무 친밀해지면 한순간 관계가 악화되어 서로 보지도 않는 사이가 될 수도 있다. 마치 같은 극의 자석을 가까이 대면 어느 정도 일정 거리를 유지하다가도 가까이 붙여놓으려 하면 오히려 퉁겨져 나가는 것과 비슷하다. 반면 극이 서로 다른 자석이 일정 거리를 넘어 가까워지면, 어느 한순간 철썩 끌어당겨 떨어지지 않을 정도로 달라붙듯이, 상이한 사람들은 어느 순간 그 매력에 빠져 강한 결속력을 형성하게 될 수도 있다.

혹 주변에 나와 달라서 경외하는 사람이 있는가? 자석의 음극과 양극의 원리처럼 그를 바라보는 관점을 달리해보자. 그의 다른 점은 틀린 것이 아니라 내가 모르는 배울 점이 될 수도 있다. 그는 자석처럼 어느 순간 내가 가지고 있지 않은 매력으로 다가와 나를 완전히 사로잡을지도 모를 일이다.

그래서 인간관계는 이 사회를 살아가는 사람들에게 있어서 뗄래야 뗄 수 없는 필수불가결한 것이다. 그리고 인간관계를 통해 단순히 사람들과 명함을 주고받고 나중에 어떤 업무상 연결점을 기대하거나, 아니면 순전히 아는 사람들 숫자 채우기 식의 인맥 자랑거리가 된다면 너무도 무의미한 일이 될 것이다. 사람들은 태어나면서 누구나 단 한 가지라도 고유한 장점을 가지고 태어나며 내가 살아보지 못한 그들의 인생 속에는 무엇이든 하나는 배울 점이 분명 있다고 나는 확신하기 때문이다.

그러므로 단순 농담 따먹기 식 사교적 모임에서라도 배울 것을 찾으려고 노력해보자. 때론 어쩔 수 없이 업무나 접대 상 만남이라도 관점을 바꿔 배움을 청해보려고 노력해 보자. 상대방이 농담으로 던진 유머 한 마디가 때론 내게 유익한 사용 거리가 될 수도 있을 것이다. 그러나 되풀이되는 모임과 만남 속에서도 더는 배움과 발전을 찾을 수 없다면, 나는 그런 모임은 과감히 떠나야 한다고 생각한다. 그들과 만나는 시간이 무의미하고 시간이 아깝다고 생각되는 순간이 바로 그 모임을 떠날 때이다. 우리에겐 SNS라는 사이버 공간을 통해서라도 만나야 할 사람들이 무수히 많으며, 그만큼 배울 점들도 더욱 많기 때문이다. 이젠 어떤 만남이라도 주어진 상황 속에 쉽게 익숙해지지 말자. 서로에게 익숙해지기보단 서로가 발전되기 위해 노력해야 할 것이다.

자연으로부터 얻는 배움

우리는 꼭 잘 배운 사람들을 통해 배워야만 하는 것만은 아니다. 인간이 떠나버린 자연 속의 동물과 우리가 버러지라고 비하하는 곤충에서도 배움을 찾을 수 있고, 아무 생각도 없는 것 같은 식물에서도 배움이 있으며, 호기심 가득한 어린아이의 시선 속에서도 우리는 배울 것이 있다.

나는 중국인 사업자들의 눈높이에 맞춰 긍정과 열정, 그리고 절대 포기하지 않는 끈질김에 대한 강의를 많이 하는데, 그때 사용하는 사례들 대부분이 동물과 식물, 곤충들 이야기이다. 험난한 자연환경 속에서 살아남기 위해 끊임없이 변화하고 적응해 나간 그들의 생존력에서 우리 인간은 잃어버린 자연의 본성인 야성을 되찾고 인간이 만든 사회라는 험난한 정글에서 생태계 동식물들처럼 생존해 나가야 하기 때문이다. 그래서 나는 자연 다큐멘터리를 보는 것을 매우 즐기는데, 단순히 몰랐던 생태계의 새로운 정보를 쌓아가는 것에 머물지 않고, 동식물들 생존의 법칙 속에서 인간이 배워야 할 공통분모를 찾아가는 탐구생활을 즐기고 있다.

우리가 사는 이 지구는 우리, 인간이 지배한다고 착각하고 있지만, 어찌 보면 이 세상을 지배하는 것은 지구 대부분을 차지하고 있는 식물일지도 모른다. 식물이 있는 곳에 곤충과 동물이 있고, 그 식물이 없다면 생태계가 파괴된 이 지구도 멸망하기 때문이다.

식물은 곤충이 씨를 받아 갈 수 있게 하려고 꿀을 제공하여 곤충을 유인하고 있으며, 곤충이 없으면 때론 그 대상을 작은 새로 바꾸기도 하며, 생존과 종족의 번식을 위해 아름다운 꽃을 피워 사람들을 유혹하여 자신을 기르고 가꾸게도 한다. 또한, 중미의 아카시아 나무처럼 자신을 갉아먹는 해충을 없애기 위해 개미에게 집과 음식을 제공해주어 개미를 통해 자신을 방어하도록 하여 크게 번창하기도 한다. 그런 관점에서 보면 우리가 밥을 얻기 위해 재배하고 있는 벼와 밀도 인간이 선택하여 재배했기 때문에 지구 상에 가장 번창한 식물이 된 것이 아니라, 반대로 벼와 밀이 인간을 선택하여 인간에게 먹을 것을 제공해 주어서, 지구 제일의 식물이 될 수 있었던 것일 지도 모른다. 이렇듯 비단 동식물의 변화, 생존능력뿐만 아니라, 이런 관점의 전환 방식도 우리는 동식물들을 통해 배울 수도 있다.

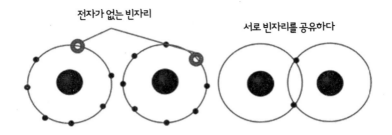

전자가 없는 빈자리

서로 빈자리를 공유하다

　몇 년 전 지구의 탄생과 원소들에 대해 EBS의 지식채널e에서 "원소-빈자리"라는 내용이 방영되었었다. 그 내용을 보며 내가 느꼈던 것은 인생의 빈자리와 채움을 원소를 통해서도 배울 수 있다는 것이다. 그 내용을 적어보면 다음과 같다.

　자연에는 92개의 기본 원소가 있는데, 기본적으로 원자 상태로 존재해야 하나, 사실 대부분은 단순히 원자로 존재하지 않는다. 그 이유는 원자핵의 주위를 태양계의 위성들처럼 전자가 궤도를 돌고 있는데, 가장 바깥쪽 부분에 전자가 없는 곳, 즉 빈자리가 있어서 원자를 불안정하게 만들기 때문이다. 이렇게 불안정한 원자들이 안정되는 데 필요한 것은 빈자리를 채울 다른 전자이다. 따라서 원자는 남아있는 전자를 다른 원자에게 주거나, 다른 원자의 전자를 가져오는 방식으로 서로의 전자를 공유하여 빈자리를 채우려 하는데, 이를 통해 이루어지는 어떤 만남이 우리에겐 매우 중요하다.

　수소와 산소가 만나서 물이 되고, 나트륨과 염소가 만나서 소금이 되며, 규소와 산소가 만나 유리가 된다. 이렇게 안정되고 싶은 욕망은 끊임없는 만남을 만들고, 그 끊임없는 만남과 만남 속에서 원자들은 원래 원소가 가진 성질을 완전히 버리고, 새로운 물질의 일부가 된다. 이렇게 서로의 부족함이 채워지자 전혀 다른 새로움이 탄생하듯이 사람들도 인생의 부족함을 채우기 위해 끊임없는 만남을 통해 부족함을 채우고 점점 더 완전해지려고 하는 것이다.

인간 또한 원자와 전자로 이루어진 존재인 것처럼 빈자리를 채우기 위해
배움을 추구하는 것은 바로 이 세상에 태어난 모든 물질이 추구하는 본질
이기 때문이다. 그러나 자연에 존재하는 92개의 원소 중 빈자리가 없는 6개
의 원소들 – 헬륨(He), 네온(Ne), 아르곤(Ar), 크립톤(Kr), 제논(Xe), 라돈(Rn)
은 그 무엇도 필요하지 않기에, 그 무엇에도 끌리지 않으며, 그 무엇에 다가
가지도 않아, 모두가 새로운 일부가 되어 살아갈 때 홀로 자신의 모습 그대
로만 살아간다. 전혀 변하지 않고 오직 태고적 그대로 살아가는 이 여섯 개
의 원자들처럼 사람도 어떤 만남을 통해 정보의 공유나 배움이 없다면, 어
떤 변화와 성장도 없이 홀로 독불장군처럼 외롭게 살아가게 될 것이다.

통섭(統攝)적 지식이 만드는 창조의 시대

최근 나온 대부분의 세상을 놀라게 한 발명품들을 보면 어느 날 갑자기
툭 튀어나온듯한 새로운 것들이 아니다. 특히 과거와는 달리 복잡한 현재
에 와서는 더더욱 그렇다. 지금 이 시대를 바꾸는 놀라운 혁신적인 제품인
스마트폰만 해도 새로운 것은 하나도 없다. 이미 존재하는 휴대폰에 이미
존재한 MP3, 디지털카메라, 컴퓨터의 기능을 하나로 담은 것에 불과하다.
그러나 그 이전에 누가 이런 생각을 했을까? 아니 생각은 했을지는 모르겠
지만 이렇게 여러 기능을 융합하면서도 사용 기능을 단순화하고 아름답게
현실화하지는 못했을 것이다. 그런 점에서 스티브 잡스가 주목을 받는 이
유일 것이다.

우리나라를 대표하는 석학인 이어령 교수는 현재를 디지로그 시대라고
말했다. 디지털이 지배하는 이 시대에 아날로그적인 감성이 만나 이루어지

는 창조의 시대이다. 애플의 혁신성은 다양하고 복잡한 첨단 기능들을 모두 디지털로 제공하는 반면, 옛날 구식 제품처럼 사람이 손으로 사용하는 것들은 단추 하나로 모아 놓은 단순하고 아름다운 여백의 미를 디자인으로 제공했다는 것이다.

또한, 최근에는 인문·사회과학과 자연과학을 통합해 새로운 것을 만들어낸다는 의미로 융합 또는 통섭(統攝)이란 말을 많이 사용하고 있다. 통섭(統攝)이란 단어는 미국의 생물학자 에드워드 윌슨(Edward Wilson)이 사용한 '컨슬리언스(Consilience)'란 말을 이화여대 최재천 교수가 번역하여 표현한 말로써, 큰 줄기(통統)를 잡는다(섭攝), 즉 서로 다른 것을 한데 묶어 새로운 하나의 큰 줄기를 만든다는 의미라 할 수 있다. 통섭적인 사고를 통해 지금까지의 과학기술과 디자인의 한계를 자연에서 찾음으로써, 새로운 경영의 돌파구를 찾으려는 노력은 과거에는 생각지도 못했던 전혀 상반된 학문을 서로 연결해 주고 있기도 하다.

맹자는 쇠소리(금성 金聲)를 마치 전혀 다른 성질의 옥소리처럼 만들어낸다(옥진 玉振)는 것을 빗대어, 하나의 전문적인 영역에서 여러 정보를 통합하여 새로운 것을 창조하는 능력을 집대성(集大成)이라고 하였다. 이렇듯 창의력은 어느 한 가지가 번뜩이듯 갑자기 튀어나오는 것이 아니라, 내 안에 쌓여있는 수 많은 지식과 경험들이 번뜩이는 통찰력을 통해, 서로 전혀 상관없다가도 하나로 연결되어 만나고 합쳐지면서 새로운 아이디어로 집대성을 이루는 것이다. 그리고 이것이 우리가 삶의 집대성을 이루기 위해 세상의 모든 것들을 통해 죽을 때까지 배우려고 하는 구도자의 자세로 살아가는 진정한 이유이기도 하다.

이렇게 끊임없이 배우고 익히며 언제나 새로워지는 즐거움에 빠진 사람은 비록 육신은 늙어가더라도 마음은 항상 새로울 것이다. 반면 미용과 성형으로 치장하여 아무리 외모가 젊고 아름다워졌다 해도, 그 지식과 정신이 낡았다면 이미 고루한 늙은이에 불과할 것이다.

미국의 물리학자이자 의학자로서 노벨 수상자이기도 한 로잘린 얄로는 말했다.

"배움에 대한 흥분이 젊음과 늙음을 구별한다. 배우고 있는 한 당신은 늙지 않는다."

배움은 끝이 없다. 배우고 또 배울수록 매일 새로워질 것이다.

죽음이 나를 가로막아 내 인생이 끝나 다할 때까지 배움을 채워 나가보자. 그렇다면 저승사자가 내 침대 머리맡에 왔을 때 아마도 행복한 미소로 맞이하게 될지도 모를 일이다.

Learning, 배움엔 끝이 없다. 배우고 또 배워라.

chapter 5

Logic,

논리는 신뢰다

게으른 뇌의 잘못된 판단

뇌는 게으르다

흔히들 분석적이다, 체계적이다, 논리적이다라는 말에는 항상 원인과 결과가 명백하며 객관적인 숫자가 뒤따른다. 그리고 그런 표현과 함께 한 사람의 성향도 대변되는 경향이 있는데, 과연 한 사람을 극단적으로 논리적이거나 그 반대인 감성적인 것으로 나눌 수 있을까?

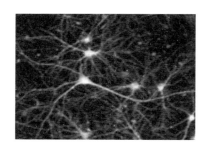

인간의 뇌가 좌뇌와 우뇌로 나누어져 있는데, 좌뇌는 우리 신체의 오른쪽을 지배하고 주로 이성적, 논리적 성향을 나타내며, 우뇌는 반대로 신체의 왼쪽을 지배하고 감성적, 창의적 성향을 나타내기 때문에 잘 사용하지 않는 왼손을 자주 사용해야 창의력이 발달한다는 뇌 과학 이야기는 이미 너무도 잘 알려진 상식이 된지 오래다. 그로부터 사람이 어느 한쪽으로 치우치는 경향을 나타내어 좌뇌형 인간이나 우뇌형 인간이라는 말이 나왔지만, 사람의 뇌가 두 개가 아니라 단 하나인 것이 진실인 것처럼 사람은 그 두 가

지 성향을 모두 가지고 있는 것이 정답이다.

따라서 분리되지 않은 통합된 하나의 뇌를 모두 활용하기 위해선, 좌뇌와 우뇌를 연결해 주는 연결 통로를 도로확장 공사를 하듯이 더욱 넓게 만드는 노력을 해야 한다. 이는 감성에 치우치거나 생각과 행동이 일반화되어 가는 경향을 분석적이고 논리적인 판단으로 보강하는 일과 같다고 볼 수 있다.

하지만 사람의 뇌는 참으로 간사하다. 아니 어쩌면 너무 게으른지도 모르겠다. 우리가 3장에서 살펴본 습관에 대해서, 반복된 행동을 계속함으로써, 습관이 형성된다는 것도 뇌가 똑같은 일에는 더는 신경 쓰고 싶어하지 않는 게으름 때문에 생기는 결과라고 할 수 있다. 그리고 이런 뇌의 게으름이야말로 우리가 겪는 경험이 만들어낸 산물이다. 인체의 모든 부분을 통제하는 세상에서 가장 복잡한 뇌는 잠잘 때를 제외하고는 너무도 바쁘다. 그런 만큼 많은 피와 산소 공급을 통해 많은 에너지가 필요하다. 그래서 뇌는 불필요한 일에 에너지를 소모하고 싶지 않아서 반복된 일은 더는 신경 쓰지 않고 몸이 대충 알아서 행동하도록 내버려 둔다. 그리고 곧 뇌가 신경 쓰지 않아도 자동으로 이루어지는 행동이 좋든 나쁘든 습관이 되는 것이다.

인간의 뇌는 뉴런(Neuron)의 네트워크로 이루어져 있다. 뉴런은 인간이 지각하는 정보를 전기적 신호로 전달해 주는 신경세포인데, 얼마나 복잡하게 연결되어 있는지, 인간의 작은 뇌에 있는 모든 뉴런의 연결점을 하나의 선으로 연결하면 지구를 네 바퀴 돌고도 남는 길이라고 한다.

그런데 이 뉴런은 자라면서 점점 더 많이 늘어나는 것이 아니라, 태어날 때부터 이미 완벽하게 모든 걸 가지고 태어났지만, 뉴런 간의 연결이 적게 되어 있다가 자라면서 많은 것을 행동하고 경험하면서 상호 연결점이 더욱 많아진다고 한다. 결국, 살아오면서 겪게 되는 경험으로 복잡하게 연결된 뉴런은 그 경험을 인지하고 뇌에 저장해뒀다가 같은 일이 반복되었을 때, 뇌의 활동을 회피하여 생각을 점점 하지 않으려는 것이다. 바로 이 점이 사람들이 과거 경험에 의존하여 생각보다는 먼저 행동하려는 습관을 만들고, 나쁘게는 타성과 관성을 만들기도 하는 것이다.

경험이 만드는 오류

경험이 모두 나쁘다는 것만은 아니다. 아니 매우 소중한 자산이다. 경험은 오래된 사람만이 가질 수 있는 통찰력과 지혜를 가져다준다. 문제는 거기에만 의존할 경우라는 것이다. 과거의 경험에만 의존하면 점점 말의 신뢰성이 떨어지게 된다. 게으른 뇌는 더는 생각을 하지 않으려고 하고 뉴런은 점점 상호 간의 연결점을 잃고 퇴화해 간다. 그만큼 사람도 쓸모없는 사람으로 전락하는 것이다. 따라서 앞서 말했듯이 다양한 학습과 경험을 통해 뇌를 계속 자극을 주는 한편 끊임없이 변하고 새로워져야 하는 것도 바로 이런 이유에서다.

그럼 우리 주변의 어떤 경험에만 의존하는 사람의 경우를 한번 살펴보자. 만약 여러분이 직장의 상사라면 한 때의 경험에 의해서만 보고하는 사람을 믿을 수 있을까? 부하 직원이라면 맨날 과거 나는 이랬었다며 그러니 시키는 대로 하라고만 말하는 상사의 말을 얼마나 따를 수 있을까? 소비자라면 최근 소비자의 의견이 반영되지 않고 과거 경험 때문에 만들어진 신제품을 과연 좋다고 구입할 수 있을까? 이렇듯 게으른 뇌가 잘못 판단하는 위험에 무조건 따른다면 분명 큰 낭패를 당할 것이다.

여기 재미있는 테스트가 하나 있다. 아래의 글을 일단 한번 빠르게 읽어보기 바란다.

"캠브리지대학의 연결구과에 따르면, 한 단어 안에서 글자가 어떤 순서로 배되열어 있는가 하것는은 중요하지 않고, 첫째번와 마지막 글자가 올바른 위치에 있것는이 중하요다고 한다. 나머지 글들자은 완전히 엉진망창의 순서로 되어 있지을라도 당신은 아무 문없제이 이것을 읽을 수 있다. 왜냐하면 인간의 두뇌는 모든 글자를 하나하나 읽것는이 아니라 단어 하나를 전체로 인하식기 때문이다."

다 읽으셨다면, 다시 한 번 한자씩 또박또박 읽어보기 바란다. 순간 매우 놀랄 것이다. 단어의 어순이 상당히 많이 바뀌어 있는데도 처음 읽는데 그리 어렵지 않았을 것이다. 틀린 단어를 뇌가 인식하지 않고, 경험치에 의해 자동으로 그 의미를 파악해서 전달해주었기 때문이다. 게으른 뇌가 제대로 작동하지 않아도 때론 유리할 때도 있기는 하다.

또한, 우리가 잘 아는 착시현상도 뇌가 일으키는 잘못된 판단이다. 가장 쉬운 착시현상의 예로 원근법에 의한 착시를 들 수 있다. 우리는 원근법에 따라 먼 곳에 있는 것이 더 작게 보인다는 것을 너무도 당연히 잘 알고 있다. 바로 뇌가 원근법을 인지하고 있기 때문이다. 따라서 그림을 그릴 때는 멀리 있는 사물은 점점 더 작게 그림으로써 현실감 있고 입체감 있는 표현을 하는 것이 일반적이다. 그럼 반대로 도화지에 똑같은 길이의 전봇대 여러 개를 나열해서 먼저 그려 놓은 후, 나중에 원근법을 적용하여 그 전봇대 밑으로 멀어져 가는 길을 표현한다면 어떻게 될까? 길이 없었을 때는 같은 크기와 같은 길이의 전봇대들이었지만, 그 전봇대들을 따라 길이 생기자 멀리 있는 것이 점점 작아지지 않고 같은 모양으로 있으니 상대적으로 더 크게 보일 것이다. 사실은 같은 크기인데 원근법이라는 경험이 사실을 왜곡해 더 크게 보이게 하는 것이다. 이 그림에서 실제는 무엇이고 사실은 무엇일까? 그것은 관점에 따라 다르겠지만, 분명한 것은 그림에서의 전봇대 크기는 같다는 것이다.

뇌는 조금만 방심하면 경험과 습관에 의존해서 대충 인지하고 판단하려는 경향이 있다. 그래서 때론 우리의 뇌를 너무 쉽게 믿지 말아야 한다. 우리는 어떤 중요한 의사결정을 할 때, 반드시 경험에만 의존하지 말고, 사실 중심적인 객관적이고 논리적인 근거를 보완해야 게으른 뇌의 판단 오류를 조금이라도 줄일 수 있다. 이것이 논리적 마인드가 반드시 필요한 이유이다.

2

마케팅은 학문이 아니라 로직(Logic)이다

로지컬 마케팅(Logical Marketing)

게으른 뇌의 잘못된 판단을 극복하기 위한 논리적 마인드에 대해서 설명하기 위해서는 내 인생 대부분 경력을 차지하고 있는 마케팅에 대해서 말하지 않을 수가 없다. 나는 대학에서 경영학을 전공하면서, 마케팅원론, 마케팅관리론, 마케팅조사론 등을 배웠다. 그때만 해도 마케팅은 학점을 따기 위한 하나의 학문이었으며, 현실에서 어떻게 응용되는지는 모른 체 막연한 개념만을 가지고 졸업을 하였다. 그리고 LG전자에서 영업을, 피어리스에서 판촉 업무를 거쳐 애경산업에 와서 진정한 마케팅을 접하게 되었고, 흔히 BM(Brand Manager)이라 불리는 마케터가 어떤 방식으로 마케팅을 해야 하는지를 깨우치게 되었다.

당시 애경산업은 다국적 기업인 유니레버와 분리된 지 몇 년 안 되었을 때로, 유니레버의 선진 마케팅이 살아있는 마케팅이 강한 회사였다. 그때 내가 배우고 직접 실행하며 경험한 마케팅은 대학에서 배운 것과는 사뭇 다른 마치 바닷가에서 갓 잡아 올린 펄떡이는 생선처럼 현실과 시장이 살아 숨 쉬는 마케팅이었다고 감히 얘기할 수 있다. 왜냐하면, 철저하게 소비자와 시장의 생동감 있는 의견을 파악하기 위한 리서치를 기반으로 환경 분석이 이루어졌고, 이에 마케터의 통찰력이 더해져 신상품 기획 및 커뮤니케이션 활동이 이루어졌기 때문이다.

즉, 사실과 데이터에 근거한(Fact-based) 논리적 정보를 바탕으로, 경험과 창의력이 녹아있는 통찰력(Insight)에 의해 대부분의 마케팅 의사결정이 이루어졌다. 그런 바탕 아래서 나는 애경산업에서 화장품 사업의 한 획을 그었던 마리끌레르와 에이솔루션 브랜드를 성공적으로 출시하여, 애경산업이 화장품 매출 1천억을 달성할 수 있었던 주역이 되었었다.

그러나 여러 사정으로 애경산업을 떠나, 필립스전자, 미니골드, LG생명과학, 그리고 현재 세라젬 H&B에 오기까지 많은 업종과 회사를 거쳐 오면서, 대부분 회사가 마케팅을 당시 애경산업처럼 하지 않고. 팀장 또는 임원진의 경험 의존적인 의사결정이나 마케터의 주관적 판단에 의해 행하고 있음을 보고 깜짝 놀랐다. 심지어는 유명한 대기업들조차, 논리적 근거에 기반을 둔 마케팅보다는 빠른 의사결정 속도가 중요하다는 명목하에, 순간순간 윗사람의 판단에 의존하는 마케팅을 하는 것이 현실이었으니, 게으른 뇌의 착오는 시시각각 대재앙으로 변해 오고 있었다.

"마케팅은 학문이 아니라 로직이다."

애경산업에서 마케팅을 접하기 전까지 약 6년간 영업과 영업지원 부문의 업무를 해왔던 나는 이 한 마디를 이해하는데 꽤 오랜 시간을 보내야 했다. 그러나 이후 많은 시간이 지난 지금까지도 이 한 마디를 가슴에 새기고 실행하기 위해 노력해 오고 있다. 마케팅은 단순히 지식을 쌓아 가둬 놓는 학문이 아니라 현장에서 살아 숨 쉬는 실전 행동 원칙이다. 그래서 마케터는 자신의 전략을 실행하기 위해 회사의 상사 또는 구성원들을 설득하고,

영업부를 설득하고, 거래선을 설득하며, 나아가서는 소비자를 설득하는 과정을 수행해야 한다. 그런데 이런 설득의 과정에서 중요한 것은 실행의 타당성을 입증할 논리적 근거이다. 아무리 참신한 아이디어라 해도 논리적 근거가 없다면 단순히 아이디어로만 끝나는 경우가 많으며, 설령 아이디어가 좋아서 채택되었다 하더라도 결국은 시장에서 받아들여지지 않고 실패할 확률이 높다.

잭 트라우트와 알 리스가 공저한 마케팅의 명저인 "포지셔닝"에서는 소비자의 인식을 무시한 채 새로운 아이디어로 남들과 다르게만 하면 성공할 것이라는 막연한 기대에서 출시한 투명한 색의 프로스트 드라이 화이트 위스키의 실패사례가 나온다. 대부분이 옅은 갈색인 위스키에 반해서 차별화된 깨끗한 이미지의 투명색 위스키를 만든다면 성공할 것이라는 생각은 소비자의 인식 속에 자리를 잡고 있는 투명색이 주는 이미지가 위스키가 아니라 드라이진이라는 것을 제대로 조사하지 않았기 때문에 실패한 것이었다.

또한, 이 책에서는 한때 크게 성공했던 회사가 FWMTS의 함정(Forget What Made Them Successful)에 빠져 자신이 성공했을 때를 잊고 자만하고 방심하여, 어처구니없게도 남들과 변함없이 비슷해지면서 자기다움이 사라진 실패사례도 얘기하고 있다. 따라서 성공 경험이 있는 마케터는 우선적으로 경계해야 할 첫 번째가 바로 자기 자신의 자만심인데, 이는 바로 게으른 뇌가 성공의 경험에 의존하기 시작하는 조짐이므로, 초심을 잊지 말고 원칙과 로직에 입각해서 전략을 수립하는 것이 얼마나 중요한 일인지를 명심해야 한다.

기획과 전략의 차이

나는 2004년 주얼리 회사인 미니골드의 마케팅부장으로 근무한 적이 있었다. 미니골드는 당시 국내 주얼리 업계에서 14K 골드 주얼리로 유명한, 전국에 100여 개의 매장을 운영하고 있는 주얼리 프랜차이즈 시장 부동의 일등 회사였다. 그러나 이 회사에 들어가서 내실을 접했을 때 나는 할 말을 잃을 정도로 심각한 문제들에 직면하게 되었다. 무엇보다도 큰 문제는 무려 1만여 가지가 넘는 품목 수(SKU–Stock Keeping Unit)였다. 패션 주얼리 시장의 트렌드가 워낙 빠르다 보니 유행에 뒤처진 제품들은 계속 재고로 쌓이고 있는 반면, 다양한 소비자의 니즈(Needs)를 만족하게 하려고 분기마다 수백 개의 신상품이 출시되고 있었다. 그래도 보석은 주요 자재가 금이기 때문에 식품이나 화장품처럼 유통기한이 지나면 폐기하지 않고 녹여서 재활용할 수도 있지만, 장식된 스톤이나 세공비 등에 대한 손실은 어쩔 수 없는 큰 부담이었다.

그 문제의 중심에는 오너이자 CEO의 독단적인 의사결정과 이를 무조건 수용하는 임직원들에게 있었다. 나는 여기서 CEO의 리더십에 대해 얘기하고 싶지는 않다. CEO들은 대부분 아기와 같은 성향의 사람들로서 배고프면 울고 불편하면 울부짖는 존재들이기 때문이다. 문제는 마케팅 훈련이 되지 않은 임직원들이 CEO가 전략적 의사결정을 할 수 있도록 논리적인 노력을 하지 못했다는 것이다.

나는 우선 SKU부터 줄여야 한다고 주장하며, 부진 재고를 처분하는 안, 신상품 기획을 관리하는 안, 미니골드 브랜드 파워를 더욱 강화하고 판매를 활성화하는 안뿐만 아니라, 미니골드라는 단독 브랜드의 의존도가 너무 강해 '새로운 브랜드가 필요하다는 브랜드 포트폴리오를 수립하는 안 등을 직원들에게 얘기하였다. 그런데 놀라운 것은 그럴 때마다 내게 돌아오는 말은 예전에 다해봤다는 것이다. 그러면서 과장 한 명이 주얼리 회사답게 캐비닛이 아닌 금고에서 예전에 만들었던 기획서를 하나둘씩 꺼내면서 내게 보여줬는데, 그게 그리 나쁘지 않은 괜찮은 기획서들이었다.

그런데 왜 이런 괜찮은 기획안들이 금고에서 잠만 자고 있었던 것일까? 그건 바로 논리적 근거가 부족했기 때문이다. 그것은 막연한 하나의 아이디어를 제시한 것뿐이지, 실행할 경우의 예상되는 시나리오별 명확한 장단점(Pros. & Cons.) 분석이 없었고, 회사에 돌아올 비용과 혜택을 논리적으로 분석하여 제시하지 못했기 때문에 목소리 큰 CEO의 파워를 극복하지 못한 것이다.

그 당시 나는 직원들에게 하나의 화두를 던졌다.

"기획과 전략의 차이점이 무엇인지 아십니까?"

대부분 그게 다 똑같은 말이 아닌가 하는 경우가 많지만, 한 가지 매우 중요한 차이가 있다. 기획은 실행 안이 없이 아이디어로 끝나는 경우가 많지만, 전략은 반드시 실행을 전제로 수립되어야만 한다는 것이다. 따라서 전략에는 실행을 위한 다양한 환경과 변수가 예측되어야 하고, 그런 예측의 오류를 방지하기 위해 분석적이고 논리적인 근거를 만들어야만 한다.

이렇게 로지컬 마케팅전략이 수립되어야 비로소 마케터는 가장 먼저 가깝고도 먼 어려운 상대이며 마치 적과도 같은 상사를 설득하고, 나중엔 그 적을 든든한 후원자로 만들어서 자신의 전략을 마음껏 실행에 옮길 수 있게 되는데, 이것이 바로 마케팅이 로직인 이유이다.

3

전략과 로직

생활의 한 부분이 된 마케팅과 전략

나는 마케팅이란 모든 사람이 하는 생활 그 자체라고 생각한다. 가정에서 가족을 위해, 직장에서 상사, 부하, 동료 등의 이해관계자들에 대해, 그리고 친구들과 지속적인 우정을 위해, 사랑하는 애인과 결혼에 골인하기 위해, 우리는 항상 그들(고객)을 만족하게 하려고 자신도 모르게 마케팅 활동을 하고 있다고 본다. 하지만 많은 사람은 영업과 마케팅을 혼동하고 있으며, 특히 자영업으로 매장을 운영하거나 방문판매를 하는 사람들은 대부분이 마케팅이 아니라 영업을 하고 있다고 생각하는 경우가 많다.

그리고 특히 영업에 대해서, 과거 많은 사람은 영업이란 몸으로 때우는 것이라거나, 인간관계가 가장 중요하다고 말들을 해왔을지도 모르겠다. 그래서 세일즈맨들은 주로 술도 잘 마시고 외향적이며 사람도 잘 사귀는 사람들이 해왔을 것이다. 하지만 내가 느낀 바로는 영업은 매우 세심하고 치밀하고 꼼꼼한 업무이다. 덤벙대는 사람이 대충 좋은 관계만으로 지속할 수 있는 일이 아니다. 처음엔 인간관계로 시작했더라도 고객에게 이익이 돌아가지 못하면 아무리 좋은 관계라도 단번에 깨질 수 있는 것이 냉정한 영업의 세계이기 때문이다. 그래서 영업하는 사람들도 판매자의 관점이 아니라 고객의 관점에서 생각하는 마케팅을 이해하고, 고객 만족을 위하여 논리적이고 치밀하게 전략을 수립해서 일을 수행해야 한다.

그런 점에서 마케팅이란 말과 떨어질래야 떨어질 수 없는 것이 전략이다. 요즘 전략이란 말은 마케팅전략뿐만 아니라 어느 곳에서도 흔히들 붙여 쓴다. 마케팅이 생활의 일부분이 되었듯이, 영업전략, 주식전략, 부동산전략, 국가전략, 결혼전략 등등…. 전략도 이미 우리 생활의 한 부분이 되어 버렸다.

중용(中庸)에서도 "도는 인간에게서 멀어지면 안 된다(도불원인 道不遠人)"고 말한 바가 있다. 어떻게 보면 과거에는 도(道)가 바로 비전이고 목표였으며, 이를 이루기 위해 살아가는 방법들이 전략이라고 할 수 있을 것이다. 결국, 예나 지금이나 도가 되었든 전략이 되었든 인간의 틈 속에서 살아 숨 쉬는 것이 진리이니, 도대체 전략이란 무엇이기에 이토록 매사에 전략을 잘 세워야 한다고 말들을 하는지 이제부터 한번 살펴보겠다.

전략이란 무엇인가?

전략(戰略)이란, 말 그대로 전쟁에서 이기기 위한 책략이다. 한자를 풀어보면 전쟁(戰)에서 략(略)을 하는 것이고, 략(略)을 다시 풀어보면 밭(田)+각(各)이다. 여기서 밭(田)은 모양 그대로 반듯하게 구획되고 정리가 된 것이며, 각(各)은 입구(口)에 도달(止)한다는 의미이다. 즉, 밭을 반듯하게 가꾸듯이 제대로 계획하여 목적지에 도달하게 하는 것이 바로 략(略)인 것이다. 한자적인 의미의 전략이란 결국 전쟁에서 이기기 위한 계획을 수립하고, 그 계획에 따라 싸워서 승리를 쟁취하는 것이다.

또한, 전략을 영어로 살펴보면, 스트래티지(Strategy)라고 하는데, 이 말

역시 그리스 어원 Strategia에서 나온 말로 전쟁에서 적을 속이는 술책이라는 의미이다. 지금은 전략이란 말이 여러 분야에서 더 광범위하게 쓰이고 있지만 원래 과거의 전략은 전술과 별반 다르지 않은 의미로 쓰여왔다. 이렇게 우리가 흔히 사용하고 있는 경영학이나 마케팅 용어들은 상당 부분이 군사적 용어에서 유래해 온 것들이 많다. 따라서 과거 전쟁에서 이기기 위한 전략은 지금 현대 사회를 살아가는 우리에게 있어서도 변함없이 경쟁자를 이기기 위한 전략이다.

전략이란 단어의 한자나 영어가 가지는 의미를 살펴보면 '목적 달성을 위한 올바른 계획과 실행'이란 말을 키워드로 찾을 수가 있다. 흔히들 전략을 단순히 기획/계획으로만 이해하는데 전략에는 반드시 목표가 있어야하고 실행이 뒤따라야만 한다. 그러나 만약 실행이 잘못되었다면 한번 실시한 것이라고 무조건 계속 끌고 갈 수는 없는 일이다. 따라서 전략은 목표달성을 위하여 실행을 계속 관찰하고 잘못된 것을 수정 보완하는 피드백(Feedback)이란 자정 능력이 필요하다. 따라서 과거 전쟁에서 비롯된 전략은 현대 사회에 와서는 경영과 마케팅 전략으로 기업의 매출과 이윤 극대화를 위한 것으로 보편화되었고, 그 의미도 어원과는 달리 더욱 확장됐지만, 그 근본인 네 가지 단어 – 목표, 계획, 실행, 그리고 피드백은 변함이 없어야 한다.

자원이 부족한 현재, 불확실한 미래, 그리고 전략

앞서 미니골드의 사례에서 말했듯이 전략의 궁극적인 힘은 실행력에서 나온다. 그리고 그 실행이 성공적으로 이루어지기 위해서는 반드시 제대로 된 계획이 선행되어야 한다. 왜냐하면, 전략은 현재가 아니라 불확실한 미래를 위해 만들어지는 것이기 때문이다. 즉, 전략은 현재가 아니라 미래의 꿈, 비전, 목표에 대해 내리는 지금 현재의 의사결정이기 때문에, 항상 불확실성의 위험(Risk)의 연속선 상에 있다.

만약 미래가 명확하고 확실한 상황이라면, 우리는 정확하고 측정 가능한 정보를 통해 전략의 결과를 쉽게 평가할 수 있을 것이다. 쉽게 말해서 어떤 주식이 언제 뛰어오르고, 어디 부동산값이 폭등할지를 예측 가능하다면 이 세상에 돈 못 벌고 못사는 사람이 어디 있겠는가? 그러나 현실은 그렇지 않아 미래는 언제나 불확실하며, 신이 아니라면 절대로 그 결과를 정확히 예측하기 어렵다. 그러므로 전략을 수립하기 위해서는 무엇보다도 먼저 미래의 불확실성의 정도, 변화의 속도, 그리고 이 때문에 야기될 수 있는 결과들에 대해 예측하고 평가할 수 있어야 한다.

이는 비단 기업이나 관공서 같은 조직에만 국한된 말이 아니다. 사람의 인생에도 꿈과 목표가 있어야 하듯이 인생의 전략도 반드시 수립되어야 하는 중요한 과제이다. 기업이 이윤을 영위하기 위해 존재하는 법인체라면, 개인은 행복을 영위하기 위해 살아가는 인격체로서 가장 기초적인 필요조건으로써 돈을 벌어야 하고 미래를 대비해 저축해야 한다. 기업이든 개인이든 한마디로 성공하여 부자가 되고 싶어 한다는 것이다. 그러나 불확실한 미래를 위해 우리는 한도 끝도 없는 투자를 계속할 수가 없다. 불행하게도 우리에게 주어진 자원은 언제나 한정되어 있기 때문이다.

전쟁에서도 성이나 산 위에 고립되어 군수품을 보급 못 받게 되면 싸워보지도 못하고 참패를 당하게 된다. 삼국지의 유명한 사자성어인 읍참마속(泣斬馬謖)도 제갈공명이 아끼던 제자 마속 장군이 너무 교만하게 적을 얕보고 산 위에 진을 쳤다가 끝내는 보급로가 차단되어 식량과 물이 떨어지게 되어 대패하게 되자, 제갈량이 엄격한 군율을 위하여 그토록 아꼈던 마속을 울면서 참하게 되었다는 것에서 유래된 말이다.

아마도 누구에게나 자원을 무한정 준다면, 우리는 어떤 고민도 필요 없을 것이고 이기기 위한 전략을 짤 필요도 없을 것이다. 우리에게 주어진 주요 자원이란 자금, 물품, 사람, 세 가지를 들 수 있으나, 나는 거기에 하나더, 시간도 한정된 자원이라고 생각한다. 만약 우리가 평생 죽지 않고 살수 있다면, 그리고 평생 사용하고도 남을 돈이 있다면, 오늘은 이 사업을 해보고 내일은 저 사업을 해보다, 망하면 또 다른 거를 해보며 살 수 있을 것이다. 그러면 이 세상에는 경쟁이라는 것이 없고 누구나 이기는 게임을 하는, 어쩌면 지루한 삶의 끝없는 연속이 될지도 모르겠다.

하지만 자원이란 상대적이기 때문에 언제나 한정되어 있을 수밖에 없다. 만약 삼성전자가 골목 전파사와 싸움을 한다면, 전파사 입장에서 삼성전자는 무한한 자원을 가지고 있는 괴물처럼 보이겠지만, 현실은 그렇지 않다. 삼성전자는 스마트폰 시장에서 애플과 싸우고 있고, 가전 시장에서는 LG전자 및 많은 일본 전자회사와 경쟁하고 있다. 이처럼 아무리 큰 회사라 해도 자원은 비슷한 규모의 상대방에 대해 끝도 없이 쏟아 부을 수 없는 한정된 것이다.

그래서 우리는 모든 기회를 다 잡지 못하고, 결국 여러 대안 중 최고의 선택에 집중할 수밖에 없다. 불확실한 환경 속에서 한정된 자원을 가장 중요한 일에 우선적으로 집중하여 남들보다 경쟁우위를 확보하며, 남다른 가치를 창출하려고 고민하는 것이 바로 전략이다. 그래서 "선택과 집중"은 바로 모든 전략의 근간이다.

사기와 전략의 경계선

근거가 없는 기획이나 전략은 모두 사기와도 같다. 사실 사기를 친다는 것도 미래에 대한 기대심리를 이용하여 선 투자를 받는 사업이나 다름없다. 단지 법적인 것과 불법적인 것의 경계 선상에서 그 계획이 근거가 있는 것인가 아닌가의 차이다. 물론 사기꾼들도 피해자를 속이기 위해 거짓 정보로 포장된 그럴싸한 근거들을 보여준다. 그러한 근거 때문에 무지몽매한 국민들이 맹목적인 믿음으로 피해를 겪는 것이다. 하지만 좀 더 분석적이고 논리적인 마인드를 가지고 있는 사람이라면 그 근거들 속에서 많은 헛점들을 발견할 수도 있을 것이다. 그래서 사기꾼들도 그렇지 못한 사람들을 집중적으로 노리는 것일지도 모른다.

기업의 신규사업이나 신제품 개발 투자를 주장하는 상사, 동료, 부하에게서, 우리 주변에 동업이나 어떤 투자를 권유하는 가족이나 친구에게서, 통닭집이나 편의점 같은 프랜차이즈 사업의 성공적인 환상을 제시하는 영업사원에게서, 아니면 새로운 제품을 추천하려고 방문한 이웃집 사람에게서도 우리는 선의적이거나 합법적인 사기의 기운을 느낄 수가 있다.

그들이 일부러 돈을 뜯어내려는 전문 사기꾼이 아니고 불법적인 일이 아니더라도, 명백하고 논리적인 판단을 위한 근거를 제시하지 않고 무조건 좋으니 일단 한번 해보라는 말에서 우리는 사기의 낌새를 발견할 수 있어야 한다. 미래를 예견하는 일이란 것은 무속인이 신을 빌려 점을 보는 것이 아니라면, 항상 원인과 과정, 그리고 예상되는 결과가 명백하게 드러나 보여줘야 한다. 그렇지 않고 눈에 보이지 않는 멋진 결과만 상상하며 판단하는 것은 사기꾼에게 쌈짓돈을 털어주는 꼴이나 다름없는 일이다.

그럼 우리는 사기에 당하지 않기 위해, 어떻게 불확실한 미래를 예측할 수 있을까? 그리고 어떻게 올바른 선택을 할 수 있을까? 지금까지 어렵고도 지루한 전략에 대해 긴 이야기를 한 이유도 바로 이 문제에 대한 답을 찾기 위한 것이었으나, 사실 정답은 없다. 하지만 먼저 지금 우리가 처한 상황, 현실이라도 제대로 파악하려는 일부터 시작하면 어떨까? 우리에겐 정답을 찾기 위해 올바른 전략이 필요하고, 올바른 전략을 위해서는 올바른 정보가 필요하며, 올바른 정보를 수집하고 평가하기 위해서는 반드시 현상을 제대로 파악하려는 논리적 사고능력이 필요하다는 것은 틀림없는 사실이다.

논리적 마인드는 바로 전략 수립의 근간이 되는 조사, 분석, 예측에 대한 힘의 바탕이다. 이는 단순히 기업의 마케팅 조사업무에 필요한 것만을 의미하지 않는다. 논리적 마인드는 사람의 창의력을 뒷받침해주고 통찰력을 키워주는 역할을 하는 좋은 습관이 되어준다. 흔히들 경험 많은 사람들이 말하는 동물적인 감각이란 것이 잘 들어맞는 이유도 그것이 단순히 본능에만 의존하는 것이 아니라, 수 년간 훈련된 논리적 사고력의 기본 하에서 생긴 진정한 통찰력이기 때문이다.

여러분은 앞서 내가 말한 마리끌레르, 에이솔루션 등의 성공사례에서 공통점이 하나가 있음을 발견하였는가? 그 사례의 처음에는 계속 시장조사, 환경 분석이라는 말이 나온다. 세상이 변하고 있으니 그 변화를 알기 위해서는 당연히 환경분석이 따르지 않을 수가 없다. 그래서 나는 단 한 번의 조사에서 멈추지 않고, 브랜드의 시장성 및 가능성을 알아보기 위해 소비자의 제품 사용실태 및 태도 조사(A&U-Attitude & Usage Test)를 하였고, 소비자의 깊은 속마음을 파악하기 위해 포커스 그룹 인터뷰(FGI-Focus Group Interview)도 많이 하였으며, 바로 제품이 출시되기 직전에는 시제품을 소비자가 직접 집에서 사용해보게 하고 의견을 받는 조사(HUT-Home Using Test)도 하였다.

LG생명과학에 다닐 때는 고객이 의사였기 때문에 나는 반드시 팀원들로 하여금 주요 의사들에게 1:1 심층면접(In-depth Interview)을 하게 하여, 검토 중인 의약품에 대해서 고객이자 전문가인 의사들에게 직접 의견을 받은 결과를 근거로 시장 가능성을 평가하기도 하였다. 이런 조사, 분석, 예측기법에 대한 내용은 이 책의 주제가 아니며 현재 시중에 많은 서적이 나와 있으므로, 전문적으로 이 일에 관심 있는 사람이라면 반드시 읽어보길 바라며 여기서는 생략하겠다. 지금 말하고자 하는 요점은 논리적인 분석을 통한 합리적인 의사결정이 이루어져야 한다는 것일 뿐이다.

그러나 아무리 체계적이고 논리적 분석을 통해 미래에 대한 예측 근거를 제시하고 올바른 판단을 했다고 해도 뚜껑을 열어보면 그 예측이 틀린 경우가 많다. 그러나 이런 의사결정 과정을 수행했다면 아마도 후회는 없을 것이다. 현재로써는 할 수 있는 일은 다 해봤기 때문이다. 만약 그러지 못하고 잘못된 판단으로 실패를 경험하게 된다면 깊은 상심과 함께 후회도 남을 것이다. 그때 좀 더 조사 분석을 더 했더라면, 그때 내가 그놈에게 속아 넘어가지만 않았다면 하며 말이다.

4

논리는 신뢰의 힘을 준다

데이터와 정보 (Data vs Information)

우리네 삶은 수많은 정보의 홍수 속에서 점점 더 복잡해지고 있다. 한 소비자가 어떤 상품을 구입하는 것은 이제 더는 물건을 산다는 하나의 단순한 사실이 아니다. 그 소비자의 선택이라는 사실 속에는 복잡한 외부환경에 대한 마케팅 조사 및 분석과 소비자를 심리적으로 자극하는 의도된 커뮤니케이션 활동이 숨어 있다.

하루에도 수천 개의 기업에서 수만 가지의 상품을 광고하고 홍보하고 있다. 소비자는 광고의 홍수 속에서 어느 것을 선택해야 할지 혼란스러워하고 있으며, 기업은 그런 소비자의 마음속에 자신의 브랜드를 심어 넣기 위해 온 힘을 기울이고 있다. 소비자이며 또한 생산, 판매자인 우리는 이렇게 항상 선택을 강요받고 있으며, 또한 강요하고 있다. 그러므로 올바른 선택을 위해서는 올바른 정보가 반드시 필요하다.

기업은 다양한 조사를 통해 각종 데이터와 정보를 수집하고 분석한다. 그리고 소비자도 기업이나 공신력 있는 연구기관, 또는 전문가 의견 등의 정보를 수집하고 투자나 소비를 결정하려고 한다. 심지어는 인터넷에서 제품 하나를 살 때도 파워유저나 이미 구매한 사람들의 의견을 꼼꼼하게 검토하고 있지 않은가? 이 모든 것들을 우리는 흔히들 정보라고 하는데, 사실 이 중에는 정보인 것도 있고 정보가 아닌 단순 데이터인 것도 있으나, 일반적으로 사람들은 정보(Information)와 데이터(Data)에 대해 혼동하는 경우가 많다.

사전적 의미에서 데이터는 관찰이나 조사를 통해서 수집된 사실(Fact) 또는 값(Value)들이 정리된 것을 의미하며, 정보란 수집된 데이터를 해석이나 가공하여 어떤 상황에서 적절한 의사 결정을 할 수 있도록 만든 형태를 의미한다. 데이터가 특정 사실을 보여주는 정지된 사진이라면, 정보는 끊임없이 움직이고 있는 동영상 같은 것이다. 마치 지구의 생명체들이 생존을 위해 살아가는 생태계처럼 수많은 데이터가 서로 유기적으로 연결된 정보는 항상 멈추어 있지 않고 흐르고 있다. 즉, 생물들이 외부 환경의 변화를 인지하고 변화해 가는 과정처럼, 사람들도 환경의 변화를 알아내고 분석, 평가하여 살아가기 위해 정보 생태계를 활용하는 것이다. 따라서 누구나 생존을 위해서는 단순한 데이터가 아닌 정보를 올바르게 파악하는 것이 그 무엇보다도 중요하며, 획득한 정보는 한 사람에 머물지 않고, 여러 사람에게로 계속 흘러야만 그 가치가 더욱 높아질 것이다.

"정보는 독점하는 것이 아니라 공유하는 것이다."

오래전 내가 다녔던 애경산업 마케팅부 벽에 작게 붙어 있었으나, 지금까지도 내 마음속에 중요하게 남아 있는 멋진 명언이다. 정보는 능력의 원천이기도 하고 권력의 원천이기도 해서 누구나 독점하려는 경향이 있으나, 사실 진정한 힘은 공유할 때 나타난다. 그러나 SNS를 통해 엄청난 양의 정보에 노출된 지금은, 오히려 불필요한 정보가 너무 많아 그 의미가 더욱 퇴색되기도 하고 있다. 이렇듯 정보는 어떻게 모으고 사용하느냐에 따라

독이 되기도 하고 득이 되기도 한다.

"Garbage-In, Garbage-Out"

쓰레기를 넣으면 쓰레기가 나온다는 말이다. 모든 정보는 인풋(Input)에
의한 아웃풋(Output)이다. 즉, 결과에는 원인이 있고 정보에는 데이터가 있
다. 따라서 잘못된 데이터의 입력은 잘못된 정보를 초래하고 잘못된 의사
결정과 판단을 가져온다. 집을 지을 때도 설계도에 따라 땅을 파고 기초를
다지듯이, 정보를 수집하기 위해서도 추구하는 목적이 무엇인지가 명확히
파악되고 설계되어, 쓰레기가 아닌 양질의 데이터가 확보되어야 한다. 훌륭
한 음식도 원재료가 중요한 것처럼 바른 먹거리가 비롯되어야 맛있고 건강
한 식사를 즐길 수 있는 것과 같다.

올바른 회의와 올바른 의사결정

다시 처음으로 돌아가서 우리의 뇌 얘기를 한 번 더 해보자. 나는 뇌가
게을러서 귀찮은 일을 하려고 하지 않는다고 했다. 그러나 사실 게으르다
기보다는 알뜰한 살림꾼이라는 표현이 더 맞을지도 모르겠다. 불필요한 일
을 하지 않으려고 하는 합리적인 놈이기 때문이다. 그런데 이런 뇌의 합리
성이 착각과도 같은 비합리적 행동을 가져오는 것은 참으로 아이러니한 일
이 아닐 수 없다.

비단 착각뿐만이 아니다. 사회 준거적 심리적 상황에 따라 민감하게 반
응하는 뇌는 사람들로 하여금 더욱 비합리적인 행동을 하도록 강요한다.
이런 사례를 극단적으로 보여주는 것이 회의 시간이다. 중요한 정보의 교
환이나 의사결정이 이루어지는 회의는 기업에서 매우 중요한 업무의 한 부
분이다. 그런데 회의 시간에 직급이 높은 사람이나 목소리가 큰 사람에 따

라 자신의 의견이 묵살되거나 또는 의견을 내지도 못한다면 분명 잘못된 회의가 되겠지만, 이보다 더 심각한 문제는 다른 사람들에게 동조되어 자신의 의지와는 상반된 의견을 내기도 한다는 것이다.

이와 관련해서 미국의 심리학자 솔로몬 애쉬는 인간의 동조성에 대해 매우 재미있고 의미 있는 실험을 하였다. 그 하나는 엘리베이터 실험인데, 몰래 카메라 같은 이 실험은 매우 재미있기도 해서 지금도 인터넷에서 동영상을 쉽게 볼 수도 있다.

사람들은 일반적으로 엘리베이터를 타면 바로 내릴 것을 대비해 몸을 돌려 문 쪽을 마주한다. 그런데 여러 명의 연기자로 하여금 몸을 돌리지 않고 그대로 있게 하였더니, 그 사실을 모르는 실험 대상자들은 엘리베이터를 타고 습관적으로 문 쪽으로 바로 몸을 돌렸다가도 벽을 향해 서 있는 다른 사람들의 모습을 보고 슬그머니 자신도 벽을 향해 다시 몸을 돌린다는 사실을 알게 되었다. 이는 마치 길을 걷다가도 어느 한 사람이 하늘을 향해 손을 뻗으며 바라보고 있으면 지나가던 사람들도 모두 하늘을 바라보는 것과도 같았다. 바로 사람의 뇌가 주변에 쉽게 동조하여 생각도 하지 않고 바로 반응하기 때문에 일어나는 현상이다.

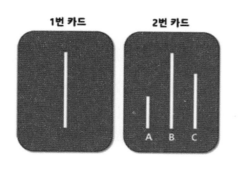

1955년에 애쉬는 동조성이 일으키는 착각이 회의 석상에서도 어떤 결정을 하게 만드는지에 대해 또 다른 실험을 하였다. 이 실험에서는 두 가지 카드가 필요한데, 나는 편의상 번호를 붙여 1번과 2번 카드라고 칭하겠다.

두 가지 카드 중 1번 카드에는 긴 선 하나만 그려져 있는 반면, 2번 카드에는 똑같은 길이의 선과 그 선의 좌우에 좀 더 짧은 선 두 개가 그려져 있었다. 즉 1번 카드에는 가장 긴 선하나만 있고, 2번 카드에는 길이가 다른 세 개의 선을 그어서 각각 왼쪽부터 A, B, C로 칭했는데, 그중 가운데에 있는 B가 1번 카드에 있는 한 개의 선과 같은 길이이다.

애쉬는 실험을 위해 학생들을 모았다. 실험에 참여한 학생들은 모두 그 날 처음 만난 것으로 설정되어 있었지만, 사실은 단 한 사람만을 제외하고 다른 사람들은 모두 짜여진 각본대로 움직이는 사람들이었다. 서로 서먹서먹하게 인사를 마치고 실험에 들어가자, 그는 두 개의 카드를 보여주며 1번 카드의 한 선과 같은 길이는 2번 카드 중 어떤 것이냐고 질문하였다. 정답은 누가 봐도 당연히 B였다. 하지만 참가자들은 한 명씩 돌아가며 모두 C라고 대답하는 것이 아닌가? 순간 실험 대상자는 당황하는 기색이 눈에 띄게 보였다. 자~ 그러면, 마지막에 차례가 돌아온 상황을 전혀 모르는 유일한 실험 대상자는 정답을 뭐라고 대답하였을까? 소신 있게 B라고 대답하였을까? 그렇지가 않았다. 자신 없는 목소리로 C라고 대답한 것이다.

애쉬는 같은 실험을 여러 명에게 실시해 봤지만, 생각과는 달리 대부분 학생이 오답을 말하는 것을 발견하게 되어, 사람들은 쉽게 주변의 사람들에 동조되어 잘못된 판단을 할 수가 있다는 사실을 발표하였다. 더욱 놀라운 것은 이 실험에 참석한 학생들이 서로 모르는 사람들로서 서로 영향력을 행사할 수 있는 친분이나 직급 같은 상하관계도 없는 상황이라는 것이다. 그러니 현실로 돌아가 기업의 회의실을 들여다보면 과연 어떻겠는가? 팀장이 있고 임원이 있으며, 심지어 CEO가 참석한 회의라면 회의의 결과는 어떻게 흘러가겠는가? 높은 사람이 주장하는 말의 횡포에 눌려 자신도 모르게 어쩔 수 없이 동의하는 것이 아니라, 어쩌면 자기도 모르게 힘센 사람의 주장이 진짜로 맞는 것으로 착각하고 동조하여 자연스럽게 따라가고 있는 것일 수도 있다.

Let Data Talk, 데이터가 말하게 하여라

예전에 들은 말로 사실인지는 모르겠지만, 삼성 자동차의 실패로 삼성의 이건희 회장이 사장단을 질책한 적이 있다고 한다. 왜 그때 강력하게 자신을 말리지 않았느냐고….

이렇듯 CEO의 판단이 잘되면 그의 능력이 뛰어난 것으로 치부되지만, 잘못되면 이런 의사결정을 내리도록 내버려 둔 부하의 탓으로 돌아가는 것이 월급쟁이가 가지고 있는 현실이고 비애이다. 따라서 상사로 하여금 올바른 판단을 하게 하거나, 상사인 본인 스스로도 올바른 판단을 하기 위해서는 입에서 말하는 주장이 논리적이고 확신에 찬 근거로 무장되어 있어야 한다.

"Let data talk. 데이터가 말하게 하여라."

나는 이 말을 매우 좋아한다. 어떤 주장이 힘을 얻고 상대방을 설득하기 위해서는 막연한 주장이 아니라 숫자가 뒷받침해줘야 한다. 숫자는 말에 신뢰라는 힘을 준다. 계급장이 짓누르는 파워에 밀리더라도 소신 있게 자신의 주장을 발표할 힘이나, 잘못된 주장을 잘못된 것이라고 진정으로 말할 수 있는 용기나, 부하 직원의 발표가 옳거나 그른지 판단할 수 있는 통찰력도 모두 논리적인 뒷받침 아래서 가능한 일이다. 만약 확실한 근거를 바탕으로 가지고 있다면 두려울 것이 없을 것이다. 주저할 필요도 없다. 빠른 의사결정에 강한 실행이 남아 있을 뿐이다. 그것이 논리가 주는 신뢰의 힘이다.

논어의 자로(子路) 편을 보면 공자가 위나라에 갔을 때, 위나라 관리로 있던 그의 제자 자로가 위나라를 어찌 다스려야 하는가를 질문하자, 부자간의 왕위 쟁탈전이 벌어졌던 위나라를 보고 자로에 명분과 논리에 대해 말하는 것이 나온다.

"명분이 바르지 않으면 말이 순리에 맞지 않으며, 말이 순리에 맞지 않으면 일을 이룰 수가 없다(명불정즉언불순 언불순즉사불성 名不正則言不順 言不順則事不成)."

이를 반대로 풀어보면, 바른 목표에 맞는 논리적이고 합리적인 생각과 계획이 있으면, 일을 제대로 이룰 수 있음을 의미한다. 이와 더불어 공자는 '군자는 명분을 갖고서 정확하게 말하되 반드시 실천으로 옮겨야 한다. 무릇 군자는 언행에서 아무렇게나 얼버무리며 대강대강 해치워서는 안 되는 법이다.'라고 말했다. 이걸 보면, 2,500년 전 춘추시대에 살다 간 공자의 말에서도 대충하는 말로 때우고 슬쩍 넘어가려는 행동은 용납되지 않았나 보다. 하물며 논리적 분석이 부족했던 그 시대에서도 저랬는데, 21세기에 사는 우리에게 분석적 판단이 더 얼마나 중요하겠는가? 논리로 무장된 계획과 행동에서 대강이나 대충이란 말은 있을 수 없다.

이제 논리를 두려워하지 말고 이제 좀 더 친근하게 접근해 보자. 초등학교에 들어가기도 전에 배우는 사칙연산 수준의 쉬운 산수와 사물을 바라보는 분석적 관점만 있으면 너무 쉽게 친해질 수가 있는 것이 논리이다. 그리고 논리적 분석의 틀을 내 머릿속에 항상 간직하고 적용하기만 하면 된다. 과거의 잘못을 이제는 반복하지 않고, 현재 상황에 올바르게 대응하며 미래를 예측할 수 있는 통찰력과 창의력은 사물을 객관적으로 바라보는 힘, 논리에서 나온다. 좌뇌와 우뇌를 연결해주는 교량은 논리력이 쌓이면서 더욱 튼튼하고 넓어질 수가 있기 때문이다.

논리는 설득력이다.
논리는 통찰력을 키운다.
논리가 만드는 창의력의 세계는 믿을 수가 있다.

Logic, 논리는 바로 신뢰이다.

chapter 6

Extraordinary,

껍질을 깨야 세상이 보인다

1

관성의 법칙에 저항하라

우리가 모르고 있는 관성의 법칙

세라젬 화장품은 중국 전역의 소규모 매장들과 신규거래를 트거나 지속적인 거래를 유지하기 위하여 매월 점포를 가지고 있는 중국인 점장들을 대상으로 사업자 설명회를 하고 있다. 주로 현 단위 또는 시 단위로 50여명 정도가 참석하는 작은 설명회가 개최되지만, 매월 평균 5개 지역 정도에서는 성 단위로 200여명 이상의 점장들이 참석하는 대규모 사업자 설명회도 개최하고 있다. 나는 한 달에 약 90여 회 이상이나 벌어지는 모든 설명회에 다 참석하지는 못하지만, 때론 이런 대형 설명회를 할 때면 직접 참석해서 인사말도 하고 교육도 하며 사기를 진작시키고 있다.

각 지역의 중국인 영업책임자들과 거래처들에 회사의 위용을 보여주는 한편, 가짜가 판치는 중국에서 세라젬 화장품이 진정한 한국 화장품 회사임을 증명하기 위해, 나를 포함한 회사의 한국인 리더들은 설명회에 직접 참석해서 강연도 하는 것이다. 이는 회사의 진정성과 신뢰성을 부여할 뿐만 아니라, 배움의 기회가 적은 점장들에게 작은 지식이나마 전달함으로써 세라젬과 거래를 하면 계속 좋은 교육을 통한 성장의 기회가 있음을 보여주어, 단발성의 신규거래가 아닌 지속적인 거래를 유도하는 일거양득의 전략이라 할 수 있다.

그런데 나는 남들이 하는 것처럼 열심히 노력하자는 식의 피상적인 교육을 하지 않는 편이다. 지역마다 다른 프레젠테이션 자료를 준비해서 재미있고 인상적인 한마디를 그들의 뇌리 속에 꽂는 한편, 그 의미를 통해 회사와 거래를 하도록 유도하는 방식도 사용한다. 이는 타사 제품을 거래했던 점장들이 그동안의 관성과 타성을 깨우치고 새로운 변화를 따라야 한다는 자극을 주기 위한 것이다. 그리고 그 자극의 결과는 지금까지 거래했던 회사가 아니라 세라젬 화장품과 거래가 되기도 한다. 이게 무척 어려운 일인 것으로 보이지만 콜럼버스의 달걀처럼 알고 보면 매우 쉬운 일이다. 그들의 뇌를 약간 조작만 하면 되기 때문이다.

앞서 얘기했듯이 인간의 뇌는 그 복잡성 때문에 자꾸 단순해지려 하고 게을러진다. 그리고 그런 게으름에 대한 관성의 법칙 때문에 자꾸 타성에 젖고 고정관념이 생긴다. 그렇다면 관성의 법칙이 도대체 무엇이길래 이토록 우리를 힘들게 하는 것일까?

초등학교 과학 시간에 배운 관성의 법칙이란 정지한 물체는 계속 정지해 있으려고 하고, 움직이는 물체는 계속 움직이려고 하는 성질이다. 한 마디로 자기가 하던 데로 그냥 계속 하려고 하니 기분 나쁘게 성질 건드리지 말라고 하는 나쁜 놈인 것이다. 그래서 이런 나쁜 성질머리를 바꾸려면 힘이 필요하다. 때로는 법보다 주먹이 빠를 때가 있는 것처럼 자연의 법칙인 관성을 거역하기 위해서 우리는 물리적인 힘을 가해야만 한다.

버스를 타고 가다가 갑자기 급커브를 하면 모든 승객은 동시에 한쪽으로 치우치게 된다. 버스는 커브를 틀어 다른 쪽으로 가고자 하는데 관성은 아까 갔던 데로 계속 가라고 밀어붙이기 때문이다. 이럴 때 우리는 어떤 행동을 취하는가? 넘어지지 않기 위해 손잡이를 꽉 잡고 다리에 힘을 주어 몸을 바로 세워 중심을 잡으려고 안간힘을 쓴다. 바로 몸이 본능에 따라 관성의 법칙에 저항하는 것이다. 이렇듯 우리의 몸은 쓰러지지 않기 위해 본능에 따라 관성에 저항하며 살고 있다.

그런데 이 점에서 뭔가 이상하다는 생각이 들지 않는가? 몸은 관성에 저항하고 살고 있는데, 왜 마음은 관성에 순응하고 있는지 말이다. 분명 우리는 뇌가 행동을 지배한다고 배워왔는데, 행동 따로 마음 따로란 말인가? 나는 이미 경험을 통해 알게 된 사실에 대해, 몸은 뇌의 생각을 따르기도 전에 먼저 반응하여 위험에 대비하는 반면, 뇌는 생각조차도 하지 않으려 한다고 이미 수차례 말하였다. 그런 뇌의 착각 때문에 마음의 관성은 잘 바뀌지 않게 되는 것이다. 몸은 위험에 반응하여 대항하지만, 마음은 위험 신호조차도 느끼지 못하고 관성의 늪에 서서히 빠져들면, 관성은 타성을 만들고 더 깊은 고정관념과 편견을 만들어 버린다.

이렇게 쌓인 고정관념은 참으로 깨기가 쉽지 않은 일이지만, 때론 마치 최면술처럼 약간의 암시로 고정관념에서 벗어나야 한다는 마음을 가지게 할 수도 있고, 그 작은 마음에 강한 의지를 심어줄 수도 있다. 백화점에 가면 자기도 모르게 충동구매하게 되는 것도, 창문이 없는 백화점에서 고객들이 아름다운 제품 진열에만 집중하게 되어 반쯤 홀린 상태일 때 판매원들의 상냥한 아부의 말이 가해지는 순간, 자기도 모르게 스스로 대단하고 아름다운 사람이 되었다는 최면에 걸리기 때문일 것이다. 이처럼 잘못된 관성의 법칙도 최면 걸듯이 사람들에게 암시를 주기만 하면, 뇌도 비로소 몸이 그러하듯이 관성에 저항하려고 하게 된다. 그 점이 내가 활용하는 뇌를 조작하는 방법이다.

뇌를 조작하다

내가 사업자나 직원들에게 자주 활용하는 방법은 흔히들 첫 만남에서 서먹함을 없애려고 재미 삼아 하는 일종의 아이스 브레이크(Ice Break)용의 넌센스(Nonsense) 퀴즈들이다. 이런 재미있는 퀴즈를 활용하는 것은 쉽게 고정관념에 대한 문제의식을 심어주어 패러다임(Paradigm)을 바꾸게 하는 데 매우 유용하다. 우리는 세상의 패러다임이 변했다던가, 이제는 패러다임을 바꿔야 한다는 등의 말을 자주 사용한다. 패러다임이란 사물을 보는 관점이나 사고의 틀을 의미하는 것이기 때문에, 내가 말하려고 하는 고정관념과도 바로 직결되는 단어라고 할 수 있겠다.

자, 이제 여러분들도 고정관념을 버리고 패러다임을 바꾸겠다는 마음가짐으로 한번 문제를 풀어보기 바란다. 아래 [그림 1]과 같은 도형을 똑같은 크기와 모양으로 4등분 한다면 [그림 2]처럼 될 수 있다. 그럼 이번에는 [그림 1]을 똑같은 크기와 모양으로 5등분 하려면 어떻게 해야 할까?

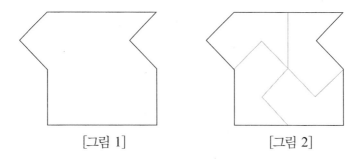

[그림 1]   [그림 2]

문제를 풀어 보았는가? 정답은 다음 페이지에서 공개하겠다.

그럼 퀴즈 하나를 더 풀어 보자. 아래의 그림처럼 9개의 점을 모두 통과하는 선을 긋는다면 세 개의 선이 필요할 것이다. 그렇다면 하나의 선으로 9개의 점을 모두 통과하게 하려면 어떻게 해야 할까?

여기서 주의할 점은 한 선을 만들라고 했더니 9개 점을 모두 연결하는 구부러진 한 선을 만드는 경우가 많은데, 그런 연결선은 한 선으로 간주하지 않는다. 즉, 'ㄹ' 자와 같은 형태의 하나의 연결선은 5개의 선으로 간주한다. 구부러지지 않은 단일한 한 선으로 9개의 점을 모두 통과해야만 한다. 역시 정답은 다음 페이지에서 공개하겠다.

위의 두 개의 문제에 대한 힌트를 준다면 고정관념을 버리고 관점을 바꾸어야 한다는 것이다. 우리의 뇌는 자신이 교육받고 경험한 작은 지식과 고정관념에 빠져 눈에 보이는 현상에 치우치거나, 자신에게 유리한 것만 보고, 보고 싶은 것만 보려고 한다는 사실을 깨우쳐야 한다.

자, 그럼 앞의 두 문제를 다른 시각과 다른 관점으로, 고정관념을 깨고 정답을 풀어보자. 이런 문제는 너무 오래 생각하면 안 되므로, 바로 정답을 공개하겠다.

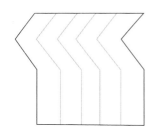

먼저 첫 번째 문제의 정답은 왼쪽 그림과 같다. 아마도 좀 허무하다고 생각했을지도 모르겠다. 하지만 다시 한번 잘 생각해보자. 나는 분명 앞에서 넌센스 퀴즈라고 말하였다. 아래 그림처럼 만든다면 비단 5개뿐만 아니라 그 두 배인 10개 이상이라도 같은 모양으로 계속 나눌 수 있을 것이다. 생각의 틀을 바꾸니 엄청난 효율성과 생산성이 기하급수적으로 올라가는 것이다.

혹 이 문제를 깊이 생각해서 푼 사람도 있었겠지만, 아마도 바로 즉각적으로 풀기는 쉽지 않았을 것이다. 지금까지 강의하며 수천 명에게 문제를 내어봤지만, 단 한 명만이 이 문제를 즉석에서 풀었었다. 그렇다면 이처럼 간단한 정답을 왜 그리도 많은 사람이 풀지 못했을까? 그 이유는 내가 여러분들에게 살짝 암시를 하나 걸어놨기 때문이다.

내가 문제를 낼 때 4등분의 예를 보여준 것을 기억하는가? 이 4등분 된 모습은 언뜻 보기에도 매우 복잡하다. 그리고 이것과 비슷한 모양으로 5등분 하기는 더욱 어렵다. 그 함정에 여러분들은 빠진 것이다. 만약 내가 애초에 4등분 한 모습을 보여주지 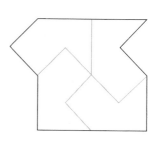 않고 바로 5등분 하라는 문제만 주었다면 분명 많은 사람이 정답을 맞혔을 것이다. 하지만 복잡한 4등분이란 모습이 여러분들의 뇌 속에 순간적으로 고정관념이 되어 문제를 제대로 인식하지 못하고 틀 속에 사로잡혀 헤어나오지 못했기 때문이다.

자~, 이쯤 되면 두 번째 문제는 쉽게 정답을 낼 수 있지 않았을까 생각된다. 실제로 강의 중에 첫 번째 문제보다 두 번째 문제를 푼 사람들의 수도 많다.

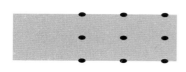 물론 나는 질문을 한 선으로 하라고 했지, 한 면으로 하라고는 하지 않았다. 하지만 우리가 모두 알다시피 면은 단지 두꺼운 선일 뿐이다.

이도 마찬가지로 내가 먼저 일반적인 가는 선을 세 개 보여 줌으로써 여러분을 하나의 틀에 매이게 한 것임을 이제 알 수가 있을 것이다. 여러분의 뇌를 내가 여러분도 모르게 살짝 조작하였기 때문이다.

마음의 관성에 저항하라

이제 고정관념이 얼마나 답답하고 한심한 것인지를 알겠는가? 그리고 얼마나 쉽게 고정관념이 형성되는지도 알겠는가? 그러나 두려워하지 마라. 아는 것이 힘이라고 이제 깨우치게 되었다면 틀을 깨고 밖으로 나오기만 하면 되는 일이기 때문이다. 쉽게 들어온 돈은 쉽게 나간다는 속담처럼 고정관념도 쉽게 쌓인 만큼 쉽게 내보낼 수도 있다. 한번 만들어진 행동의 습관은 바꾸기 위해 많은 노력이 필요하지만, 관점의 전환은 쉽게 생긴 것만큼 쉽게 깨부술 수도 있다고 나는 생각한다.

문제는 고정관념 때문에 이루어진 행동이 만든 습관이 다시 생각을 지배하여 변하지 않으려고 뿌리를 더욱 깊게 내린다는 것이다. 앞서 습관에서 말했듯이 결국 무엇보다 먼저 생각이 바뀌어야 행동이 변하듯이 우리는 생각의 변화, 즉 관점의 전환이 그 무엇보다도 필요하다.

어린 시절 나는 테이블 식탁보 위에 물컵을 올려놓은 다음 식탁보를 빠르게 잡아 빼 물컵이 엎질러지는지 아닌지 내기를 한 적이 있었다. 식탁보를 빠르게 잡아 빼 옆으로 가게 하는 힘과 중력에 의해 아래로 계속 내려가려는 물컵의 힘이 작용하는 관성의 법칙을 저절로 터득하게 된 것이다. 이렇듯 움직이지 않는 모든 사물은 외부에서 가해지는 물리적인 힘으로 이 자연의 법칙을 제대로 잘 따르고 있다.

그러나 움직이는 생물들은 그렇지가 않다. 아프리카의 초원에서 목숨 걸고 도망치는 가젤이 순간적으로 방향을 바꿔 뒤쫓아 오는 치타를 넘어지게 하려고 하는 것이나, 빠르게 쫓아온 치타가 넘어지지 않으려고 앞발에 힘을 주어 중심을 잡으려고 온 힘을 다하는 것이나, 급 커브한 버스에서 넘어지지 않으려고 안간힘을 쓰며 손잡이를 꽉 잡는 사람들이나, 모두 자연의 관성의 법칙에 저항하며 살아오고 있다. 우리가 사는 이 지구상의 움직이는 생명체들은 모두 관성에 저항하고 있는 것이다.

그러나 다른 동물과 달리 사람은 거대한 뇌와 넓고도 깊은 생각이라는 것을 가지고 있다. 그런 점에서 사람이 야생동물들과 달리 극복해야 하는 것은 자연이 만든 관성뿐만 아니라, 인습이 만든 관성에 대한 것도 포함된다. 몸이 본능에 따라 관성에 저항하는 것처럼, 마음도 의도적으로 고정관념과 타성 그리고 게으름이라는 관성에 저항해야 한다.

그리고 그런 저항은 생각보다 어렵지 않으니 이제부터 한번 관성에 저항하는 마음속 여행을 함께 떠나보자.

2

생각을 바꾸게 하는 방법

상대방의 입장에서 바라보기

사람은 사회적 동물로서 끊임없이 다른 사람들과 부딪치며 살고 있다. 그러다 보니 내 인생 살기도 벅차면서도 자꾸 남의 인생에도 관여할 수밖에 없게 된다. 특히 기업에서는 직책이 위로 올라갈수록 상대방에 대한 권한과 영향력이 더욱 커지면서, 리더는 자신보다는 다른 사람들을 위해 살아가야만 하는 책임 또한 더욱 커진다. 비단 리더가 의도하는 바대로 직원들이 따라오게 하는 리더십뿐만 아니라, 마케터에게 있어서 고객이 브랜드를 선택하게 하는 마케팅 활동이나, 부모에게 있어서 아이들이 바라는 대로 사고 안 치고 건강하고 슬기롭게 자라도록 하는 자녀양육이나, 모두 다 해결하기 힘든 사람들의 마음을 바꾸고 이끄는 어려운 숙제들이다. 하지만 생각하기에 따라 해답은 뜻밖에 쉬울 수도 있다. 입장 바꿔 그들의 생각으로 살짝 들어가 먼저 그들을 이해하게 되면, 그들의 마음을 전환할 수 있는 작은 변화의 씨앗 하나는 심을 수 있기 때문이다.

자아의 신화를 찾아 떠나는 양치기 산티아고를 통해 많은 대목에서 생각과 틀을 깨려는 작가의 노력이 주옥같은 명언으로 살아 움직이는 코엘료의 소설 연금술사는 읽을 때마다 내게 큰 많은 감명을 주고 있다. 그런 의미에서 연금술사에 나왔던 대목 중 관점의 차이에 관련된 글 하나를 소개해 본다.

"저는 지금 나르키소스를 애도하고 있지만, 그가 그토록 아름답다는 건 전혀 몰랐어요. 저는 그가 제 물결 위로 얼굴을 구부릴 때마다 그의 눈 속 깊은 곳에 비친 나 자신의 아름다운 영상을 볼 수 있었어요. 그런데 그가 죽었으니 아, 이젠 그럴 수 없잖아요."

매일 호수에 자신의 아름다운 얼굴을 비쳐 봤던 나르키소스가 죽자 슬퍼하는 호수를 보고, 숲의 요정이 더는 아름다운 나르키소스를 보지 못하게 된 호수를 위로하자 호수가 대답한 말이다. 누구도 매일 호수를 바라보는 나르키소스의 입장만 생각했지, 상대편 호수의 입장에서는 생각한 적이 없었다.

나도 마찬가지였다. 2010년부터 중국에서 초기 2년 동안은 많은 직원을 채용하기도 하였지만, 또 많이 떠나 보내기도 했다. 한국과는 달리 중국 사람들은 너무도 쉽게 직장을 옮기는 경향이 있다. 춘절 연휴 때 고향에 가면 연락도 없이 아예 회사로 다시 돌아오지 않는 경우도 다반사였으니 말이다. 난 특별히 아꼈던 직원들이 그렇게도 무정히 떠나는 것을 보면서, 한때는 그동안 내가 잘 해주었던 것이 아깝다는 생각이 들어 더는 중국 직원들에게 큰 애착을 가지지 말아야겠다고 다짐한 적도 있었다.

그러다 문득 중국 직원들의 이직문제가 계속 반복되자 그들의 입장에서 왜 그랬을까를 생각해보게 되었다. 급여, 복지, 초기 신설회사에 대한 불안감, 자기계발과 배움의 기회, 비전 등… 어쩌면 내가 잘 대해줬다는 것은 나로서였을 뿐이지 그들의 입장에서는 아니었는지도 모른다고 생각하니, 나도 남들과 다름없이 나로서만 유리하게 바라는 대로 세상을 살고 있었던 것은 아닌가를 반성하게 되었다.

그때부터 나는 당장 큰 폭의 급여인상은 못 해주더라도 작은 것부터라도 직원들의 입장에서 배려하며 조금씩 개선을 하기 시작했다. 가장 먼저 사내 외 배움의 기회를 제공하고 점심을 좋게 하였으며, 휴가, 건강검진 등의 복지제도를 개선하고, 주요 직원들과 대화를 통해 소속감을 고취하려고 노력했지만, 임금은 당시 형편상 매년 조금씩 인상해 줄 수밖에 없었다. 그러자 점차 특별한 개인 사정이 아니면 갑자기 퇴사하는 일들은 사라졌으며, 장기 근속자들도 늘어나면서 중요 중국 직원들은 회사를 단단히 지켜주는 핵심 인재들로 자리매김하게 되었다.

관점을 중국 직원들 편에서 바라보자 비로소 그들의 불만이 보이기 시작하였기 때문에 가능했던 일이었다. 그때부터 나는 단순히 매출이 많은 회사가 아니라, 작지만 이익을 많이 내서 중국인들에게 지속적인 고용을 창출하고 최고의 혜택을 제공하여 행복한 삶을 회사와 함께 누릴 수 있는 존경 받는 회사를 만들고 싶다는 꿈을 꾸게 되었다. 그리하여 지금 세라젬 화장품은 과거와는 달리 칭다오에 있는 기업 중에서도 상위 수준의 급여와 복지를 직원들에게 제공할 수 있게 되었다.

노자의 도덕경 49장에는 "성인은 변하지 않으려는 한결같은 마음(常心)이 없어야 한다(성인무상심 聖人無常心)"는 말이 나온다. 즉 리더는 고정관념이나 아집으로 똘똘 뭉쳐서 자신의 입장에서만 주장하면 안 된다는 뜻이다. 나도 처음 중국에 올 때만 해도 너무도 당연히 가지고 있던 한국적인 사고방식으로 뭉쳐 있었다. 그러나 그 보이지 않는 틀에서 벗어나 중국인을 이해하고 그 내면을 바라보기 시작하자, 중국에서 사업하는 목적이 나 개인의 성공이 아닌 중국인에 대해 아름다운 꿈으로 바뀌게 되었다. 내 고집을 버리고 상대방의 입장에 서면 생각지도 못했던 다른 길이 보인다. 그러니 이제 상대방의 입장에 잠시만 머물러 있어 보자. 우리가 막고 허락하지 않아서 그동안 보지 못했던 상대방의 생각이 조금씩 다가올 수 있을 것이다. 어느 조직에 속해있더라도, 리더는 더욱 그리해야 할 것이다.

금붕어의 꿈

사실 남의 생각을 바꾸게 하려는 발상의 전환은 누구보다도 먼저 자기 스스로가 그 가능성을 믿고 따라야 한다. 즉 나의 고정관념, 체념의 한계, 보이지 않는 유리 벽을 깨부수려는 노력은 그 누구도 아닌 나부터 먼저 수행해야 한다. 앞서 말하였지만, 관점의 전환은 어려운 일이 아니라, 단지 귀찮아서 계속 편하게 안주하고 싶어서, 하지 않으려는 경우가 대부분이다. 그러므로 이제 따뜻한 아랫목에서 벌떡 일어나와서, 잠시 찬 바람을 맞을 각오만 한다면 누구나 할 수 있는 쉬운 일임을 명심해야 한다.

영화 매트릭스의 주인공 레오는 자신이 사는 세계가 진정 무엇인지를 확인하기 위해 알약을 먹었다. 두 개의 약이 있었는데, 하나는 빨간 약이었고 다른 하나는 파란 약이었다. 빨간 약을 먹으면 현재 그가 사는 세상이 가짜임을 알게 되고 진정한 현실에서 살게 된다. 이는 다르게 생각하면 지금까지 살아온 그의 삶의 마지막일 수도 있는 위험한 도박이었다. 반면 파란 약을 먹으면 지금 현실을 그대로 인정하고 현재의 삶을 그대로 살아가면 된다. 하지만 레오는 빨간 약을 선택했고 진정한 현실에서 다시 태어났다. 장자가 말한 일장춘몽처럼 단순한 꿈이 아니라, 이것은 죽음을 가로지르는 선택이었다.

어쩌면 현실을 사는 우리의 삶도 매트릭스에 나오는 선택과 같은 것일지도 모른다. 관점의 전환은 레오가 선택한 빨간 약이다. 파란 약으로 그냥 남을 것인지, 독약일지도 모르는 빨간 약을 먹을 것인지는 선택의 문제이다. 단지 영화 속 레오는 극단적으로 죽음을 각오했지만, 우리는 그렇게까지 할 필요가 없다. 하지만 우리의 인생에서 관점을 바꾸지 않고 죽을 때까지 변하지 않는다면, 사실 몸은 100세까지 살아도 이미 그때 변하지 않았던 마음은 죽은 것이나 다름없다. 마음은 새로운 변화를 찾아 매 순간 새롭게 태어나야 살아있는 것이기 때문이다.

고정관념에 사로잡혀 벗어나지 않는 사람들은 어쩌면 어항 속 금붕어 같다고 생각한다. 금붕어는 인간이 주는 먹이에 살을 찌우다 평생 어항 속에 갇혀 살다 죽는 생을 보낸다. 하지만 이건 바다를 누비고 있는 상어의 한낱 악몽일지도 모르고, 평생 어항 속에서 자신이 상어인 줄 착각하며 사는 금붕어의 현실일지도 모른다. 죽음을 각오하고 어항을 깨야만 미래를 얘기할 수 있다면, 어디 한번 과감하게 어항을 깨고 확인해 봐야 할 것이다. 사실 내가 바다의 황제 상어라고 꿈꾸고 있는 어항 속 보잘것없는 금붕어인지, 아니면 바다를 누비고 있는 진정한 상어인지를….

이렇듯 우리는 어쩌면 실제로 세상을 직시하는 게 아니라, 그렇게 되었으면 하고 바라는 대로 세상을 바라보며 살고 있을지도 모른다. 누구나 자신의 입장에서 자신의 생각대로, 보고 싶은 것만 보고, 듣고 싶은 것만 듣는 세상이라면, 이젠 보이는 것만을 보고 곧이곧대로 믿어서는 안 될 것이다. 이는 나의 경험이 만든 나의 고정관념이 어쩌면 너무 쉽게 내가 보고 싶은 것만을 나에게 유리하게 보여주는 착각일 수도 있다.

영어 속담에는 이런 말이 있다. "겉표지만 보고 책을 판단하지 마라(Don't judge a book by its cover)" 진실한 내용은 겉이 아니라 그 안에 있다. 자신이 아닌 상대방의 입장에서 숨어있는 진실한 실제를 인식하는 순간이 자신이 만들어 놓은 고정된 틀을 깨는 순간이 될 것이다.

아인슈타인은 말했다.

"인간은 항상 새로운 것을 생각하지 않으면 인형같이 되어 버린다"

문틀의 법칙

나의 장인께서는 문을 짜시는 목수셨다. 신혼 시절 처가에 가면 듣지도 못해봤던 나무 이름과 공구 및 용어들이 마냥 신기하고 재미있었던 적도 있었다. 그 중에 나의 주의를 끌었던 말이 문을 짜려면 먼저 '왁꾸'부터 잘 만들어야 한다는 것이었다. 이 왁꾸라는 말은 일본어라서 이제부터 나는 우리말인 '문틀'이라는 단어를 사용하겠다. 나중에 알게 된 문 만드는 과정을 보면, 먼저 설계에 따라 싸구려 각목으로 문틀을 맞추고 나서, 그 문틀에 맞게 고급 원목의 문을 만드는 작업을 하므로, 문틀을 딱 알맞게 짜지 못하면 나중에 만든 고급 문이 맞지가 않아 결국 비싼 문을 폐기하고 다시 만들어야 한다는 것이었다.

당시 LG전자 영업사원이었던 나는 이것이 바로 내가 영업하던 대리점들의 문제였구나 하는 어떤 깨달음을 느꼈다. 그 후 지금도 내가 영업직원들에게 자주하는 말 중의 하나인 영업에서의 '문틀의 법칙'이라는 말이 탄생하게 되었다.

일반적으로 영업하는 사람들 특히 사업자(대리점 사장)들은 자신의 매출 한계를 이런저런 비용이나 세금 문제 및 시장환경 등의 사정으로 한계를 지어놓는다. 그래서 A 대리점은 월 5천만 원, B 대리점은 8천만 원, C 대리점은 1억 원…. 세월이 지나도 항상 비슷한 수준에서 머물고 더는 매출이 많이 늘어나지가 않는 현상이 발생한다. 그들은 스스로 그 틀을 벗어나지 못한다. 아니 어쩌면 잠재의식 속에서 스스로 벗어나고 싶지 않을지도 모르겠다. 그러면서도 항상 장사하기 어렵다고 아쉬운 소리만 하는 것이다. 이미 그들이 스스로 얼마짜리 문틀을 짜놨기 때문에, 거기에 맞추어진 문은 더는 넓어지지 못한다는 사실을 그들도 잘 모르고 하는 말이다.

나는 대리점 사장들의 마음속 문틀을 깨부수고 더 크게 만들어야만, 거기에 맞는 문을 더 크게 만들 수 있다는 것을 알게 되었다. 그러자 바로 내가 담당했던 대리점 문틀의 규모부터 다시 설계하기 시작했다. 각 대리점이 맡은 지역의 가구 수는 얼마나 되고 소득 수준은 얼마인지를 파악하고, 판매 잠재력이 어느 정도인지를 분석하여, 대리점 당 현재 매출 수준과 미래 잠재수준을 비교해서 매출목표를 다시 잡았다. 이는 회사에서 부여한 매출목표보다 월등히 큰 수치였다.

하지만 대리점 사장들은 자신이 과연 이렇게 많은 매출을 할 수 있겠냐고 오히려 말도 안 된다는 듯이 반문하였다. 하지만 나는 진지하게 그 이유를 설명해주며 할 수 있는 방안을 함께 의논하면서 대안을 제시하였다. 그러자 개인사업자인 경우에 가장 큰 걸림돌로 개인 종합소득세 문제가 대두되었다. 매입이 너무 많이 늘어서 과표가 늘면 누진세가 적용되어 엄청난 세금폭탄을 받을 것이라는 것이다.

그렇다면 어떻게 수억대의 매출을 올리는 대형 대리점은 유지될 수 있겠는가? 나는 당시 선배들을 통해 수억 원대의 대형 대리점들은 모두 주식회사 법인으로 운영되고 있다는 점을 알게 되었다. 법인은 매출과 상관없이 순이익에 대한 세금을 정산하므로, 개인 사업자처럼 과표에 대한 세금부담이 없기 때문이다. 그리하여 나는 간신히 내가 담당했던 개인 대리점 사장들을 설득하여 모두 법인으로 바꾸는 작업을 했다. 대리점 사장들은 서류만 준비하게 하고, 대신 내가 여러 관공서를 돌아다니며 직접 다 처리해 주는 고단한 작업을 해야만 했다. 그렇게 그들의 문틀의 한계를 깨고 법인으로 전환하는 등의 무지막지한 고생 끝에, 결국 내가 담당한 대리점들의 매출을 20~30% 정도의 성장이 아닌, 두 세배의 규모로 비약적인 성장을 만들어 낼 수 있었다.

기존의 문틀을 깨서 더 큰 문틀을 만들어야 문을 크게 만들 수 있고, 큰 문을 열어야 더 큰 성과를 얻을 수 있다. 그러므로 무조건 안 된다는 고정관념을 버리고, 먼저 마음속 문틀부터 깨부숴 버려야 비로소 우리는 실행의 첫발을 내디딜 수 있을 것이다.

위기가 기회가 되는 생각

관점의 전환이 가져다준 상반되는 성공과 실패 사례가 있다. 일본의 두 농부에 대한 이야기이다.

2001년 6월 15일 자 USA 투데이지에는 일반적인 원구형 수박이 아닌 육면체 사각형의 수박을 소개하는 기사가 실렸었다. 그런데 이 수박의 당시 가격은 자그마치 한 개에 82달러나 되었다. 12년 전이 아닌 지금이라고 해도 여러분은 사각형 수박을 과연 9만 원이나 주고 사 먹을 수 있을까? 수박이라는 것이 관상용으로 진열하며 두고두고 바라보는 것도 아니고, 잘라서 시원하게 한번 먹으면 더는 그 효용가치가 사라지고 마는 것인데, 원형이 아닌 사각형 모양이라고 해서 과연 소비자들이 9배의 돈을 지급할 만한 가치가 있겠는가? 남들과 다르게 한다는 발상의 전환은 좋았지만, 이는 전적으로 소비자의 가치를 생각하지 않고, 생산자의 입장에서만 생각한 차별화의 실패 사례였다.

아마도 이 사각형 수박을 만들기 위해 농부는 사각의 틀에 어린 수박을 가두어 놓고 수박이 자라면서 그 틀에 맞게 사각형이 되도록 하였을 것이다. 그러나 그것이 그냥 생각대로만 되었겠는가? 틀에서 벗어나고 싶은 수박들은 반듯한 사각형이 되지 않고 튀어나오거나 터져서 많은 수가 못쓰게 되었을지도 모른다. 그래서 생산량도 기대만큼 크지 않았을 테니, 사각형 수박의 가격은 매우 비싸질 수밖에 없었을 것이 분명하다. 그래도 사각형이고 남들과 다를 테니 비싸게 받아도 잘 팔리겠지 생각한 건, 순전히 농부의 큰 오판이었다.

반면 위기를 기회로 바꾼 일본의 농부가 있다. 이미 너무도 유명한 합격사과 이야기이지만 사각형 수박과 비교하기 위해 소개해 본다. 1991년 아오모리 현은 잇따른 태풍 피해로 사과의 90%를 잃었다. 농민들은 망연자실해져 탄식과 절망에 빠져 있었지만, 한 농부의 기가 막힌 아이디어로 기사회생할 수가 있었다. 시험이 얼마 남지 않은 대학입시 수험생을 대상으로 합격사과라는 컨셉을 만든 것이다. 강한 태풍에도 떨어지지 않고 끈질기게 살아남은 사과는, 대학에 떨어지고 싶지 않은 수험생에게 정신적으로 큰 위안이 되어 10배의 가격에도 모두 다 팔리게 되었다. 수험생들을 타겟으로 그들의 관점에 맞춘 기발한 발상의 전환이 만든 대단한 성공사례였다.

같은 일본의 농부는 모두 기발한 발상의 전환을 하였지만, 한 사람은 자신의 입장에서 벗어나지 못해 기회가 위협되었고, 한 사람은 고객의 관점으로 생각을 바꾸어서 위협을 기회로 만들어 성공한 상반된 사례였다.

내가 애경산업에서 근무했을 때 출시했던 여드름 전용 화장품인 a-Solution도 마찬가지의 사례이다. 여드름이 치유된다는 컨셉의 화장품은 약사법 및 화장품법에 위반되어, 많은 회사가 본격적으로 여드름 화장품 시장에 진입하지 못했고, 설사 제품을 출시하였다 해도 광고나 홍보를 자제하여 소비자에게 널리 알려지지 못했었다. 한마디로 정부의 규제라는 위협요인이 너무 강했던 시장이었다. 애경에서도 마찬가지였다. 1997년 겨울, 내가 여드름 화장품을 하겠다고 제안했을 때에도 그게 되겠느냐는 식의 내부적인 큰 반대에 부딪혔었다. 따라서 이런 엄청나고 단단한 내부의 벽부터 무너뜨릴 수 있어야만, 강력한 경쟁자가 없는 이 기회의 땅에 발을 내밀 수가 있다.

그러나 내가 아무리 시장의 기회를 논리적인 분석으로 설득하여도 회사는 허락하지 않았다. 그런데 바로 그때 공교롭게도 화장품에 관심이 많았던 아주의대 피부과 교수님과의 산학협동이라는 안이 회사에 제시되자, 나는 바로 이거라는 생각으로 다시 한 번 여드름 화장품을 강하게 주장하였다. 법적으로 기업이 광고할 수 없다면, 산학협동에 의한 연구의 성과로 피부과 대학교수가 만든 화장품이란 홍보를 할 수 있다고 생각한 것이다. 그리하여 나의 안은 6개월 만에 드디어 회사의 허락을 얻게 되었고, 대학교수의 여드름 치료 처방 이름인 b-Solution에 착안해서 여드름의 영문자인 아크네(Acne)의 이니셜만 따온 a-Solution이란 브랜드가 탄생할 수 있었다.

나는 정부의 법규를 회피하기 위해 직접적인 광고보다는 저명한 대학병원 피부과 교수를 앞장세워, 산학협동으로 대학에서 여드름 화장품이 개발되었다는 홍보를 대대적으로 했다. 그러자 당시 각종 신문과 9시 뉴스에까지 기사가 다루어졌고, 그 결과 제품이 출시도 되기 전에 소비자상담실 전화가 마비될 정도로 엄청난 문의가 쇄도하였다.

그 후 제품 출시와 함께 광고하게 되었을 때도 여드름을 직접 표현하지 않고, 여드름의 상징인 멍게를 앞장세우고 피부 사춘기란 말로 여드름을 간접적으로 표현하였다. 결과는 대성공으로 이어졌고, a-Solution은 애경산업 화장품의 주력브랜드로 수백 억대의 매출을 기록하였다. 정부의 규제는 강한 위협으로써 모든 기업이 어려워하는 숙제이지만, 관점을 바꿔서 오히려 그러므로 경쟁이 치열하지 않은 큰 시장의 기회라고 생각하면, 해답을 찾을 수가 있다. 위협을 회피하고 해결할 수 있다면 그렇지 못한 경쟁사에 비해 위협은 오히려 큰 기회이자 경쟁우위의 강점을 만들어준다. 이것이 바로 위협을 기회로 바꾸는 발상의 전환이 가져다준 대단한 묘미라고 할 수 있겠다.

그 당시 광고 문구는 지금도 내 마음속 명언으로 자리를 잡아 아직도 생생하게 기억난다.

"There is a Problem, There is a Solution!"

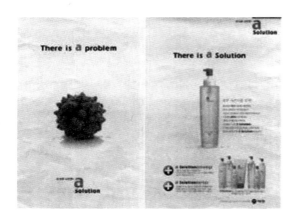

3

전사적인 고객마인드로 전환

고객의 마음을 이해하는 멘탈리스트(Mentalist)

내가 매우 좋아하는 '멘탈리스트(The Mentalist)'라는 미국 드라마가 있다. 원래 콜드리딩(Cold Reading)이라는 사람의 심리를 읽는 능력이 탁월한 주인공 패트릭 제인은 심령술을 이용한 사기를 쳐서 큰 성공을 하게 되어 방송에도 출연하게 된다. 그러나 자만심에 빠진 그는 방송에서 연쇄 살인범인 레드존을 화나게 하여 가족이 모두 살해당하게 되는 아픔을 겪고 나서, 일생을 복수하기 위해 경찰 자문으로 투신하여 여러 살인사건을 해결하면서 레드존을 추적하는 내용이다. 그런데 이 드라마가 재미있는 이유는 사람의 심리를 쥐었다 폈다 하는 멘탈리스트인 주인공의 독특한 캐릭터와 사건을 해결하는 방식이, 진부해져 버린 CSI 같은 수사 물과 너무도 다르기 때문이다. 최근 사람의 심리를 이용하여 신기한 마술을 보여주는 마술사를 멘탈리스트라고도 부르는 것처럼 패트릭 제인은 주변 사람들의 심리를 파악하고 이용하여 쉽게 사건을 해결한다. 이 드라마를 보면서 나는 사람의 행동은 심리적인 유도에 따라 의외로 쉽게 제어될 수도 있다는 것을 알게 되었다.

중국에서 이미 다른 화장품 회사와 거래를 하고 있으며 나름 잘 먹고 잘 살고 있는 매장 점장들에게 세라젬 화장품과 거래를 새로 트게 하는 것은 그리 쉬운 일이 아니었다. 그들은 이미 수년 동안 경쟁사에서 교육을 받아 왔으며, 경쟁사 제품이 우수하다는 강한 인식을 가지고 있었다. 나도 처음 엔 그런 사람들이 마치 높은 거목처럼 쉽게 자를 수 없는 벽으로만 느껴졌 었다. 하지만 정답은 의외로 매우 쉬웠다. 나도 멘탈리스트가 되어 그들의 관점에 서서 그들의 생각과 의식을 조금씩 의도적으로 바꾸는 일이었다.

실제로 내가 사업자설명회에 가서 중국인 점장들에게 앞의 넌센스 퀴즈 들을 활용하여, 그들이 얼마나 틀에 박힌 사고방식에 젖어 살고 있다는 것에 대해 일말의 깨우침을 주면, 신규 가맹 실적이 빠르게 상승하게 됨을 나는 몸소 경험하고 있다. 물론 이것만으로 되는 것은 아니다. 고정관념과 관련된 사람들의 성공과 실패 사례도 함께 얘기해주며, 틀을 깨는 것이 얼마나 중요하며 그것이 성공으로 가는 길임을 더불어 강조한다. 그렇게 해서 먼저 그들의 닫힌 마음을 열게 하는 것이 중요하다. 그리고 나서 열린 마음을 가지게 된 그들에게 회사와 제품에 대한 신뢰를 주기만 하면 얘기는 끝난 일이다. 반신반의로 영업사원에게 이끌려 사업설명회에 찾아온 그들에게 무턱대고 회사가 어떻고 제품이 어떻고 말하는 것보다, 이런 방법으로 먼저 고정관념을 버리고 마음을 열게 하면 이미 반 이상은 성공한 것이나 다름없는 일이기 때문이다. 물론 여기에서 전제 조건은 제품의 품질과 서비스가 당연히 경쟁사에 비해 뒤지지 않아야 한다는 것을 간과해서는 안 된다.

우리는 드라마의 패트릭 제인이나 훈련된 마술사처럼 전문적인 멘탈리스트가 아니라서, 쉽게 다른 사람의 생각을 의도하는 대로 바로 바꾸게 하지는 못할 것이다. 그러나 상대방의 관점을 이해하려고 노력하고 발상의 전환을 조금만 불어넣어 주면, 그들의 생각을 바꿀 수 있는 여력은 조금이나마 열어 줄 수가 있는데, 바로 그 빈틈을 파고 들어가야 한다.

헨리 포드는 말했다.

"만약 성공의 비결이란 것이 있다고 하면, 그것은 타인의 관점을 잘 포착하여 자기 자신의 입장에서 사물을 볼 줄 아는 재능, 바로 그것이다."

마음을 움직이는 이해관계(利害關係)

우리는 사람들 간의 관계를 얘기할 때 자주 이해관계(利害關係)가 어떻다느니 하며 스스럼없이 이해관계란 말을 사용하고 있다. 또한, 우리 주변에는 여러 이해관계자(利害關係者)들이 존재하고 있는데, 그들은 직장의 상사나 부하가 될 수도 있고, 업무적으로 맺어진 협력회사가 될 수도 있으며, 심지어는 친구나 가족도 예외는 아니다. 그런데 아무 의미 없이 사용하는 듯한 이 말의 한자를 유심히 들여다보니 이해(利害)라는 단어는 너무도 상반되는 글자로 이루어져 있다. 이(利)가 사람에게 이득이 되는 것이라면, 해(害)는 사람에게 손해를 끼치는 극과 극의 좋고 나쁨이다. 따라서 인간관계에서의 이해관계를 따진다면, 사람들이 이로우면 가까이 오고 해로우면 떠날 수 있다는 뜻으로 볼 수 있겠다.

매우 복잡한 듯, 더욱 새로운 기술로 나날이 진화해가는 컴퓨터의 가장 근본적인 작동원리를 들여다보면 의외로 매우 단순하다. 이진법으로 연산처리를 하는 CPU에겐 단지 0과 1이라는 두 숫자만 있어서, Yes나 No라는 두 가지 논리적 판단 기준으로 모든 것을 상상도 할 수 없는 엄청난 속도로 처리하는 것일 뿐이다.

이는 또한 IT뿐만 아니라 바이오 테크놀러지(BT)적인 측면에서도 인간의 몸에 각종 명령을 내리는 뇌에서 분비하는 호르몬의 체계와도 놀랍게도 비슷하다. 의학용어로 아고니스트(Agonist)와 안타고니스트(Antagonist)가 있는데, 전자가 인체의 각종 호르몬이나 신경의 전달물질과 함께 작용하여 이를 더욱 강화하는 것(Yes)이라면, 후자는 이를 억제하는(No) 역할을 한다. 즉, 우리가 아플 때 뇌가 반응하여 명령하는 것도 이로운 건 더욱 좋게 하고, 해로운 건 막아주는 이진법 적인 단순작용이라고 볼 수가 있다.

이런 작용에 대응하여 나온 대표적인 안타고니스트 약으로 잘 알려진 것이 항히스타민제이다. 감기에 걸려 콧물이 나는 것은 히스타민이라는 호르몬의 명령으로 항체가 형성되어 병균과 싸우는 과정에서 생기는 자연스러운 현상이지만, 콧물이 생활하는 데 불편을 초래하기 때문에 사람들은 이를 참지를 못한다. 따라서 콧물감기약에 들어있는 항히스타민제는 자연스럽게 병균에 반응하여 인체가 분비하는 히스타민 호르몬을 억제하여 콧물을 멈추게 하려는 것이니, 어쩌면 약이 그리 썩 좋은 것만은 아닐지도 모르겠다.

이렇게 뜬금없이 컴퓨터와 약의 작용방법에 대해 장황하게 설명한 이유는 이 세상이 모두 그런 식으로 움직이고 있기 때문이다. 나는 인간관계도 어쩌면 이(利)와 해(害)라는 두 가지 이진법에 따라 사람들이 움직이고 있다고 생각된다. 그러나 인간관계에 있어서 이(利)와 해(害)라는 것을 단순히 꼭 금전적인 것만으로 생각해서는 안 된다. 이해관계는 연인들 간의 사랑과 친구들 간의 우정이 될 수도 있고, 기업에서의 급여가 아닌 미래의 비전이나 안정적 위치가 될 수도 있으며, 시장에서는 고객의 가치가 될 수도 있다.

이렇게 사람들이 행동하는 근본적인 원인과 이유를 이해(利害)라는 한 단어로 단순하게 이해(理解)해 보면, 사람들을 움직이는 방법도 간단한 모식처럼 이루어질 수 있지 않을까 싶다. 직원이 나를 따르게 강요하거나, 고객이 내 제품을 구입하도록 강요할 필요가 없다. 그저 그들의 입장에서 원하는 이(利)를 주면 따라올 것이요, 마음에 들지 않는 사람에게 해(害)를 주면 떠날 것이다. 그리고 물론 우리가 살아가는 방식은 해(害)보다는 이(利)를 주면서, 밀어내는(Push) 것이 아닌 당기는(Pull) 방식이어야 할 것이다.

마케팅에서는 소비자의 마음을 바꾸고 그 마인드에 브랜드를 자리 잡게하는 일련의 행동들을 포지셔닝(Positioning)이라고 한다. 즉 소비자의 마음이 원하는 이(利)를 찾아내, 그들의 마인드에 이(利)에 부합되는 브랜드 가치를 심어주는 것이다. 포지셔닝이란 책의 공저자인 잭 트라우트가 2008년 한국에 방문했을 때, 조선일보와의 인터뷰에서 다음과 같은 말을 남겼다.
"제품이나 브랜드 아이디어가 '못'이라면 차별화 마케팅은 '망치'입니다. 못이 아무리 좋아도 고객의 마음에 망치로 밀어 넣지 못하면 아무 소용 없죠. 마음속에, 뇌리 속에 파고들려면 메시지를 날카롭게 갈아야 합니다. 날카로우려면 애매하거나 불필요한 것은 빼고 단순해야 합니다. 차별화해야 합니다."
고객의 마음속에 날카로운 못을 박아 빠지지 않게 강하게 자리 잡도록하는 마케팅의 차별화, 포지셔닝도 결국 소비자의 관점에서 그들의 마인드를 조작하는 행위이다. 잭트라우트와 알리스의 명저 〈22가지 마케팅불변의 법칙〉을 봐도 책의 초반에 여러 번 반복하며 중요하게 계속 나오는 말은 제품이 아니라 소비자의 '인식'에 대한 내용이다.

"더 좋은 제품을 출시하는 것 보다는 맨 처음으로 출시하는 것이 낫다 (1. 선도자의 법칙, The Law of Leadership). 여기서 맨 처음이란 의미는 시장에 먼저 들어가는 것보다 고객의 기억 속에 맨 먼저 들어가는 것을 말한다(3.

기억의 법칙, The Law of Mind). 왜냐하면, 마케팅은 제품의 싸움이 아니라, 인식의 싸움이기 때문이다(4. 인식의 법칙, The Law of Perception). 그러므로 마케팅에서 가장 강력한 개념은 잠재고객 기억 속에 한 단어를 깊게 심는 것이다(5. 집중의 법칙, The Law of Focus)."

이 책이 나온 이래로 수십 년이 지난 지금, 마케팅이 인식의 싸움이라는 말은 마케팅을 하는 사람이라면 누구나 다 아는 보편화된 진리처럼 되었지만, 중요한 건 그 쉬운 것을 누구나 지키지 못하고 있다는 것이다. 기업들은 여전히 너무도 당연하게도 고객 중심이 아닌 제품 위주, 기술 위주, 기업의 내부 환경 위주로 마케팅을 하고 있으며, 그런 사실조차 깨우치지 못하고 있는 게 현실이다. 그러므로 기업이 고객 관점으로 전환하는 것은 말처럼 쉽지 않은 일이다. 말로는 고객 감동에서 고객 졸도까지를 외치지만, 통상적인 탁상머리 행정의 기업경영은 고객의 입장에서 보면 이(利)보다 해(害)를 주는 일이 될 수도 있다. 그러므로 기업이 고객 관점으로 전환하는 일은 쓰디쓴 고통의 혁신이 수반되는 어려운 일이겠지만, 반드시 해야만 하는 일일 것이다.

내가 가장 존경하는 경영학과 마케팅계의 구루(Guru)인 피터 드러커는 말했다.

"기업이 무엇인지, 기업이 무엇을 생산하는지, 기업이 번영하게 될지 결정하는 사람은 고객이다. 내가 무슨 말을 했느냐가 중요한 것이 아니라, 상대방이 무슨 말을 들었느냐가 중요하다."

고객 마인드로 관점을 전환하라

이 시대에는 누가 과연 이기는 게임을 하고 있는가? 과거에는 큰 기업이 작은 기업을 이겼고, 빠른 기업이 느린 기업을 이겼지만, 현재에는 변화하는 기업이 변화하지 못하는 기업을 이기고 있다. 그러면 어떻게 변화해야 하겠는가? 고객 관점의 전환을 통하여 답을 찾을 수 있을 것이다. 듀퐁 (Dupont)사의 CMO였던 다이앤 굴리아스(Diane H.Gulyas)는 "불행하게도 제품을 파는 데 있어서 위대한 기술의 영향력은 약해졌다. 이제 영업과 마케팅이 중요하다."라고 말한 바 있다.

하지만 그녀의 말도 이제는 과거의 이야기이다. 이제는 단순히 마케팅이나 영업 부서에서만 고객 마인드를 고민하는 것이 아니라, 전사적으로 고객을 향한 관점의 전환이 이루어져야 고객들의 감춰진 마음을 진정으로 들여다볼 수가 있다. 영국의 이코노미스트지는 "브랜드 매니저(BM)의 종말"이란 칼럼에서 "고객 중심 경영 시대에 마케팅은 개별기능이 아니라 전사에 체화되어야 하는 가치이다."라고 역설하며, 전사적인 마케팅, 전사적인 고객 마인드를 강조하였다. 따라서 기업은 아직도 고객에 대해 잘 모르고 있다는 사실을 깨우치고, 전사적으로 고객을 연구하기 위해 더욱 시간과 노력을 투자해야 한다. 그것이 바로 전사적인 고객 마인드로 관점을 전환하는 시발점이다.

그러나 아무리 많은 조사를 하여도 고객에 대한 통찰은 매우 어려운 일이다. 그 이유는 ① 고객도 자신의 니즈를 잘 알지 못하는 경우가 많으며 (특히 신기술 제품), ② 고객은 니즈를 알더라도 잘 표현하지 못하는 경우가 많고, ③ 고객은 자신의 니즈를 표현하면서 솔직하지 않게 응답하는 경향이 있다. 이는 앞서 애쉬의 실험에서 살펴본 바와 같이 사회적 당위성의 법칙에 따른 응답이 존재하기 때문이기도 하다. 그런 점에서 하버드 경영대 잘트만 교수는 "인간의 사고는 95%가 무의식중에 일어나며, 나머지 5%조차도 언어로써 표현할 수 없는 경향이 많다"고 한 점을 간과해서는 안 된다. 그러므로 기업이 망망대해와 같은 고객의 무의식 세계를 찾아내기 위해 끊임없는 항해를 하여 올바른 목적지를 찾아가려면, 그 무엇보다도 전사적인 고객마인드 전환부터 반드시 이루어져야만 될 것이다.

　한 담배회사에서 소비자들에게 브랜드를 가린 상태에서 담배를 피우게 하고 7점 만점으로 평가하게 하였다. 조사 결과 그리 좋지 않은 3.97을 받으며 독한 맛이라는 평가를 받은 브랜드가 있었는데, 다름 아닌 마일드세븐이었다. 그러나 이미 마일드세븐은 상표 이름에서 풍기는 의미처럼 부드러운 담배로 소비자에게 인식되어 있었다. 그래서 2차 조사로 이번에는 브랜드를 보여주며 다시 평가하였더니, 이전과는 반대로 부드럽다는 평가와 함께 4.53의 더 높은 평점을 받았다. 바로 브랜드는 제품이라는 실제(What It Is)가 아닌 고객의 인식(What They Perceive)의 문제라는 것을 입증하는 사례였다.

아래 그림은 스콧 로비넷(Scott Robinette)이 공저한 〈감성 마케팅〉이란 책에서 발췌한 것으로, 내가 직원들에게 브랜드 교육을 할 때 자주 쓰는 사례이지만, 기업의 관점의 전환이란 측면에서도 잘 맞는 것 같아 발췌해봤다.

부모가 생각하는 자신의 모습　　아이들이 생각하는 부모의 모습

　그림에서 보는 바와 같이 잘생기고 이지적이며 세련된 왼쪽 사진은 부모가 아이들에게 보이기를 바라는 자신들의 모습이지만, 아이들의 눈에는 그들이 오른쪽 사진처럼 이웃집 아줌마 아저씨와 별반 다름없이 보이고 있

을 수도 있다. 이렇듯 부모와 자식 사이에서도 큰 관점의 차이가 있는데, 하물며 전혀 모르는 기업과 고객 사이에는 얼마나 많은 차이가 있겠는가?

기업은 마케팅 활동을 통해 고객의 의식 속에 브랜드를 심어 넣으려고 많은 돈을 쏟아 붇지만, 이것이 기업이 의도한 데로 정확하고 뚜렷하게 잘 전달되지 않는다. 고객이 어떤 브랜드에 대해 떠올리는 브랜드 이미지(Brand Image)는 다양한 매체나 주변 사람들의 평가, 권유, 그리고 무엇보다도 중요한 개인적인 경험을 통해 형성되는데, 그 과정에서 기업의 관점으로 섣부른 판단을 하고 고객을 끌어가려고 한다면 큰 낭패를 당하기 쉽다.

그 유명한 코카콜라 회사도 더 맛있는 콜라를 제공하겠다는 자신들의 관점으로 수많은 소비자 조사를 한 결과 코카콜라의 맛을 바꿨다가(New Coke) 전통적인 코카콜라(Coke Classic)를 선호하는 소비자들의 반대에 부딪쳐 결국 재난과도 같은 실패를 겪은 바가 있다.

반면 소비자와 거리가 먼 컴퓨터 CPU를 기업에 납품 판매하는 인텔은 고객 관점의 전환으로 큰 성공을 거두었다. 이전까지 사용했던 286, 386, 486 등의 명칭이 법적인 보호를 받지 못해, 경쟁사들도 똑같은 숫자를 사용하게 되자, 인텔은 1991년 IBM, 컴팩 등이 판매하는 컴퓨터에 「인텔 인사이드」라는 로고를 부착하도록 하고, 컴퓨터 회사들에 CPU 금액의 6%를 환불하는 방식으로 무려 8년간 34억 달러의 비용을 지출하는 등 대대적인 공동 광고를 시행하였다. 그 결과 소비자들은 인텔 칩이 내장된 컴퓨터를 더욱 선호하게 되었고, 인텔은 CPU 시장에서 강력한 일등이 되었다. 1998년 스위스 다보스에서 열린 세계경제포럼에서 하버드대학 모스캔터 교수는 "인텔은 컴퓨터 칩을 감자 칩처럼 파는 회사이다. 대중과는 거리가 먼 반도체에 인텔 인사이드(Intel Inside)라는 이름을 붙인 것은 제조업의 패러다임을 변화시킨 우수한 사례이다."라고 극찬을 하였다.

이렇듯 기업관점이 아닌 고객 관점으로 생각의 틀을 조금만 깨면 그동안 보지 못했던 것을 볼 수가 있을 것이다. 바로 소비자의 인식이라는 깊은 속마음이다.

과거 성철 스님은 "산은 산이요. 물은 물이로다."라는 변하지 않는 진리를 말하며 세속의 인연을 끊었다면, 세속에 사는 우리는 "산은 산이 아니고, 물은 물이 아니다."라는 이치를 깨달아야 한다. 작가 이외수는 "청춘불패"에서 다음과 같이 말했다.

"산은 정지해 있으되 능선은 흐르고 있고, 강은 흐르고 있으되 바닥은 정지해 있다. 그대가 두 가지를 다 보았다고 하더라도 아직 산과 강의 진정한 모습을 보았다고는 말하지 말라. 산은 산이 아니고 물은 물이 아니다."

관점을 바꾸고 들여다보면 우리가 보지 못하는 이면을 볼 수가 있고, 그때부터 더는 피상적인 산은 산이 아니고 물은 물이 아닌 것처럼, 우리는 그동안 보지 못했던 역동적인 산과 고요한 물을 만날 수도 있을 것이다. 기업은 고객 스스로도 잘 알지 못하는 속마음을 찾아내야 한다. 그러기 위해서 전사적 고객 마인드로 관점을 전환하는 기업만이 이 시대의 변화하는 기업이 되고 미래에도 더욱 강하게 살아남는 기업이 될 것이다.

레오나르도 다빈치는 말했다.

"세상에는 세 종류의 사람이 있다. 보려는 사람들, 보여주면 보는 사람들, 그래도 안보는 사람들."

지금 나는 어떤 사람일까? 혹 자신의 고정관념에 사로잡혀 보여줘도 보지 않으려고 눈과 귀를 꼭꼭 닫고 있는 사람은 아닌가?

그렇다면 이제 틀을 깨고 밖으로 나와야 한다. 번데기에 갇혀있던 애벌레가 껍질을 벗어내야 나비가 되어 날아가듯이 사람도 조직도 그동안 쌓아왔던 껍질을 깨어 버려야 한다.

"Extraordinary, 껍질을 깨야 진정한 세상을 볼 수 있다."

Never Give-up,

절대 포기하지 마라
끈질김은 생명력이다

1

자연의 본능, 끈질긴 생명력

사막장미의 끈질긴 생명력

내가 중국에서 사업자들을 상대로 강의하는 것 중의 하나가 "식물의 생존경영"이다. 아무리 척박한 환경에서도 그 종이 무엇이든 간에 식물은 반드시 이 땅에서 살아남았다. 그래서 식물은 이 지구상에서 가장 많은 종과 수로 지구의 대부분을 점령하고 있는 가장 위대한 생명체라 할 수 있다. 그중 나는 한 자연 다큐멘터리 프로그램에서 봤던 사막 장미에 감동을 한 바가 있어, 생존과 변화라는 주제로 강의할 때 자주 활용하고 있다.

"사막장미!"

이름도 생소한 이 장미는 말 그대로 식물이 살아가기 가장 힘든 조건인 물이 부족하고 강한 태양이 작열하는 사막에서 자라는 장미다. 어떤 운명으로 척박한 이곳, 사막에서 자라게 되었는지 모르겠지만, 어쨌든 사막 장미는 지금 생존해 있다. 그런데 놀라운 것은 사막 장미가 수분의 손실을 막기 위해 불필요한 잎사귀를 버리고 앙상한 가지 위에 꽃만 피우며, 수분을 충분히 저장할 수 있는 항아리 모양의 굵은 줄기를 채택했다는 것이다. 또한, 물을 찾아 땅속 깊이 파고 들어간 강한 뿌리와 항아리 모양의 굵은 줄기는 바위마저 뚫고 자랄 만큼 튼튼하다. 이런 포기하지 않는 끈질긴 생명력은 사막장미를 환경에 맞게 변화시켰고 결국 다른 식물들은 말라 죽어가더라도, 끝까지 남아 생존할 수 있도록 하였다.

사막장미는 척박한 사막에서 절박하였다. 그래서 몸을 이상하게 바꿔서라도 환경을 극복하고 반드시 꽃을 피워야만 했다. 왜냐하면, 꽃을 피워야 씨를 뿌릴 수가 있고, 씨를 뿌리는 것만이 사막 장미가 영원히 삶을 영속할 방법이기 때문이다.

이런 위대한 자연의 승리는 언제나 생존에 대해 끈질김의 승리이기 때문에, 우리 인간에게도 감동과 함께 큰 가르침을 준다. 특히 사막 장미의 생존 방식은 끈질기게 포기하지 않고 살아가기 위해서는 반드시 변화해야 하며, 변화하려면 먼저 불필요한 것을 비워야만 한다는 교훈을 우리에게 주고 있다.

짐 콜린스는 '좋은 기업을 넘어 위대한 기업으로(Good to Great)'에서 이와 일맥상통하는 말을 하였다.

"모든 것을 잘한다는 것은 애초부터 불가능하다. 그리고 전략적으로 무엇을 선택한다는 것은 무언가를 버리는 것과 같은 의미다. 위대한 기업이 되기 위해서는 해야 할 목록보다 버려야 할 목록이 훨씬 더 중요하다."

비좁은 방을 평상시 제대로 정리정돈 하지 못하는 사람이 하루는 날을 잡아 대청소하려고 한다면, 가장 먼저 해야 할 일이 무엇이겠는가? 먼저 집안에 쌓여 있는 잡동사니부터 다 들어내고 깨끗이 청소한 후에, 버릴 것은 버리고 필요한 것만 다시 재배치해야 할 것이다. 사막장미는 뜨거운 태양 아래서 수분을 빼앗기는 불필요한 잎사귀를 버릴 줄 알았기 때문에 수분을 비축할 수 있었고, 또한 비축 가능한 수분이 생겼기에 저장하기 위한 항아리 같은 굵은 줄기를 만들 수 있었다. 이처럼 사람이나 조직도 뭔가 새로운 혁신이나 변화를 하기 위해서는 먼저 낡고 불필요한 것을 버리는 것부터 시작해야 한다. 세상의 이치가 먼저 비워야만 다시 채울 수 있기 때문이다.

사막 장미의 생존법은 우리에게 업무의 단순화/효율화를 통해 핵심역량에 집중하여 업무의 가치를 향상해야 한다고 말하고 있다. 즉, 우리는 불필요한 비용, 목적 없는 시간과 노력의 낭비 같은 금전적 업무적인 잘못된 관행뿐만 아니라, 잘못된 습관, 고정관념, 비난과 불평, 남의 탓과 같은 잘못된 사고와 태도 등을 모두 비워 버려야 한다. 그리고 나서야 비로소 진정한 고객 마인드를 품에 안고 새로운 지식과 정보를 습득하여, 업무에 대한 문제의식과 긍정적 태도로 목표를 향해 나아갈 수 있게 될 것이다.

그리고 또 하나 사막장미를 통해 잊지 말아야 할 것은 절대 포기하지 말아야 한다는 것이다. 사막 장미가 오랜 시간에 걸쳐 환경에 적응하고 변화할 수 있었던 것은 끈질긴 생명력이 바탕에 있었기 때문이다. 우리는 누구나 새로운 아이디어나 마음가짐을 가지고 시작은 거창하고 멋들어지게 잘하지만, 대부분 마무리는 흐지부지해지는 경향이 있다. 성경에서 나오는 말처럼 "시작은 미약하였으나 끝은 창대하리라"가 맞는 답이다. 작은 첫걸음이 마지막에는 더 큰 도약대가 되기 위해서는 포기하지 않는 끈질김의 경쟁력을 쌓아야 한다.

헨리포드는 말하였다.

"일의 성공을 위하여 필요하다면 어떤 조직도 개혁하고 어떤 방법도 폐기하고 어떤 의논도 포기할 각오가 있어야 한다."

인간 야성의 본능은 끈질김이다

모든 초식 동물들의 새끼는 태어나자마자 스스로 일어서서 엄마를 따라 걷고 급기야는 달리기도 한다. 육식동물에게 잡혀 먹히지 않기 위한 생존본능의 DNA가 어미 뱃속에서부터 전달되었기 때문이다. 그러나 그렇지 않은 인간만이 이 세상의 동물 중에서 가장 오랜 시간을 부모의 보살핌을 받아야만 한다.

그런데 재미있는 사실은 어린 아기 시절 첫걸음마를 떼었을 때, 수도 없이 넘어지고 일어나기를 반복하는 아기의 행동은 부모나 아기 자신에게나 너무나 당연하게 받아들여지는 일이었지만, 잘 걷고 커가면서부터 아이가 한번이라도 넘어지는 일은 모두에게 큰일이 되어 버린다는 것이다. 아이는 이미 다 컸는데도 스스로 일어날 생각은 하지 않고 울음을 터뜨리며 누군가 일으켜 주기를 기다리고 있고, 그 누군가 중에 특히 부모는 야단이나 난 것처럼 달려가 아이를 일으켜 세운다. 그러면 기다렸다는 듯이 아이는 부모의 품에 안겨 더욱 서럽게 울고 만다. 갓난아기 시절 엉금엉금 기어 다니며 끈질기게 일어나려고 하는 동물적인 야성의 본능은 어느새 사라지고 만 것이다.

이렇게 부모의 과잉보호에 귀하게 자란 아이가 어른이 되어 험한 사회에 나와 힘든 난관에 봉착하게 되면 어떤 일이 벌어질까? 아마도 제일 처음 생각나는 것은 넘어진 아기 때처럼 누군가 도와주고 해결해 주기를 바라며 스스로 회피하고 도망가는 일일지도 모르겠다. 어쩌면 사람들은 태어나면서부터 가지고 있었던, 넘어져도 끈질기게 또 일어나는 야성적 본능을 자라면서 쉽게 잊어버리고 마는지도 모르겠다.

이는 마치 인간이 기르는 순하디순한 양들과도 같다. 양들은 인간의 보호 아래 푸른 초원에서 잘 먹고 잘 자라 나중에는 풍성한 털옷과 자신의 몸마저도 기꺼이 인간에게 바친다. 보호해주고 길러주었던 인간이 자신을 죽이려고 할 때조차도 배반의 눈물이나 생존의 몸부림 하나 없이 그저 쉽게 포기하고 체념하여 죽음을 맞이하고 마는 것이 양이다.

수천 년 전부터 인간에게 길들여지며 '순한 양'으로 품종이 개량된 지금의 양들은 자연 속의 산양처럼 끈질기게 살아남기 위해 뿔을 곤두세우고 늑대에게 맞서는 그런 야생성이 더는 없다. 그저 쉽게 포기하고 체념하고 아무 소리도 없이 죽음을 맞이하는 것이 최선인 양 변해버렸다. 이런 양들에게 있어서 죽음은 어쩌면 가장 쉬운 도피처일지도 모르겠다. 그리고 현대를 사는 많은 사람도 이렇게 양들처럼 다른 이들에게 길들어 그냥 자신의 인생을 남에게 맡기고 쉽게 포기하며 인생을 살고 있을지도 모른다.

우리는 자라면서 부모님과 선생님에게 "이것 하지 마라, 저것 하지 마라"라는 소리를 들으며 자라왔다. 자라면서 잘 되기 위해서는 난관에 부딪혀도 극복해 나가야 한다는 것을 가르치기보다, 사고가 나서 다치거나 나쁜 길로 빠질까 봐 걱정하는 부정적인 발상이 만든 과잉보호의 소치이다. 그러다 보니 현대인들은 점차 해야 하는 일보다 안 해야 하는 일에 익숙해졌고, 자신도 모르게 스스로를 한정 지우며 모르는 사이에 순한 양으로 변하게 되었다. 어떤 일에 직면해서도 침묵할 때와 하지 말아야 할 때를 가리지 못하고, 무조건 주어진 현실에 순응하여 자신이 어쩌지 못할 것 같은 어려움이 나타나면, 뭔가를 해보려는 몸부림 대신에 쉽게 포기하고 자신을 운명에 맡겨버리는 사람으로 변해가고 있다.

어려운 환경을 탓하며 "나는 못한다, 안 된다"는 생각에 쉽게 포기하지 말고 끈질기게 버티어야 한다. 그러기 위해서는 다시 어린 아기 때의 절대 포기하지 않는 끈질긴 야성의 본능을 다시 깨어내야 한다. 사실 우리는 못하는 것이 아니라 안 하는 것이고, 할 수 있다는 끈질긴 의지를 잊어버린 것일 뿐이다.

환경은 약자에게는 폭군이지만, 현자에게는 도구라는 말이 있다. 폭군에게 굴복하고 지배당할 것인지, 현명하게 환경의 변화를 활용할 것인지는 모두 포기하지 않는 우리에게 달려있다.

나폴레옹은 말했다.

"승리는 가장 끈기 있게 노력하는 사람에게 간다. 어떤 고난의 한가운데 있더라도 노력으로 정복해야 한다. 그것뿐이다. 이것이 진정한 승리의 길이다."

2

성공으로 안내하는 끈질긴 인내력

실패는 성공의 어머니

성공과 실패라는 말을 할 때, 우리는 일반적으로 흑백논리로 사람들을 성공자와 실패자로 양분하는 반대말처럼 생각한다. 하지만 이 세상에 재벌 2세가 아니라면 처음부터 성공자는 있을 수가 없다. 성공이란 수많은 실패를 거듭하면서 이루어지는 것이기 때문에 성공과 실패는 한 몸뚱어리에서 자란 동일한 과정의 결과이다. 따라서 만약 실패할지도 모를 고난의 시기가 왔다면 여기서 그냥 멈추고 좌절해서는 안 될 것이다. 한편으론 바로 그때가 다시 새로운 씨를 뿌리고 다져, 굳고 곧게 올라설 수 있는 새로운 기회가 될 수도 있기 때문이다.

성공과 실패에 대해 가장 쉽게 떠오르는 명언으로 "실패는 성공의 어머니"라는 에디슨의 말이 있다. 에디슨은 발명왕이라는 창조적인 수식어가 이름 앞을 수놓고 있지만, 사실 절대 포기하지 않는 끈질김의 대명사로 호칭하는 것이 맞는 말이다. 이와 관련해서 에디슨이 한 유명한 말이 있다.

"전구를 발명하기 위해 나는 9,999번의 실험을 했으나 잘되지 않았다.

그러자 친구는 실패를 1만 번째 되풀이 할 셈이냐고 물었다. 그러나 나는 실패한 게 아니고, 다만 전구가 안 되는 이치를 발견했을 뿐이었다."

에디슨이 자그마치 1만 번의 실패를 했음에도 포기하지 않고 일어섰기 때문에 전구에 불을 켜는 방법을 찾아낼 수 있었으며, 그 덕에 우리는 밤에도 대낮처럼 활동하며 수많은 빛의 파생상품의 도움으로 현재의 풍요로운 삶을 영위하고 있다. 어쩌면 에디슨이 쉽게 포기를 하였다 하더라도 분명 누군가는 전구를 만들었을 것이다. 그러나 전구가 나온 시점은 에디슨보다 10년이 늦었을지, 아니면 그 이상일지는 누구도 모르는 일이며, 문명의 발전은 그만큼 늦어지고 말았을 것이다.

에디슨은 또한 "인생에서 실패한 사람 중 다수는 성공을 목전에 두고도 모른 채 포기한 이들이다."라는 말을 남겼다. 그런 의미에서 세상에 실패란 단어는 없다. 오직 성공과 포기라는 말이 있을 뿐이다. 우리가 실패자라고 부르는 사람들은 자신의 인생의 길에서 부딪친 난관에 좌절하고 포기한 사람들이다. 그럼 이제 어떤 일이든 절대 포기하지 말자. 끈질김이 우리를 성공으로 인도하는 긴 생명력이기 때문이다.

40년 넘게 하버드 경영대학원에서 교수로 재직한 미국 경영학계의 살아 있는 전설로 불렸던 하워드 스티븐슨 교수의 제자 에릭 시노웨이는 하워드 교수와 나눈 삶을 성찰하는 대화를 묶어 "하워드의 선물"이란 책을 출간했는데 실패와 성공에 대해 다음과 같이 이야기 하고 있다.

"실패에 맞닥뜨렸을 때, 인생은 한 보 더 전진한다. 거절과 실패에서 자유로운 사람은 아무도 없으며, 아무리 재능이 뛰어난 사람이라도 늘 이기는 것은 아니다. 게다가 실패했다고 해서 그것으로 모두 끝난 것도 아니다. 대부분의 사람은 성공과 실패의 의미를 너무 일률적으로 받아들인 탓에 스스로 어려움에 처하곤 한다. 다른 사람들이 성공과 실패를 어떻게 정의하건 거기에 얽매이지 말고, 자기만의 용어로 정의할 수 있어야 한다. 보이는 것을 그대로 믿지 마라. 겉으로 실패한 것처럼 보이는 상황에서도 '보이는 것 이상'을 발견해야 한다. 성공과 실패에 의문을 갖는 행동이야말로 전진하는 움직임을 만들어낸다는 사실을 기억하라."

신체적 장애는 단지 불편함일 뿐이다

인터넷을 통해 접한 감동적인 동영상이 있다. 너무도 유명한 이야기라 한두 번은 접해봤을지도 모르겠지만, 지면을 통해 소개해 본다.

태어날 때부터 탯줄이 목에 감겨 뇌성마비와 경련성 전신마비로 혼자 움직일 수도, 말할 수도 없게 된 아이가 있었다. 태어난 지 8개월 후, 의사는 부모에게 아이를 포기하라고 했지만, 아버지는 아들을 포기할 수 없었다. 아버지의 이름은 딕(Dick)이고 아들의 이름은 릭(Rick)이었다. 시간이 흘러 릭은 컴퓨터로 간단한 언어를 사용하게 되었는데, 어느 날 처음으로 자신의 감정을 표현한 것이 "달리고 싶다."라는 말이었다.

이에 아버지는 다니던 직장을 그만두고 릭을 실은 휠체어를 밀며 함께 달리기 시작했다. 릭이 15세가 되던 해에 8km 자선 달리기 대회에 나가 완주했지만, 끝에서 두 번째로 골인하였다. 하지만 벅찬 가슴에 릭은 경기가 끝난 후에 아버지에게 말했다.

"아버지, 오늘 난생 처음으로 제 몸의 장애가 사라진 것 같다는 생각을 했어요."

그들은 더 큰 도전을 위해 1981년 보스턴 마라톤 대회에 첫 출전을 하였지만, 1/4 지점에서 그만 포기하고 말았다. 하지만 거기서 멈추지 않고 이듬해에 다시 출전하여 끝내는 42.195km 마라톤 완주에 성공하였다. 마라톤을 시작한 지 4년 뒤, 릭은 더 큰 꿈을 가지게 되어 철인 3종 경기에 도전하였다. 아버지는 수영도 할 줄 몰랐고 6살 이후엔 자전거를 타본 적도 없었다. 그러자 사람들은 절대 불가능한 일이다, 미친 짓이다, 아이를 더 힘들게 할 거니 포기하라고 말했다. 그러나 아버지는 아들을 위해 자신의 모든 것을 버리고 철인3종경기에 참가하였다.

세계 최강의 철인들 틈에서 아버지는 허리에 아들을 태운 고무 배를 묶고 3.9km 바다를 수영하고, 아들을 태운 자전거로 180.2km의 용암지대를 달리고, 아들이 탄 휠체어를 밀며 42.195km의 마라톤을 완주했다. 철인3종경기는 아침 7시에 출발하여 밤 12시까지 17시간 안에 들어와야 하는데, 이들은 간신이 "16시간 14분"에 들어왔다.

이후 이들은 철인3종경기를 6회 완주하였고, 최고 기록은 13시간 43분 37초였다. 아버지와 아들의 도전은 계속되어, 42.195km 마라톤 완주 64차례, 단축 3종 경기 완주 206차례, 1982년부터 2005년까지 보스턴 마라톤 대회 24년 연속 완주, 그리고 마침내 달리기와 자전거로 6,000km 미국 대륙을 횡단도 하였다.

그리고 릭은 1993년 보스턴 특수 교육분야 컴퓨터 전공으로 학위를 받았고, 컴퓨터를 통해 말했다.

"할 수 있다(CAN)"

이들에게 장애는 길을 가로막는 장벽이 아니라 넘기 힘든 작은 언덕에 불과할 뿐이었다. 그리고 지금도 그들은 절대 포기하지 않으며 계속 도전하고 있으며, 딕은 자신의 이야기를 "나는 아버지입니다(원제 Devoted: the story of a father's love for his son)"라는 책으로 출간도 하여, 세계적인 성공도 하게 되었다.

신체장애는 잘못되고 틀린 것이 아니라, 그렇지 않은 사람들보다 다소 다르고 불편할 뿐이다. 장애인들에게 필요한 것은 신체장애가 주는 절망감이 마음의 장애로 이어지지 말아야 한다는 것이다. 사실 많은 장애인은 신체장애를 극복하기 위해 더욱 강한 정신적 재무장을 하며 살고 있다. 더욱 긍정적이며 삶을 바라보는 관점이 나보다는 타인에 맞혀 사는 경우도 많다. 그런 점에서 장애를 가지고 있는 사람들의 성공 스토리는 일반인보다 더 큰 감동을 주고 있다.

이에 비해 사지가 멀쩡한 사람들이 가지고 있는 정신적 장애는 너무도 심각하다. 어려움을 회피하고 포기하고 사회를 비난하고 인생을 비관하여 길거리로 도망가거나 심지어는 자살도 한다. 나도 사업에 실패하여 옥상에 올라 죽음을 각오한 적도 있었기 때문에 그 아픔을 백분 이해하고도 남는다. 하지만 그건 한순간일 뿐이었다. 그 아픔이 그냥 흘러가게 놔두면 마음의 고통도 사라지고 다시 재기하고자 하는 강한 긍정과 열정이 되살아날 수가 있다. 그래서 절대 포기하면 안 되는 것이다.

헬렌 켈러는 말했다.

"쉽고 편안한 환경에선 강한 인간이 만들어지지 않는다. 시련과 고통의 경험을 통해서만 강한 영혼이 탄생하고, 통찰력이 생기고, 일에 대한 영감이 떠오르며 마침내 성공할 수 있다."

끈질김은 참는 것이다

끈질김이란 인내할 수 있는 강한 결심과 의지이다. 그래서 끈질긴 힘에는 열정이 넘치고, 그 열정은 새로운 기회를 만든다. 사람들이 흔히 말하는 고난이란 자신이 하기 힘든 일이라 생각하겠지만, 사실은 자신이 하기 싫은 일일지도 모른다. 어려운 일이라서 포기하는 게 아니라, 하기 싫은 일이라 회피하는 것들이 무수히 더 많기 때문이다. 그리고 그 내가 하기 싫은 일은 남도 하기 싫은 일일 것이 분명하므로, 내가 끈질기게 포기하지 않고 완료시켰을 때 비로소 남과 다른 점으로 부각되고 성취감을 느낄 수 있다.

끈질기게 이루어내는 능력은 넘어져도 다시 일어서려는 반복된 행동의 결과로 이루어진 습관이다. 이와 마찬가지로 중도에 포기하는 것도 역시 의지박약으로 도망치게 되는 습관의 결과이다. 런던대학 (University College London)에서 얼마나 오래 지속해야 사람들은 습관적인 행동을 하게 되는 가에 대해 연구한 결과를 보면, 조사에 참여한 사람들이 매일 아침 조깅을 하든지, 식사 후에 과일을 먹든지 간에 습관을 형성하는데 걸린 평균 기간 은 66일이라 밝혀졌다. 즉, 어떤 행동을 약 66일 이상 계속 반복하면, 습 관이 자동으로 만들어진다는 것이다.

그러나 사람들은 흔히 작심삼일이라고 말하듯이 어쩌면 길수도 있고 짧 을 수도 있는 66일을 견뎌내지 못하고 그만 쉽게 포기하여, 다이어트에 실 패하고 금연에 실패하고 매사의 마음가짐과 결심에 실패하는 경향이 있다. 이렇게 끈질긴 행동은 어려운 일이다. 하지만 이제는 알게 되었다. 참는다 는 것이 그리 긴 시간은 아니라는 것을…. 고작 66일 뿐이다. 바꾸고 싶은 좋은 습관을 목표로 정했다면, 이제 66일 동안 포기하지 말고 계속 반복 해서 행해보자. 목표가 명확하다면 좀 더 쉽게 이룰 수가 있기 때문이다.

2012년 여름에 우리나라의 영산 백두산에 다녀온 적이 있다. 여러 코스 중 첫날 갔던 서쪽 코스에는 천지까지 1,442개나 되는 계단이 있었다. 그 런데 재미있는 건 계단마다 번호가 새겨져 있어서 내가 지금 얼마만큼 올라왔는지 를 알 수가 있다는 것이다. 그래서 나는 힘들게 계단을 오르면서도 이제 얼마뿐이 안 남았다는 희망으로 턱까

지 차오르는 숨을 간신히 참고 천지까지 오를 수가 있었다. 이처럼 내가 도달해야 할 곳이 어디이고 얼마나 남았는지를 알 수만 있다면, 사람들은 쉽게 포기하지 않고 완급을 조절하며 끝내는 모두 목적지에 도달할 수 있는 장점이 있다.

하지만 앞을 잘 알 수 없는 우리의 인생살이에서는, 수많은 계단을 오르고도 바로 성공의 문 앞에서 고개를 돌리고 내려오는 경우가 많은 게 사실이다. 우리가 어렵다고 생각하는 습관이 형성되는 기간이 고작 66일밖에 걸리지 않는 것처럼, 내가 지금 너무 힘들어서 못 견딜 것 같은 상황도 어쩌면 생각보다 얼마 남지 않은 시간일지도 모른다. 그것을 극복하는 순간 어깨를 짓누르던 모든 어려움은 서서히 사라지기 시작하여, 일말의 기회가 뿌연 안갯속에서 길을 열어 줄 것이다.

2009년 내가 세라젬에 왔을 때는 이미 신사업 화장품 TFT에서 여러 가지 일이 진행 중이었다. 그중의 하나가 중국진출의 발판을 위해 청도에 있는 작은 화장품회사 하나를 인수하는 것이었다. 이 회사의 사장은 40대 초반의 젊은 사람이었는데 회사를 그리 잘 운영하지 못해 빚을 7억이나 지게 되었다. 우리는 이 회사를 인수하면서 그의 빚을 탕감해주고 그를 영업 상무로 채용하였다. 사실 이 회사는 별 볼 것도 없는 회사였지만, 중국 영업경험이 있는 그와 당시 안휘성에 있다는 그의 영업조직을 발판으로 중국 공략의 첫발을 내딛는다는 의미가 컸었다.

그런데 문제는 그가 일보다는 잿밥에만 관심이 있어, 영업을 활성화해서 실력을 인정받으려는 노력은 하지 않고, 빨리 세라젬 화장품 중국법인장이 되어 회사를 다시 자기 차지로 만드는 데만 혈안이었다는 것이다. 그는 말로는 일하는 것처럼 떠들어대며 상사에게 아부하고 나를 이간질하게 했으며, 다른 직원들로부터 나를 고립시켜 회사에서 쫓아낼 궁리만 하였다. 그러나 당시 상황을 잘 몰랐던 한국에 계셨던 대표이사는 중국 경험이 전혀 없던 내게 무조건 그에게 양보하고 영업에 차질 없도록 잘 부추기라는 말만 하고, 나의 의견을 들으려 하질 않았다.

그렇게 지나간 초기 3개월은 고통의 연속이었다. 다시 한국으로 돌아가고 싶은 생각이 하루에도 수십 번이었다. 늦게까지 술 마시고 합숙소에 들어온 날이면 한국에 남아있는 아내에게 다 때려치우고 돌아가겠다는 말로 신세 한탄도 여러 번 했었다. 하지만 끝내 나는 참아냈고 어떻게든 모든 걸 다시 바로잡으려고 노력했다. 그리고 그 결과 모든 진실을 알고 현실을 직시한 대표이사에 의해 회사를 떠난 사람은 내가 아니라 그가 되었다.

하지만 그 대가는 처참했었다. 전 회사 사장이자 영업을 책임졌던 임원이 제대로 영업활동을 안 했으니, 초기 영업조직이 제대로 남아있을 리가 없었다. 우리는 기대했던 안휘성 영업조직의 기반을 모두 버리고 처음부터 다시 기초를 다지는 일을 시작해야만 했다. 그러나 3년 후에 우리는 매출성장과 함께 이익도 흑자를 기록하는 작지만 탄탄한 회사로 만들어냈다.

공자께서 인자무적(仁者無敵)이라 하여, 어진 자에겐 적이 없다고 하였지만, 나는 인자무적의 인(仁)자를 '참을 인(忍)'자로 바꾸고 싶다. 즉, 참는 자에게 적이 없다는 인자무적(忍者無敵)이다. 끈기와 인내는 결국 언젠가는 순리대로 통하기 마련이고 우리에게 바른길로 안내하기 때문이다.

3

끈질긴 과정은 놀라운 결과를 만든다

돌덩어리가 옥이 되는 과정, 절차탁마(切磋琢磨)

시경에는 절차탁마(切磋琢磨)라는 말이 나온다. 끊임없이 노력하고 경주해야 한다는 뜻의 이 말은 과거에 길고도 힘든 옥을 다듬는 과정에서 유래한 말이다. 옥의 원석을 구했을 때는 여러 돌과 함께 붙어있는 옥을 먼저 분리해야 하는데, 이 과정이 바로 자른다는 의미의 절(切)이다. 다음에 옥을 내가 원하는 크기로 썰어내야 하니 바로 차(磋)이며, 다음으로는 디자인대로 모양을 만들기 위해 도구로 쪼아내는 탁(琢)의 과정을 걸쳐, 마지막으로 부드럽고 윤기나게 갈고 닦는 마(磨)의 과정이 있어야 비로소 우리가 보는 아름다운 옥이 탄생하는 것이다.

아름다운 옥은 어느 날 갑자기 뚝딱 탄생하는 것이 아니라, 절차탁마라는 과정과 시간이 만들어내는 것이다. 인간도 마찬가지이다. 기나 긴 과정과 기간을 끈질기게 참고 극복해야 진정한 빛을 볼 수가 있다. 한순간의 유혹에 성급하게 달려들거나, 한 번의 달콤한 성공에 취해 쉽게 안주한다는 것은 앞으로도 더 많은 삶의 과정을 쉽게 포기하는 것과 같다.

또한, 만약 내가 언제나 최선을 다하고 있다고 하더라도, 경쟁자 또한 그만큼 최선을 다하고 있음을 알아야 한다. 따라서 내가 최선이라고 만족하는 그 순간은 '그래 이만하면 됐다'가 아니라, '그래 이만큼 했지만 조금만 더 하자'가 되어야 할 것이다. 이처럼 한번 성공을 했다고 하더라도 그것에 안주하지 않고 좀 더 할 수 있다는 것을 알아야 한다. 사실 이 시대를 이끌고 있는 위대한 사람들은 어려서부터 똑똑하거나 천재인 사람이 아니라, 언제 그만둘지 모르고 꿈을 향해 멈추지 않았던 평범한 사람들이었다.

"닳아 없어지는 것이 녹슬어 없어지는 것보다 낫다(It is better to wear out to rust out)"라는 격언이 있다. 무쇠도 갈면 바늘이 된다는 속담처럼 끊임없이 움직여 이 한 몸 닳아 없어지는 한이 있더라도 계속 노력을 경주해야지, 약한 여자이기 때문에, 나이가 든 노약자이기 때문에, 조금 성공했으니 이젠 괜찮다는 핑계로, 그만 멈추어 쉬려고 하다가는 아무리 무쇠라도 녹슬어 무용지물이 될 수도 있다는 경각의 말을 잊어서는 안 되겠다.

우리는 이런 모습을 스포츠 스타를 통해서도 자주 만난다. 2002 월드컵의 영웅이었던 이영표 선수가 2013년 10월 28이에 소속팀 밴쿠버 화이트캡스에서 선수생활 마지막 은퇴경기를 하였다. 화려했던 국가대표와 프리미어리그를 등지고 여러 팀을 옮긴 끝에 작은 밴쿠버팀에서 은퇴한 그의 마지막은 결코 초라하지 않았고, 오히려 푸른 눈의 팬들의 열화와 같은 사랑과 함성에 나는 뭉클한 감동마저도 느꼈다. 산소탱크 박지성 선수 역시 프리미어리그를 떠나 과거 자신을 키워줬던 네덜란드 아인트호벤에 새 둥지를 틀었다가 지금은 은퇴를 하였지만, 결코 포기하지 않는 투혼으로 그라운드를 누구보다 많이 뛰었던 그는 지금 프리미어리그 최고의 아시아 선수로 인정받고 있다.

반면 한때의 스타성에서 벗어나지 못하고 주저앉은 선수들도 있다. 특히 박주영 선수는 프리미어리그에서 자리를 잡지 못하고 벤치를 지키는 경우가 많아지자 경기감각이 떨어진다는 이유로 국가대표에도 누락되는 안타까운 모습을 보여주지 않았는가? 그는 지금 사우디 프로 리그에서 열심히 뛰고 있지만, 좀 더 이전에 유명한 팀보다는 더 작은 팀으로 이적해서 많은 실전 경기를 뛰는 최선의 모습을 보여주었어야 했다. 젊었을 때 축구천재 박주영은 이젠 더 이상 없다. 다만 한때 주인을 잘못 선택해 달리지 못했던 적토마의 안타까움이 팬들에겐 아쉬움으로 남아있을 뿐이다.

소크라테스의 완숙한 철학은 70세 이후에 이루어졌으며, 미켈란젤로가 시스티나 성당의 벽화를 완성한 것은 90세 때였고, 베르디는 오페라 "오셀로"를 80세 때, "아베마리아"를 85세 때 작곡했다고 한다. 또한, 괴테는 대작 "파우스트"를 60세에 시작하여 82세에 마쳤으며, 모세는 80세에 하느님의 부름을 받아 이스라엘 민족 해방의 길에 나섰다. 인터넷에 돌아다니는 이 출처 모를 명언은 나이는 숫자에 불과하며, 오직 자신이 하고자 하는 일에 포기하지 않고 끈질기게 최선을 다한 사람만이 바로 위대한 사람이 됨을 대변해 주고 있다.

이를 보면 평범한 우리도 유명해지든 아니든 분명 위대한 사람이 될 수가 있다. 그것은 길고도 긴 인생을 어떻게 살아가야 할 것인가의 문제이다. 내가 죽음에 이를 때까지 포기하지 않고 최선을 다하는 삶만이 진정 가치있고 위대한 업적을 남기게 할 것이다.

W. 스코트는 말했다.

"한 마리의 개미가 한 알의 보리를 물고 담벼락을 오르다가 예순아홉 번을 떨어지더니 마침내 일흔 번째 목적을 달성하는 것을 보고 용기를 회복하여 드디어 적과 싸워 이긴 옛날의 영웅 이야기가 있는데, 이것이 동서고금에 걸쳐서 변치 않는 성공의 비결이다."

1만 시간의 법칙, 10년의 법칙

말콤 글래드웰의 "아웃라이어(Outliers)"를 보면 '1만 시간의 법칙'이란 말이 나온다. 한 가지 일에 큰 성과를 이루기 위해서는 1만 시간 동안의 학습과 사전 준비 또는 훈련이 이루어져야 한다는 말이다. 사람에 따라 정도가 다르겠지만, 1만 시간을 하루에 평균 약 3시간, 일주일에 20시간씩 한다면 10년이라는 기간이 걸린다고 하는데, 이는 스톡홀름대학의 앤더스 에릭슨(Anders Ericsson) 박사가 말한 '10년의 법칙'과도 일맥상통한다. 그에 의하면 우리가 흔히 얘기하는 천재들인 아인슈타인, 피카소, 프로이트 등 위대한 업적을 남긴 대부분 사람의 공통점은 최소 10년간의 집중적인 투자가 있었던 후에 비약적인 성장을 가져왔다고 한다.

그래서 동양에서는 이미 큰 그릇은 늦게 만들어진다는 의미의 대기만성(大器晚成)이란 말도 생기지 않았는가? 내가 좋아하는 손자병법의 손무의 경우도 비슷하다. 원래 손무의 부친은 제나라에서 큰 공을 세워 넉넉한 편이었지만, 반란에 연류되어 온 가족이 오(吳)나라로 피신하게 되었다. 그 후 손무는 20년 동안 산간벽지에 숨어 살며 병법을 깊이 탐구하면서 생활하였는데, 이때 그 유명한『손자병법』이 탄생하게 된 것이다. 그렇게 20년의 세월이 지나고 나서야 오왕 합려(闔閭)에게 발탁되어 장군이 된 그는 자기의 병법이 단지 이론에 그치는 것이 아니라 실전에 적용됨을 증명이나 하듯이 초나라를 격파하고 중대한 공을 세워 손자병법을 더욱 세상에 알리게 되었다. 그리고 그 결과 손자병법은 2,500여 년이 지난 지금도 동서고금을 망라하는 최고의 병법서로 자리매김 하게 되었다. 만약 손무에게 20년의 피난 생활이 없었다면, 오늘날 우리는 그 유명한 손자병법을 만나지 못했을지도 모른다.

아웃라이어에서는 빌 게이츠 등의 유명한 성공 기업가들의 사례도 나오지만, 나는 영원한 우상인 비틀즈의 사례에 주목하였다. 1964년 어느 날

혜성처럼 나타나 미국은 물론 전 세계를 점령한 영국 리버풀 출신의 이 네 명의 더벅머리 청년들은 알고 보니 말 그대로 혜성처럼 나타난 이들이 아니었다.

그저 평범한 고등학교 록 밴드에 불과했던 비틀즈는 1960년 독일의 함부르크에 초대를 받았는데, 당시 함부르크에는 록큰롤 클럽이 없었기 때문에 비틀즈는 풋내기에 불과했는데도 하루에 여덟 시간씩이나 연주하였다. 리버풀에서 고작 한 시간 연주한 것에 비하면 엄청난 시간이어서, 비틀즈는 여러 가지 곡을 다양한 방법의 연주로 시도할 수밖에 없었다. 더욱이 그들은 하루도 쉬지 않고 일주일에 7일을 꼬박 연주하였을 정도로 엄청난 공연을 소화해 냈다. 이런 끈질긴 노력의 결과 풋내기 비틀즈는 어느새 누구도 따라올 수 없는 놀라운 밴드로 만들어진 것이다.

직장에서도 신입으로 입사하여 대리를 거쳐 과장쯤 되어야 촉망받는 인재로 인정받기 시작하는데, 그때가 바로 10년 차인 경우가 많다. 로마가 하루아침에 이루어진 것이 아닌 것처럼, 성공도 유능한 인재도 하루아침에 이루어지는 것이 아니다. 당연히 10년간의 직장생활 동안 어느 하나에 안주하지 않고 다양한 경험과 노력을 쏟아 부어야지만 10년의 법칙이 적용된다. 즉, 단순히 10년을 채우기만 하면 되는 것이 아니라, 마치 연주자나 운동선수가 꾸준히 연습하듯이, 하루 세 시간은 업무를 통하던 개인적인 자기계발을 하든 자신의 발전과 성장을 위해 투자해야만 된다는 것이다. 그 과정에 얼마나 많은 난관과 힘듦이 있었겠는가? 일의 고난뿐만 아니라 상하좌우 다양한 사람들과의 소통과 인간 관계적인 어려움도 많았을 것이다. 그걸 겪고 극복하며 성장한 사람만이 우리가 진정리더라고 부르는 이가 될 수가 있다.

나는 업무적으로 힘듦보다는 인간관계나 비전 때문에 회사를 그만둔 적이 많다. 상사와 안 맞아 회사를 그만둔 적도 있었고, CEO의 경영철학이 싫어서 회사를 그만둔 적도 있었다. 이것은 어쩌면 내가 견디지 못하고 회피한 것으로써, 한때 나는 직장생활에서 실패했다고 생각한 적도 있었다. 실패가 주는 교훈이 벽이 되고 좌절이 되어서는 성장도 있을 수가 없다. 하지만 세상의 모든 성공이 실패를 담보로 이루어진 것처럼, 실패에 대해 깨우침만 있다면 나는 더는 실패라고 생각하지 않는다. 실패란 현재 완료형이 아니라 현재진행형이기 때문이다. 그래서 나는 포기하지 않고 자리만 옮겨 또다시 꿈을 향해 시작할 수 있었다. 장소와 환경은 바뀌었지만 꿈은 변하지 않았고, 그 꿈을 향한 나의 끈질긴 도전은 아직도 현재 진행 중이다.

상하 간의 관계는 부부관계처럼

아무래도 직장생활에서 오래 버티기 위해서는 직장상사와의 관계도 한몫을 한다. 아무리 끊임없는 자기계발과 성장을 하더라도 상사와의 관계가 좋지 않으면 직장생활이 무척 힘들어지게 된다. 그렇다고 무작정 회사를 떠난다면 이 또한 너무나 억울한 일이다. 어차피 직장에서 더욱 오래 남아 생존할 사람은 나 자신이지 상사가 아니기 때문이다. 따라서 직장 상사를 끈질기게 견디는 일 또한 무척이나 중요한 일 중의 하나이다.

나는 여러 직장에서 많은 상사를 겪으면서 어려움도 많았지만, 언제부터인가? 상사 때문에 회사를 떠나는 일은 없어졌다. 그것은 내가 직장 상사와 나와의 관계가 마치 부부관계와 같다고 마음먹고 나서부터였다.

몇 년 전 차장급 후배 한 명이 직장상사인 임원에 대한 고민을 토로한 적이 있었다. 존경하고 따르고 싶은 분이 있어서 다니던 회사를 그만두고 그분 밑으로 옮겼는데, 막상 그분과 함께 일하다 보니 그동안 몰랐던 여러 가지 실망으로 마음에 상처도 받게 되어, 회사를 떠나고 싶다는 것이었다.

그때 내가 상사와 부부관계에 대해서 그와 얘기한 내용을 소개한다.

"지금 너는 결혼한 지 10년이나 되었는데, 연애 시절 몰랐던 사랑하는 아내의 단점들을 이제야 알게 되어 실망했다고 이혼하겠니?"

"그렇진 않죠. 그것 때문에 누가 이혼이나 해요?"

"그래, 바로 그거야. 직장상사도 아내와 같다고 생각해봐."

후배가 사뭇 어리둥절해 하자 나는 바로 부연 설명을 하였다.

"네가 아내와 연애했던 시절처럼 그에게도 분명 네가 좋아했던 점이 있었잖아. 다시 초심으로 돌아가서 과거 너를 이끌게 했던 그의 장점에 집중해 보는 거야. 그러면 지금 보이는 그의 단점들이 강한 하나의 장점으로 가려질 수도 있지 않겠니?"

"그런데 그게 함께 사는 아내처럼 쉽게 될 수 있을까요?"

후배의 부정적인 대답에 나는 부하 직원으로서, 상사를 대하는 리더십을 강조하며 말했다.

"이제 너도 직장생활 한 지 13년이나 되었잖아. 회사에서도 매우 중요한 중간 관리자라고. 이제 너 정도면 지금 그 상사의 단점은 부하로서 네가 보완하고, 그 상사의 강점은 네가 더욱 강화해 올바른 리더십으로 의사결정을 할 수 있도록 상사를 이끌어야 해. 리더십은 상사만이 가지는 것이 아니라, 상호관계에 의해 일어나는 것이란 말이야. 그냥 떠나는 것은 수동적인 회피일 뿐이고, 그렇게 회피하고 도망치면 다른 회사 어디로 가든 이런 상황은 변함이 없을 것이야."

그 날 후배는 마음을 다지고 노력하겠다고 말했지만, 결국 6개월을 버티지 못하고 회사를 떠나 버렸다. 그가 회사를 떠난다고 내게 문자로 통보를 해왔을 때, 나는 더는 그를 잡을 수는 없었다. 이미 늦은 것도 있었지만, 한 번 떠난 마음은 그리 쉽게 붙잡을 수는 없는 일임을 나도 잘 알고 있었기 때문이다. 그래서 나는 그에게 앞으로 다른 곳에서는 부부관계에 대한 나의 말을 잊지 말고 상사를 이끌 수 있는 인재가 되라고 답장을 남겼다. 그는 현재 다른 회사에서 여전히 좋지 않은 상사를 만났다고 하지만, 지금은 언제나 부부관계 같은 상사를 명심하며 잘 버티고 있는 중이라 했다.

결혼하기 전 연애 시절 한 사람을 사랑하게 되고 그 사람의 모든 것이 좋아 보였지만, 막상 결혼하고 시간이 지나면 연애 시절 보지 못했던 단점들과 버릇들이 보이기 시작하면서 배우자의 잘못이 싫어지기도 한다. 그렇다고 모든 사람이 과연 이혼하는가? 물론 이혼하는 사람들도 있겠지만, 대부분 사람은 그런 것 때문에 이혼하지 않는다. 그것은 내가 사랑하는 배우자의 몇 안 되는 좋은 점이 무수히 많은 단점을 극복하게 하기 때문이다.

때론 부부싸움도 하고, 못 살겠다고 집을 뛰쳐나가기도 하고, 친구들에게 배우자의 욕을 심할 정도로 하기도 하지만, 부부싸움은 칼로 물 베기라고, 이내 다시 가정으로 돌아와 어느새 남편이 되고 아내가 되고 엄마 아빠가 되는 것이 부부관계이다.

그런데 이는 비단 부하 직원의 입장만도 아니다. 상사의 경우도 마찬가지이다. 현실적으로 상사는 부부관계처럼 수평적인 존재가 아니라 수직적인 존재라서 더 어렵다. 그러나 상사는 부하 직원들이 성장하고 스스로 제대로 일을 잘할 수 있도록 육성해야 하는 책임이 있다. 그래서 이 시대가 요구하는 리더십으로 부하들 한 사람 한 사람을 눈높이에 맞춰 섬겨야 하는 서번트 리더십(Servant Leadership)이 중요한 것이다.

섬김이란 존중에서 나온다. 그리고 존중은 사랑하는 마음이 비롯되지 않으면 힘들다. 모든 사람은 태어날 때부터 무엇인가 자신만의 장점을 단 하나라도 가지고 나온다고 하여, 영어로는 타고난 재능을 선물이라는 의미의 기프트(Gift)라고도 한다. 상사는 부하들의 선물을 먼저 발견하고, 사랑하고 존중해야 한다. 그리고 그들의 무수히 많은 부족한 점을 이해하고, 이를 고칠 수 있도록 육성해야 한다. 무조건 나를 따르라는 식의 과거 방식은 부부관계로 말하면 나쁜 폭력남편이나 다름없다.

한편 상사의 입장에서도 일을 잘 못 하거나 제멋대로 말 안 듣는 부하들을 보면 참을 수가 없다. 가장 쉬운 방법은 다른 곳으로 전직시키거나 회사에서 내보내는 일이지만, 때로는 쉽게 포기하지 않고 끈질기게 참고 기다려줄 줄 아는 것도 중요하다. 한 명뿐인 배우자를 사랑하듯이 직원들 한 명 한 명 그들의 방식대로 그들의 스타일에 맞춰 끈질기게 참고 사랑하며 이해하면 그들의 인생을 쉽게 포기할 수가 없게 된다.

2013년 11월 9일자 조선일보 위클리 비즈 컬럼에 GE의 잭 웰치(Jack Welch) 회장과 SAS의 짐 굿나잇(Jim Goodnight) 회장의 경영철학에 대한 비교기사가 나왔었다. 한때 전 세계 수많은 경영인들이 GE의 잭 웰치 회장을 경영의 신처럼 숭배했던 적이 있었다. 그가 경영했던 GE의 '식스 시그마'나 '워크아웃'은 혁신의 표본으로 거의 모든 회사에서 따라 하기도 했을 정도였다. 하지만 그는 직원을 ABC등급으로 나눠 하위 10%를 퇴사시켜, 자그마치 5년 동안 112,000명의 직원을 나가게 하였다. 그 덕분에 홀쭉해진 GE는 5배 이상 성장하며 전 세계 경영의 롤모델(Role Model)이 되었다.

반면 미국의 비즈니스 정보분석 회사인 SAS는 절대 사람을 내보내지 않는 회사로 유명하여, 2010~2011년 포천지가 선정하는 미국에서 일하기 좋은 100대 기업 중 1위를 차지하기도 했다. 게다가 2009년 글로벌 위기로 대부분 회사가 인원감축을 했을 때도, SAS는 고통분담을 했을지언정 인원감축을 하지 않았다. 그렇다고 성장을 못 한 것도 아니다. 가장 힘들었던 2009년에도 5%의 성장을 하였고, 최근 십 년간 평균 10%의 성장을 구가하고 있다.

과연 이토록 상반된 리더십에서 지금 우리에겐 무엇이 정답일까? 아마도 회사마다의 특성과 상황에 따라 다를 것이지만, 분명 창조경영과 집단지성이 지배하는 이 시대에 사는 나는 SAS의 굿나잇 회장의 손을 들어주고 싶다. 나의 의견을 대변이라도 하듯, 스탠퍼드 대학의 제프리 페퍼 교수는 지금 GE가 어렵게 된 이유는 잭 웰치 때문에 많은 인재가 떠났기 때문이라고 말한 바도 있다.

2년 전 매출규모가 커지면서 자체 처리했던 물류업무를 더는 소화할 수가 없게 된 나는 중국에 진출한 CJ대한통운과 물류 및 배송업무 일체를 아웃소싱하게 되었다. 이런 날이 올 것이란 것을 예측하고 몇 달 전부터 준비했던 것이 다행스럽게도 적기에 이루어져서, 급증한 주문에 따른 물류대란은 피할 수가 있게 되었다. 그런데 이 과정에서 생기는 문제가 7명의 물류직원이었다. CJ대한통운 측에서는 이 직원들을 받아들일 수가 없다고 해서, 결국 그들을 퇴사처리 해야만 CJ와 거래하면서 발생하게 될 물류비 증가를 어느 정도 줄일 수가 있는 상황이었다.

하지만 이 직원들은 회사에서도 가장 힘든 물류팀에서 한여름 더위와 한겨울 맹추위를 견디며 그 큰 창고에서 어떡하던 고객에게 배송이 늦어지지 않게 하기 위해, 가장 많이 야근과 휴일 특근도 많이 한, 회사 발전의 토대가 되었던 직원들이었다. 처음 나는 어쩔 수 없이 CJ대한통운과 계속 일을 해야 할 과장, 대리 두 명만 제외하고 나머지 직원들을 퇴사시키려고 하였다. 그리고 실제로 나머지 직원들에게 퇴사통보도 하였고, 이에 따른 보상문제도 얘기가 다 되었었다.

하지만 마지막에 나는 마음을 바꿨다. 물류관리업무를 하면서 누구보다 제품도 잘 알고 거래선도 잘 알며 회사에서 열심히 일하던 직원들을 냉정히 내보낼 수가 없었다. 이는 내가 중국에서 경영하면서 다짐했던, 중국에서 존경받는 회사를 만들겠다는 나의 꿈에도 위배되는 행동이었다. 그리고 분명 지금 당장 인원이 늘어나고 다소 비효율이 따르더라도 그들은 언젠가 과거에 그랬듯이 회사와 자신을 위해 맡은 바 책임을 다할 수 있을 것이라 나는 믿었다. 그래서 나는 그들을 영업부 주문관리팀에 배속시켰는데, 아니나 다를까 2개월 후 더욱 급증한 매출로 그들이 없었다면 경험 없는 신입사원들을 더 뽑아야 할 뻔했었다.

단순히 상사가 아니라 진정한 리더가 되고 경영자가 되려면 단순히 직급이 주는 힘(Positional Power)이 권한만이 되어서는 안 된다. 리더의 진정한 힘은 직원들을 사랑하고 존중하며 배려해 주는 것에서 나온다. 그리고 이는 직원들과 거리감 없는 커뮤니케이션(Communication)을 통해 이루어질 수 있다. 하루아침에 조강지처를 헌신짝처럼 쉽게 내 버리지 못하는 것처럼, 부하를 아내처럼 포기하지 않고 사랑하는 것은, 존중과 경청을 통한 강력한 소통의 힘을 만들어 준다. 그래야 비로소 상사는 사람을 끌어당기는 매력의 힘을 가지게 되는데, 이는 바로 배우자가 나를 영원히 사랑하게 하는 힘이랑 같은 것이다. 그렇게 배우자의 행복이 바로 나의 행복이 되듯이, 부하 직원의 성장 또한 상사에겐 더 큰 성장의 기회를 줄 것이다.

혹 지금 이 글을 읽고 있는 사람 중에 결혼하지 않은 미혼자라면 배우자가 아니라 사랑하는 애인이나 친구 가족 간의 관계를 되돌아보기 바란다. 직장에서의 인간관계는 이해관계로 맺어진 이차적인 관계이지만, 이를 반대로 혈연이나 오랜 친구처럼 일차적인 관계로 돌아보려고 노력하면, 상하 간의 관계도 쉽게 포기하지 않는 끈질긴 힘을 가지게 될 것이다.

박해조는 "천국을 낭비하는 사람들"에서 리더는 삿대가 되어야 한다며 말하였다.

"배가 수심이 얕은 곳에 걸려서 나가지 못할 때는 삿대질을 한다. 그럴 때 고마운 것이 삿대이다. 하지만 그 위기를 벗어나 배가 순풍을 만나 쏜 살같이 달릴 때, 삿대가 배 위에 나타나 이리저리 휘젓고 다니면 배 위에서 아무 일도 못한다. 배가 잘 달릴 때 삿대는 배 어느 한쪽에 보이지 않게 누워있어야 한다."

리더는 직접 현장에 나서서 직원들과 함께 땀 흘려가며 어려움을 헤쳐나가야 하지만, 평상시에는 직원들이 스스로 책임감을 가지고 시행착오를 통해 성장할 수 있도록 한 발짝 물러나서 그들을 끈질기게 기다려줄 수 있어야 한다. 그렇다면 그 배는 망망대해에서도 헤매지 않고 목적지를 향해 바르게 나아갈 수 있을 것이다.

고객과 신뢰를 쌓는 끈질긴 과정

내가 처음 직장생활을 시작한 것은 그 유명한 서울 올림픽이 개최되기 직전인 1988년 5월이었다. 나는 당시 럭키금성(LG)그룹 공채로 입사하여 금성사(LG전자) 영업부로 발령받았다. 원래 학창시절부터 마케팅이 좋아 금융권보다는 기업체로 입사하여 마케터가 되고 싶어 했지만, 당시 마케팅 부서에는 T/O가 없다는 이유로, 나는 당시만 해도 영업의 꽃이라고 불리었던 금성사 국내 가전사업부 영등포 영업과에서 직장 생활을 시작하게 되었다.

당시는 88올림픽이 있었던 때라서 대형 TV(20인치) 특수뿐만 아니라 국내경기가 최고의 활황기였기 때문에, 제품이 없어서 못 팔 정도로 즐거운 비명을 질러야 했다. 그러다 보니 입사하자마자 어리둥절했던 때임에도 영업이 무작정 재미있고 좋았으며, 이에 부응하듯 대리점 사장들과 회사와의 관계도 무척 좋았던 시절이었다.

하지만 올림픽이 끝나고 1년이 지나 금성사는 최대의 위기에 직면하게 되었다. 노사분규로 장장 6개월에 걸친 대규모 파업이 발생하였다. 비축했던 재고도 바닥나서 매장 진열장은 마치 이빨 빠진 것처럼 흉물스럽게 변했고, 소비자는 차츰 상품이 많은 삼성전자로 발을 돌리게 되어, "순간의 선택이 평생을 좌우합니다."라는 캐치프레이즈 아래 업계 부동의 1위였던 금성사는 삼성전자에 1위 자리를 내주어야만 했다.

당시 영업부에서 근무하던 내게 물건이 없어서 못 판다는 것은 참으로 안타까운 일이었지만, 나로선 어쩔 수 없는 일이었다. 그러나 더 큰 문제는 파업이 끝난 후였다. 파업기간 동안 빼앗긴 1위 자리를 되찾기 위해 시작한 물량공세는 영업사원에게 있어 최악의 상황을 연출하게 되었다. 그때부터 시작된 밀어내기식 영업은 대리점과 본사 간의 밀고 당기는 실랑이를 벗어나, 차라리 지옥 같은 전쟁이었다. 연일 밀어내는 물량에 한계까지 치민 대리점들은 트럭 한가득 밀려오는 제품들을 인수 거부하게 되었고, 이에 따른 영업 담당자들의 사유서가 계속되자 사무실 안은 대리점 사장들과의 분쟁의 소리로 가득 채워졌다. 어느 사장은 아예 대리점에서 달아나 모습을 볼 수가 없었고, 어느 사장은 본사에 뛰어들어와 책상을 뒤집어엎으며 소란을 피우기도 했다. 하루하루가 참으로 힘든 생활의 연속이었다.

그러다 보니 영업사원들은 점점 대리점 방문을 회피하면서, 어쩔 수 없이 사무실에서 계속해서 제품을 밀어내는 일만 더욱 반복하게 되었다. 그러나 나는 조금 달랐다. 당시 영업사원 1인당 평균 5~6개의 대리점을 맡은 것에 비해 2배나 더 많은 10개의 대리점을 맡고 있었음에도 불구하고, 나는 매일 방문 목표를 설정하고, 가능하면 대리점을 하루도 빠지지 않고 매일 가려고 노력했다. 갈 때마다 들리는 소리는 밀어내기 영업에 대한 불만의 소리였지만, 나는 개의치 않고 꾸준히 방문활동을 계속했다.

그러던 어느 날, 과거 시흥대로 변의 말미 고개라는 곳에 있는 M 대리점 사장이 서울역 빌딩으로 찾아들었다. 그는 식칼을 뽑아대며 책상을 뒤엎고 또 다시 밀어내면 다 죽여버리겠다고 아우성을 쳤다. 당시 담당 선배는 오랜 베테랑이었지만, 모두가 다 아는 악명 높은 M대리점 사장만은 어쩔 수가 없었다. 이 정도니 그 누구도 그곳에 밀어내기를 할 수도 없게 되었고 담당자와 대리점 사장 관계도 급속도로 악화되었지만, 누구도 담당을 대신 맡고 싶어 하지 않았다. 그렇게 되자 지점장은 당시 갓 만 1년이 지난 나를 참신한 사람이 해보라며 담당자로 정해줬다.

그 후 나는 만나주지도 않는 M대리점 사장을 끈질기게 찾아가서, 당시 내 아버지뻘 되는 연세였던 사장과의 면담을 정중히 요청하기를 반복하였다. 어떤 일이 있어도 매일 정해진 시간이면 그곳을 찾아갔다. 나중에는 마치 알람과 같이 그 시간에 내가 오지 않으면 '신윤창씨가 오늘은 왜 안 오나?' 하며 궁금해할 정도로 방문하였더니, 약 2주 정도가 지나자 사장이 결국 나를 만나주었다. 하지만 그는 엄청난 욕을 퍼부으며 재고가 많아 더는 주문할 것도 없고 꼴도 보기도 싫으니 다시는 오지도 말라고 하였다. 하지만 나는 멈추지 않고 그를 계속 찾아갔다. 그랬더니 결국 어느 날 더는 내게 쏟아 부을 말이 다 떨어졌는지 사장이 내게 조용히 말했다.

"신윤창씨는 맨날 내게 욕먹으면서 뭐가 좋다고 왜 매일 찾아오나? 이젠 지쳐서 나도 할 말이 없네!"

"사장님, 스트레스 좀 풀리셨나요? 사장님이 이리 화가 나셨는데 누구에게 하소연하시겠습니까? 저라도 그 욕 다 받아 주어야죠. 그냥 저에게 화 푸세요, 하하~!"

나는 너털웃음을 지으며 그에게 얘기하였다. 그러자 그도 따라서 허허 웃으며 두 손 두 발 다 들었다는 시늉을 하였다. 그 후로 그와 나는 급속도로 좋은 관계가 되어 내게 대리점 특성을 자세히 설명도 해주었다. 그는 M대리점이 특성상 매장과 창고가 작아 냉장고를 많이 쌓아둘 때도 없고 해서, 주로 사이즈 작은 VCR과 TV를 잘 팔리고 있으니 이왕이면 그쪽으로 중점 두는 것이 좋겠으며, 특히 TV도 다른 곳과는 달리 소형(14인치)이 많이 나가는데, 이는 이 동네 사는 사람들 대부분이 소득 수준이 낮고 집이 작기 때문이라는 등 시장의 특성과 말미 대리점의 장단점을 자세히 설명해 주며, 마침 일부 재고도 떨어지고 있으니 주문을 하겠다며 1개월 만에 첫 주문을 해주었다.

비단 M대리점뿐만 아니라 대부분 대리점이 정도의 차이만 있을 뿐 당시는 비슷한 상황이었다. 나의 꾸준한 방문에 대리점 사장들은 점차 화를 내는 것을 포기하고, 나중엔 일개 사원인 내게 같은 말 계속해 봤자 입만 아프고 소용이 없었는지, 푸념 섞인 말과 함께 조금씩 마음을 열어주기 시작했다. 당시 내가 한 일은 그저 스트레스 풀이 대상의 역할뿐이었다. 나는 내 얼굴 보기도 지긋지긋하다는 사장들에게 무엇이든 좋으니 내게 화를 내라고 하며, 담당인 나에게조차 화풀이를 못 하면 이 어려운 상황을 어떻게 견디겠느냐며 그들의 이야기를 참고 들어 준 것뿐이었다.

그러는 과정에서 우리에겐 뭔가 신뢰감 같은 것이 생겼고, 드디어 나는 밀어내기가 아닌 그들의 요청에 의한 주문서를 서서히 받아올 수가 있게 되었다. 그리고 무엇보다도 지속적인 방문을 통해 내가 얻은 것은 그 매장의 재고와 판매되는 제품에 대한 통계적인 수치를 통해, 대리점마다 시장의 특성에 따라 어떤 제품을 잘 파는지 감을 잡을 수가 있게 된 것이다. 즉 같은 시흥대로를 사이에 두고 있는 지역이라고 해도, 어느 곳은 냉장고를 잘 팔고 어느 곳은 TV를 잘 파는 식이었다. 그리하여 나는 밀어낸 어느 제품이 재고로 쌓일 것 같으면 얼른 이를 다른 대리점으로 재고이동을 시켜주어서 상당 부분 문제를 해결할 수 있었으며, 점차 대리점의 특성에 맞게 제품을 선택하여 재고 회전율을 높일 수도 있게 되었다.

그렇게 되자 나는 그 시기 놀라울 정도로 대리점에서 제품 인수거부를 하지 않는 영업사원으로도 인정받게 되었다. 그러나 사실 거기에는 나만의 또 다른 노력이 있었다. 매주 일요일이면 집에서 쉬지 않고 당시 양재동에 있었던 물류센터를 방문해서, 물류 담당자와 관계를 매우 돈독히 쌓아왔다. 그들의 노고에 항상 감사하며, 때론 식사도 사주고 때론 음료수 한 박스라도 사가면서 도움을 요청했다. 내가 밀어낸 것을 바로 배송하지 말고 내가 별도로 요청할 때 배송해 달라는 요청이었다. 한 마디로 본사 물류창고를 잠시 동안 나의 창고처럼 활용한 것이다. 부피가 큰 가전제품의 경우 대리점 재고가 증가할 때 가장 큰 문제가, 쌓아 놀 창고공간의 부족으로, 어떤 때는 대리점에서 물건을 받고 싶어도 창고 여유 부족으로 못 받을 경우도 왕왕 있었기 때문이었다.

그런 노력의 결과, 내가 맡은 대리점의 매출은 계속 증가하여, 남들이 80% 목표 달성하기도 힘든 시기에 매월 100% 이상을 달성할 수가 있었다. 이는 남다른 열정으로 대리점의 문제와 상황을 파악하여 대응하였기 때문이지만, 무엇보다도 어려움을 포기하지 않고 끊임없이 고객을 방문하였기 때문이다. 바꾸어 말하면 쉽게 포기하지 않았기 때문에 신뢰를 형성할 수 있었고, 덕분에 문제를 발견하게 되어 해결할 수도 있었다.

그래서 지금도 영업을 힘들어하는 후배들을 보면 나는 가끔 농담 반 진담 반으로 그 당시의 일을 생각하며 말한다.

"냉장고 100대 밀어 넣어 봤어?"

생각해 보라, 고작 냉장고 100대라고 생각할지 모르겠지만, 수량보다는 그 차지하는 부피가 얼마나 큰지를… 수 십대의 트럭으로 배송이 왔는데 그걸 대리점이 되돌려 보냈을 경우, 낭비되는 물류비는 또 얼마나 많이 들었겠는가? 그래서 그런지 당시 단순히 제품만 판매했던 것이 아니라, 모든 어려움을 해결하기 위해 끈질기게 포기하지 않았던 나의 초창기 젊었던 영업경험은 26년이 지난 지금도 내 인생의 가장 큰 밑거름이 되어주고 있다.

해금강의 천 년 소나무

몇 년 전 이사를 하다가 책장에 꽂혀 있던 색 바랜 얇은 노트 하나를 우연히 발견하였다. 대부분 대학시절 썼던 낙서나 메모였지만, 나름 괜찮은 글도 몇 편 남아있어 무척 반가웠다. 그 중 "천년송(千年松)"이란 글이 있어 부끄럽지만 소개하고자 한다.

대학 4학년 때 졸업여행으로 거제도 쪽을 갔을 때, 배를 타고 해금강을 관광하였다. 왜 이곳이 바다의 금강산이라 하는지 느낄 수 있을 정도로, 깊은 바닷속에서 솟아오른 것 같은 수많은 기암절벽은 금강산 일만 이천 봉처럼 아름다웠다. 그중 한 절벽 위 꼭대기에 작은 소나무가 하나 있었는데, 배에서 나오는 안내에 의하면 그 작은 소나무가 천 년이나 되었다고 하였다. 그동안 더 큰 소나무도 자랐지만, 태풍이 불면 큰놈들은 모두 뿌리째 뽑혀 꺼멓게 썩어버렸지만, 유독 저 소나무 하나만 흔들림 없이 저 자리를 계속 지키고 있다고 했다. 온통 암석으로 된 절벽 틈 사이 뿌리를 내린 것도 대단한데, 더욱이 천년의 세월을 거친 비바람을 견디며 단단히 지키고 있었다는 게, 내게는 큰 감동으로 다가왔다. 그 날 밤 노트에 적었던 그 감동이 28년이 지난 지금, 빛바랜 추억으로 내게 다시 다가왔다.

– 천년송

남해의 푸르름에 배띄워 돌아보니
금강산 그 모습이 여기 다 모였는데,
커다란 몸뚱이는 다소 곳 감추우고
절경 속 봉우리만이 우뚝이 솟았도다.

수많은 암벽에도 생명의 웅트림이
해초며 따개비며 색색이 조화롭다.
그 중에 정상 위의 홀로인 소나무야

그 누가 너를 보고도 천년세월 느끼랴.

천년의 억겁 속에 풍상을 견디면서
몸길이 그 절반을 바위에 내리우고
갓 심은 어린 것양 수줍이 서있지만
천개의 주름살 모두 꼼꼼하게 맺혔네.

어느 날 널 비웃던 커다란 소나무들
태풍에 뿌리뽑혀 까맣게 타들어도
너만이 정상에서 여전히 그대로니
그 어느 세찬 비바람이 천년한을 날리랴?

나무는 자기의 키만큼 땅속 깊이 뿌리를 내린다는 말이 있지만, 이 천년 송은 거친 비바람을 극복하기 위해 하늘 위로 자라는 것 대신에 아마도 바위 속으로 자기 키보다 더 깊이 자라기로 마음먹었는지도 모른다. 뿌리를 더욱 단단히 하여 바위를 뚫어내는 기나긴 어려움의 시간이 있었기 때문에, 천년의 세월 또한 소나무를 함부로 하지 못했을 것이다.

지금 내가 사는 사회주의 국가 중국은 급속히 자유경제를 받아들여 빠른 경제발전 속도를 이루고 있는 만큼, 중국인들은 엄청나게 빠른 가치관의 변화를 겪고 있다. 지금 그들에게 있어서 성공은 곧 돈이고, 돈이 곧 성공이다. 그리고 빨리 이 가난에서 빠져나와 돈을 많이 벌고 싶어 한다. 그래서 지금 나와 거래하고 있는 대리상들도 돈만 더 준다면 얼마든지 회사를 갈아탈 준비가 된 사람들이라 해도 과언이 아니다. 나는 이 잘못된 악순환의 고리를 끊어야 한다고 생각했다. 그래서 제일 먼저 대리상들에게 교육하기 시작한 것이, 기본을 다지고 실력을 쌓아서 천천히 성공해야 오래갈 수 있다는 정신교육이었다.

그때 한양대학 유영만 교수의 저서 "곡선이 이긴다"에 나오는 내용은 내가 중국인 대리상들에게 천천히 가는 미학을 강의하는 데 있어, 없어서는 안 될 교과서였다. 나는 때론 중국 전역을 다니며, 때론 청도 본사에서 집체 교육을 하며, 수천 명의 대리상에게 진정한 성공은 한순간의 돈이 아니라, 죽을 때까지 행복한 삶을 누리는 것임을 강조하였다. 돈은 목적이 아니라 진정한 성공의 결과, 자동으로 따라오는 보너스이다. 그런 노력의 결과, 지금은 단순히 돈을 좇아 이 회사 저 회사를 떠돌아다니던 대리상들은 상당히 줄어들었으며, 지금은 세라젬과 함께 오래갈 건실한 대리상들이 자리를 잡았으며, 회사는 그들과 함께 더욱 튼튼하고 안정적으로 성장하고 있다.

기본이 얼마나 튼실해야 오래갈 수 있음을 해금강 천년송이 몸으로 보여주었듯이, 사람과 조직도 그 근본이 뿌리 깊고 바르어야 오래도록 지속할 수 있다. 지금 세라젬 화장품의 대리상들은 중국인들이 상상도 할 수 없는 수익을 내고 있다. 몇몇 사람은 법인장인 나보다도 더 많은 급여를 받고 있을 정도다. 그들은 초등학교도 간신히 나와 월 1~2천 위엔으로 근근이 살았던 농어촌 사람들이 더는 아니다. 고급 외제 차를 끌고 명품백을 들고 다니는 사람들로 변신했다. 그들은 창립한 지 얼마 되지도 않은 부족한 회사를 참아내고, 5년간을 끈질긴 노력으로 지금의 성공을 만들었으며, 그들의 성공이 또한 지금 회사의 성공이 되고 있다.

나는 중국에서 많은 한국인이 빤짝 잘 나가다 바로 한국으로 도망치듯 철수하는 모습을 많이 보고 있다. 작은 중소기업뿐만 아니라 굴지의 LG, 삼성의 가전사업도 마찬가지며, 우리나라 최고의 이마트, 롯데마트도 마찬가지이다. 내 생각에 한국인이라는 자부심이 너무 큰 자만심이 되어, 중국인들 속에서 깊게 뿌리 내리는데 가장 큰 걸림돌이 되었을 것 같다.

중국에서 성공하려면 매출적으로 빨리 위로 성장하는 것보다 먼저, 아래로 고객과 유통적으로 뿌리를 내리는 일부터 해야 한다. 사실 이 일은 그 어느 일보다 힘들고 오랜 시간이 걸린다. 중국인에 대한 문화적 괴리감과 이해할 수 없는 억지를 참고 견디는 일도, 한국인으로서 쉽지 않은 일이기도 하다. 하지만 그 시간을 견뎌 중국인들에게 깊이 내린 튼튼한 뿌리가 있어야, 비로소 태양을 향해 높게 뻗어 올라갈 수 있다는 사실을 명심해야 한다. 이는 중국이건 한국이건, 전 세계 어디든 간에 똑같이 통용되는 보편타당한 진리라 생각된다.

레오나르도 다빈치는 말했다.
"시간은 시간을 사용한 어느 누군가를 위해 충분히 머무른다."

성급히 성공하려고 할 필요가 없다.
꿈을 위해 하고자 한다면, 절대 포기하지 말고 꾸준한 준비와 기다림을 인내해야 한다.
준비된 자에게 기회는 절대 도망치지 못한다.

Never Give Up,
절대 포기하지 마라. 끈질김은 도전하는 자의 마르지 않는 생명력이다.

chapter 7

Goal,

도착지가 있어야 이정표를 세운다

1

우리 인생의 보물찾기, 꿈

꿈을 향한 자기 자신을 믿어라

우린 어린 시절 선생님이 "꿈이 뭐에요?" 하고 물으면, "대통령이요~, 과학자요~"라고 대답 하나는 참 잘들 하였다. 요즘 아이들은 연예인이 가장 많다고 하던데, 뭐가 되었든 어린 시절에는 힘들고 어려운 높은 이상이 있었다. 그러나 그 꿈은 점점 자라면서 현실적으로 변하는 만큼 작아지고 만다. 흔히들 뒤에 '사'자로 끝나는 판사, 검사, 변호사, 의사, 회계사 등의 직업들은 여전히 각광을 받고 있다지만, 치열한 경쟁 때문에 지금은 예전만 못하고, 공무원이 되거나 그저 좋은 회사 들어가 평범하게 행복한 가정을 꾸리는 것이 꿈이 되고 말았다. 그러나 소위 좋은 회사라고 하는 대기업에 취직하는 것도 수백 대 일의 경쟁을 뚫어야 하는 쉬운 일은 아니다 보니, 어느새 젊은이들의 꿈은 대기업에 취직하는 것으로 일반화되어 가고 있는 것만 같아 안타깝다.

그런데 사실 나는 대학을 졸업하고 직장에 취직할 때까진 별다른 꿈이 없었다. 대학 시절 친구들이랑 술 한잔 기울일 때면, 이 때문에 한 친구랑 매번 설전이 벌어지기도 했었다. 그 친구 말이 스무 살 넘어 대학까지 다니는 놈이 미래의 꿈과 계획도 없다는 게 한심하다는 것이었다. 하지만 그때까지 난 무엇을 이루겠다든가, 어떻게 살겠다든가 등에 대한 생각이 전혀 없었다. 난 그에게 이렇게 말했었다.

"난 그저 현재를 충실히 살겠어. 그저 놀고먹는다는 게 아니야. 무엇이든 언제나 최선을 다할 것이야. 지금의 대학생활, 공부도, 동아리도, 동문회도, 연애도, 술 마시고 춤추고 노는 것도…. 그 무엇도 열심히 다 할 거야. 이렇게 현재에 최선을 다하면, 아직 오지 않은 먹구름같이 어두운 미래도 분명 내겐 최선으로 다가올 것으로 생각해."

그때는 친구의 말대로 꿈을 향해 한길로 나가야 한다는 것이나 나의 현재에 충실하겠다는 생각은 알이 먼저냐 닭이 먼저냐 같은 이데올로기 싸움 같았다. 당시 나는 절박함도 긴장감도 없었고 그저 현재의 나에게만 충실해지고 싶었다. 나에게 있어서 대학 시절은 입시 때문에 아무것도 하지 못했던 암흑기를 벗어나 만난, 자유와 낭만의 환상적인 세계였기 때문이었다. 대학 시절은 내가 이것도 해보고 저것도 해보며, 때론 즐기고 때론 고뇌하고 때론 육체적 힘듦도 겪으며, 스스로를 담금질하는 질풍노도의 시기였다. 집을 나와 무작정 기차를 타고 목적지 없는 여행을 떠나 마음이 동하는 아무 곳에서 내리면 그곳이 바로 오늘의 목적지가 되는 자유 그 자체의 여행이 바로 내겐 대학 시절이었다.

그러다 보니, 사실 진짜 그립고 후회 없는 대학생활이었다. 학점은 간신히 B를 넘었지만, 깊고 오랜 사랑으로 지금의 아내를 만났고, 동아리 행사 부장, 고교동문회장을 하며 훌륭한 친구들과 선후배들을 알게 되었으며, 당시 최고의 활황기를 누렸던 청계천 전자상가에서 6개월간 아르바이트를 하며 사회와 인생도 조금 느꼈고, 열심히 놀았던 한 가닥으로 지금도 중국 아줌마들 앞에서 춤도 추고 노래도 불러 박수갈채를 받고 있다. 그러다 졸업 후 얼떨결에 들어간 LG전자에서 직장생활을 겪게 되면서부터, 나는 하나의 꿈을 가지게 되었는데, 그 꿈은 여전히 이어지고 있다.

진정으로 원하는 꿈은 나에 대해 잘 알지도 못했던 시절에 정해지는 것이 아니다. 설령 그때 정했다 해도 많은 시행착오를 겪으며 꿈은 계속 변할 수도 있다. 그렇게 숨은 보물찾기처럼 내 인생의 꿈을 찾아 떠나는 여행에서, 어느 순간 더는 아무 역에서나 내리지 않고 곧장 가고 싶은 하나의 목적지를 발견하게 된다. 그때 누군가 어디로 가고 싶은가를 물어본다면, 이제는 더는 주저할 필요 없이 확고히 목적지를 말할 수 있을 것이다. 나의 꿈은 무엇이라고…

그래서 나는 젊었을 때 똑바른 꿈과 목표설정이 되기 전까지 무조건 해보라고 권하고 싶다. 잘못될 경우의 염려가 생각을 지배하기 전에 그냥 부딪치며 해보는 것이다. 삶은 무엇 하나라도 버리는 게 없이 소중한 경험과 자신감이라는 선물을 주기 때문이다. 그러면 어느 순간, 꿈은 내 앞에 큰 캔버스의 밑그림처럼 스미듯이 나타나, 앞으로 그려나갈 형형색색의 아름다운 색깔 옷이 입혀지기를 기다릴 것이다.

19세기 말 미국의 의학자이자 시인이며, 평론가였던 올리버 웬들 홈스(Oliver Wendell Holmes)는 말했다.

"현재 위치가 소중한 것이 아니라 가고자 하는 방향이 소중하다."

꿈이라는 것은 바로 방향성을 의미한다. 그리고 방향에는 항상 출발점과 도착점이 있는데, 지금 내가 처한 상황과 위치를 명확히 파악하고 인식하는 것이 바로 꿈을 향한 첫 출발점이다. 그 출발점을 바로 세워야 앞으로 '어디로 가야 하는가(Where to go)?'라는 질문에 올바른 답을 할 수 있게 되면, 비로소 제대로 된 꿈을 설정하게 되는 것이다. 그렇게 설정된 꿈을 쪼개어 '해야 할 목표(What to do)'를 구체적으로 계획하고, 그 목표를 달성하기 위해 어떻게 할 것(How to do)인지를 세부적으로 만들게 되면, 내 가슴 속에 있었던 꿈은 현실이 되어 반드시 이루어질 수 있게 된다.

이제 우리는 가고자 하는 한 가지 길의 방향이란 무엇인지를 알게 되었다. 그 길에는 분명 강도 있고, 산도 있고, 가시덤불도 있겠지만, 우리는 그 고난을 넘어 목적지에 도달해야만 한다. 지금 처한 상황을 제대로 인식하여 다른 길로 빠지지 않고 일관되게 나아간다면, 누구나 반드시 그 목적지에 도달하게 될 것이라 나는 확신한다.

벤자민 디즈레일리는 말했다.

"성공의 비결은 목적의 불변에 있다. 하나의 목표를 가지고 꾸준히 나아간다면 성공한다. 그러나 사람들이 성공하지 못하는 것은 처음부터 끝까지 한길로 나가지 않았기 때문이다. 최선을 다해서 나아간다면 어려움을 뚫고 만물을 굴복시킬 수 있다."

꿈을 실현하려면 먼저 꿈이 있어야 한다. 그러니 먼저 제대로 된 꿈부터 만들어 보자. 꿈이란 이루어지기 위해 존재하는 것이다. 그러니 이제 자기 자신을 믿고 확고한 신념으로 꿈을 향해 도전해 보자. 진정한 꿈이 있다면 그 꿈은 반드시 실현될 것이다.

꿈은 원대하게, 목표는 구체적으로

로버트 이안 시모어의 "멘토"를 보면 1953년 미국 예일대에서 했던 재미있는 연구 이야기가 나온다. 졸업을 앞둔 4학년에게 목표설정에 대해 질문을 하였는데, 87%는 목표를 전혀 세우지 않았고, 10%는 막연히 목표를 세우려고 노력하였으며, 나머지 3%만이 목표설정기준과 행동계획을 직접 종이에 적었다. 그리고 자그마치 20년 동안이나 그 학생들을 관찰한 1973년에 드디어 결과가 발표되었는데, 목표를 구체적으로 설정하고 기록한 단 3%의 학생들이 다른 97%의 학생들을 모두 합한 것 보다, 직업이나 경제적 상태 등 모든 면에서 훨씬 더 큰 발전을 이루었다는 놀라운 결과였다.

그럼 10%의 학생들은 목표를 세우려고 노력했는데도 3% 학생들과 크게 달랐던 이유는 무엇일까? 이것은 막연히 바라는 목표는 진정한 목표설정이 아니며, 종이 위에 쓰인 뚜렷하고 구체적인 목표만이 얼마나 놀라운 힘을 발휘하는지를 보여준 단적인 예라고 할 수 있겠다.

목표는 강한 실행의 동력을 만든다. 막연한 뭔가를 하는 것이 아닌, 뚜렷한 일에 대한 방향을 가르쳐 주기 때문이다. 따라서 목표를 설정한다는 것은 꿈이라는 목적지로 가기 위한 이정표와 같은 것이다. 목적지가 어디인지 아득히 가름할 수가 없어서, 수만리 굽이굽이 여러 갈래 길에서 가고자 하는 길을 잃지 않고 바르게 찾아가려면 반드시 이정표가 있어야 한다. 그런 이정표가 가는 길마다 세워져 있기 때문에 제대로 한 방향으로 갈 수 있는 것처럼, 목표는 어떤 일을 제대로 하게 만드는 길라잡이가 되어 준다.

10년 전 LG생명과학에서 마케팅전략팀장을 할 때였다. 회사를 옮겨 생소한 의약품 시장을 공부하랴, 새로운 사람을 사귈라, 매우 바쁜 하루하루에 첫 6개월간은 거의 책에 손도 되지 못했었다. 그래서 나는 책 읽기 목표를 세워, 스스로를 반성도 하고 나만의 차별화 전략을 만들기 위해 한 달에 최소한 세 권의 책을 읽자는 목표를 지켜나갔다. 그러던 어느 날 한 팀원이 내게 질문을 하였다.

"제가 보기에도 팀장님은 너무도 바쁘고 저녁에 술자리도 많으신데, 어떻게 책을 그리 많이 읽으시나요?"

그때 나는 주저 없이 대답하였다.

"그건 내게 책 읽기 목표가 있기 때문이야. 때론 바빠서 책 읽기가 밀릴 때도 있어. 그럼 어쩔 수 없이 주말에 평소 보던 TV는 끄고 종일 책을 읽을 수밖에 없고, 때론 잠자기 전에 침대에서 한 시간씩 책을 읽기도 하고, 때론 평소보다 일찍 일어나서 읽기도 하거든. 그건 내가 지켜야만 하는, 꼭 달성해야만 하는 나의 목표가 있기 때문이야. 그러니 너도 일단 작게는 한 달에 책 한 권 읽는 것부터 목표를 세워봐. 작은 목표의 성취가 나중에는 더 큰 목표를 이루게 해줄 테니까."

로버트 이안 시모어는 또한 목표설정에 대해 다음과 같이 말했다.
1. 삶의 목표를 설정하고, 종이에 적어보아라.
2. KISS(Keep It Short and Simple), 짧고 간명하게 적어라.
3. 진정으로 원하는 바만 목표로 삼아라.
4. 구체적으로 정해라.
5. 관찰하고 검토하며 재조정하여라.

이렇듯 목표는 짧고 명료하지만, 구체적이고 정량적인 숫자로 표현하여 직접 손으로 써서 잘 보이는 곳에 붙여 두고 매일 보는 것이 좋다. 실제로 나도 이와 똑같은 행동을 하여 놀라운 결과를 이룬 적도 있다.

2003년 사업에 실패하고 3억 원의 부채 때문에 죽을 결심도 했었다는 말은 이미 한 바가 있다. 나는 A4 종이에 내가 갚아야 할 빚의 총 금액을 크게 적고, 이를 쪼개어 매년 갚아 나갈 목표를 적었다. 그리고 이 종이를 내 책상 유리 밑에 깔고 매일 그것을 바라보며 일했다.

실제로 처음엔 그 목표가 불가능 할 것으로 생각했었다. 그러나 자꾸 들여다보고 고민을 하다 보니 더 좋은 방법이 자꾸 나오는 것이었다. 아내가 피아노 교습소를 차려 월 3백만 원을 벌게 되었으며, 나도 대기업으로 자리를 옮겨 급여 수준이 인상되었고, 과거 쓰던 소비 수준을 대폭 줄여 높은 금리의 부채부터 갚아 나가자, 차츰 어려움의 걱정 보다 가능성의 기대감이 더 커지게 되었다. 그리고 끝내는 목표보다 1년을 앞당겨 부채를 모두 털어낼 수 있게 되었다. 이토록 목표는 엄청난 실행의 힘과 꿈을 이루어주는 긍정과 열정의 힘을 가져다주는 것이다.

소설 "알함브라의 전설"로 유명한 미국의 작가, 워싱턴 어빙은 말했다.
"위대한 정신의 소유자에게는 목표가 있으며, 범인들에게는 소망이 있다."

2

스마트한 목표 세우기

스마트폰에 스마트TV, 이제는 스마트 냉장고에 에어컨까지 나오는 스마트 시대이다. 그리고 목표에 대해서도 오래전부터 고전적인 스마트한 목표 설정의 법칙이 있는데, 영문 스마트(SMART)의 머리글자를 따서 만들어진 아래의 다섯 가지 원칙이다.

- Specific : 구체적이어야 한다.
- Measurable : 측정 가능해야 한다.
- Attainable(Achievable) : 달성 가능해야 한다.
- Result-Oriented : 기대하는 결과가 분명하여야 한다.
- Timely : 달성되어야 할 시기가 명확해야 한다.

이제부터 스마트한 목표 설정의 원칙을 좀 더 자세히 알아보겠다. 그러면 앞으로 SMART라는 단어 하나만 기억해도 개인의 목표, 업무의 목표, 그리고 기업의 목표 등을 설정하는데 어렵지 않게 기준을 잡을 수가 있을 것이다.

Specific - 구체적인 목표

목표란 미래의 모습인 꿈이 실현될 수 있다는 것을 보여줄 수 있어야 한다. 조직이나 개인이 성취하고 열망하는 미래에 되고 싶은 것을 향해 변화해 나아가야 할 방향이 제시되어야 한다. 그렇기 때문에 목표는 구체적이고 명확하게 기록되어야 한다. 애매모호한 목표는 안갯속에서 길을 잃고 가야 할 길을 몰라 헤매는 것과 같다. 예를 들어 만약 부산을 가야 한다면 부산을 가는 이유와 목적이 뚜렷해야 한다. 거기에 따라서 부산에서의 구체적인 일정 계획이 세워지고, 그 계획에 따라 비행기를 탈지, 기차를 탈지 아니면 직접 운전을 하고 가야 할지를 결정할 수가 있기 때문이다.

따라서 목표는 꿈(비전)과 일관성 있는 연결 선상에 있어야 한다. 기업의 경우 전사적 차원의 비전이나 목표가 명확하지 않거나 비전 따로 목표 따로라면, 하부단위인 팀이나 팀원 개개인의 제대로 된 목표 또한 정확히 설정하기가 어렵다. 팀의 목표는 항상 상부조직의 목표와 연결되어 있어야 하고, 그 팀의 주변 환경에 대한 문제를 인식하고 이를 극복하기 위해 현실적이고 긍정적으로 수립되어야 하는지, 별도의 뜬구름 잡는 식이거나, 조직에 기여하는 바가 없다면 전혀 의미가 없을 것이다.

손자병법 시계 편에는 "정치란 백성들이 윗사람과 더불어 뜻을 같이하게 하여, 함께 죽고 함께 살 수도 있도록 해야, 어떤 위험에도 두려워하지 않게 된다. (도자, 영민여상동의야, 고가여지사, 가여지생, 이불외위야 道者, 令民與上同意也, 故可與之死, 可與之生, 而不畏危也)"란 말이 나온다. 즉, 리더는 아랫사람들이 함께 뜻을 같이하도록 만들어야, 목표를 달성하기 위해 동고동락할 수 있다는 말이다. 더욱이 지금은 뜻이 같으면 이기고, 뜻이 같지 않으면 지는 세상이다. 세계를 정복한 징기스칸도 "혼자만의 꿈은 꿈에 불과하지만, 만인의 꿈은 현실이 된다."라고 하였던 것처럼, 나의 길이 조직의 길과 함께할 때, 개인도 조직도 모두 꿈을 이룰 수 있을 것이다.

개인의 목표도 마찬가지이다. 먼 미래의 꿈을 이루기 위한 구체적인 목표가 설정되어야 한다. 나의 꿈은 한 기업의 CEO가 되는 것이지만, 은퇴 후의 목표도 나는 이미 설정해 놓았다. 그것은 존경받는 강연자가 되는 것이다. 만약 막연히 은퇴 후 다른 기업의 컨설턴트나 강연자가 되겠다는 것이 목표라면, 이 또한 막연한 일이다. 그래서 단순히 돈을 많이 벌고 인기 있는 강사가 되겠다는 것이 아니라, 나의 지식과 경험을 사회에 나누고 수익도 환원할 줄 아는 존경 받는 강사가 되겠다는 것이다. 그러나 이런 목표를 달성하려면 무엇보다도 먼저 강연자의 자격 조건이 달성되어야 할 것이다. 그래서 나는 구체적으로 강연자가 되기 위한 목표와 계획을 아래와 같이 수립하였다.

1) 대학 졸업 학사인 현재의 학벌을 현업에 있는 동안 박사 수준으로 올린다. 그래서 나는 중국에서 한양대 사이버경영대학원을 졸업하여 MBA 석사를 획득했으며, 가능하면 5년 내로 박사가 되는 목표를 정하였다.

2) 남들에게 보여줄 만한 저서를 매년 한 권씩 출간한다. 지금 이 글이 그 첫 작품이며, 앞으로도 계속 저술 활동을 할 것이다.

구체적인 목표가 있어서 지금도 나는 목표에 따라 실천하고 있으며, 그 행동의 결과는 마침내 목표달성이 될 것이다.

Measurable : 측정 가능한 목표

구체적인 목표의 가장 기본은 측정 가능한 숫자로 이루어져야 한다는 것이다. 앞에서 나의 목표에도 박사학위는 5년 이내, 책은 매년 한 권이라는 수치로 구체화한 것을 보았을 것이다. 하지만 이를 달성하기 위해서는 더욱 세분된 측정 가능한 목표가 필요하다. 실제로 업무를 하면서 글을 쓸 여력이 없는 여건인 나는 책 한 권을 출간하기 위해 글쓰기 목표를 보다 세분해서 수치로 구체화했다.

① 매일 새벽 6시에 기상하여 한 시간씩 글을 쓴다.
② 한 시간당 A4 한 페이지 글을 쓴다.
③ 휴일에는 글쓰기를 위한 자료들을 찾아 메모를 정리한다.
④ 1개월 A4 22P × 6개월 = 132P = 책 300P 정도의 분량으로 6개월 내로 책의 초고를 완성한다.

때론 술 약속도 있고 출장도 있어서 위와 같은 목표를 매일 다 지키지는 못하였지만, 그래도 일상적인 하루라면 나는 반드시 스스로의 약속을 지켜왔다. 그 덕에 6개월의 목표보다 한 달 빠른 5개월 만에 내 인생의 첫 번째 책의 초고를 마무리할 수 있었다. 만약 글쓰기에 대한 구체적인 목표가 없었다면, 어찌 5개월 만에 책 한 권을 쓸 수 있었겠는가?

나는 2008년 한때 습작으로 '소설 마케팅 1994'란 글을 써서 블로그에 올린 적이 있었는데, 쓰다 안 쓰다를 띄엄띄엄 반복하며 최종 마무리가 되기까지 무려 6년이 걸린 적이 있었다. 그때는 명확하고 구체적인 목표가 없었고, 그저 1990년대 나의 마케팅 경험을 소설 형식으로 한번 써보자는 막연한 목표만 있었기 때문에 무려 6년이나 걸린 것이다. 이 책도 지금은 두 번째 책으로 출간하겠다는 목표를 다시 수립해서 초고를 처음부터 수정하여 1994년이 아닌 2015년의 현실로 재탄생시키려고 계획 중이다.

자~ 이제 5개월 만에 책 한 권을 썼다는 것이 내게 얼마나 놀라운 발전인지 알겠는가? 바로 구체적이고 세부적이며 측정 가능한 수치로 된 목표가 있었기 때문에 실행 가능했던 일이었다.

Attainable(Achievable) : 달성 가능한 목표

2010년 중국에서 처음 사업을 시작하며 여러모로 부족했던 초창기에 사업자 모집이 생각보다 잘 이루어지지 않자, 영업책임자가 내게 한 계획안을 가져왔다. 본사 직원 중 한 명을 지역에 파견하여 목표를 주고 인센티브를 줘서 사업자를 모집해보자는 것이었다. 그런데 내가 좋은 생각이라고 하며 그 안을 검토해보니, 목표가 터무니없이 높게 책정되어 있었다. 그건 단번에 봐도 현실적으로 실현 불가능한 목표였다. 나는 당시 그에게 목표란 실현 가능성이 있어야 사람으로 하여금 노력하게 하지, 이처럼 너무 높으면 하기도 전에 포기한다고 말하며 수치를 조정하라고 말한 바가 있었다.

거래선 대상으로 판촉안을 기획할 때도 마찬가지이다. 일반적으로 거래선 매출 등급별로 각기 차등 된 판촉을 시행하는 것이 보편적인데, 내가 항상 마케팅 팀장에게 강조하는 것은 거래선의 기본 매출 대비 약 20~30% 정도를 끌어 올릴 수 있는 판촉을 해야 한다는 것이다. 판촉은 매출을 증대시키기 위하여 거래선을 끌어당기는 영업의 풀(Pull) 전략과 거래선에 매출을 밀어내는 푸시(Push) 전략이 동시에 반영되어야 한다. 이때 만약 터무니없이 매출목표가 높다면 거래선을 끌어당길 수가 없으며, 그렇다고 마땅히 별 노력도 없이 쉽게 달성할 수 있는 목표라면 그냥 거래선에 돈을 퍼주는 것과 다름없다.

따라서 목표를 달성하고자 하는 욕심에 너무 현실적으로 실현할 수 있게만 설정한다면, 그것은 더는 목표가 아닐 것이다. 쉬운 목표를 세워 쉽게 달성하는 것은 목표설정의 의미가 전혀 없다. 목표는 가능한 크게 설정하는 것이 좋다. 그렇다고 절대 불가능한 거대한 목표를 수립하라는 말은 절대 아니다. 목표란 내가 지금보다 더욱 분발하고 노력하여 힘들게 달성 가능할 수 있을 정도로 설정해야 한다. 만약 방에서 뛰어올라 천장에 손을 대려고 하는 것이 목표라면, 온 힘을 들여 뛰기를 반복해서 간신히 다섯 번 만에 한번은 손을 댈 수 있을 정도의 목표를 세워야 한다. 그렇게 어렵게 달성해야 목표를 향한 태도와 노력이 달라질 것이며, 목표달성으로 인한 성취감도 더욱 커서 개인의 성장과 발전에도 도움을 줄 것이다.

레오나르도 다빈치는 말하였다.

"사람이 불행한 것은 대체로 목표를 너무 높게 잡아서 그것을 이루지 못해서가 아니라, 목표를 너무 낮게 잡아서 그것을 이루고 나서다."

Result-Oriented : 결과가 분명한 목표

구체적이고 측정 가능한 목표는 결과도 명확하다. 우리가 목표를 설정하는 이유는 바로 우리가 바라는 바 그대로 결과를 얻기 위한 것이다. 그런데 그 결과가 어찌 될지도 모른다면, 어찌 목표를 설정할 수 있겠는가?

2013년에 중국에서 세라젬 화장품을 인터넷 쇼핑몰에 입점하기 위해 상해에 있는 인터넷 전문회사와 전략적 제휴를 맺었다. 이 회사는 한국의 패션의류를 중국 인터넷을 통해 판매하여 크게 성공을 한 회사이다. 이 회사의 사장은 30대 젊은 사람으로서 패기도 넘치고 도전적인 모습이 매우 기대되는 인물이었지만, 문제는 화장품 경험이 없다 보니 어느 정도의 매출을 올릴 수 있을지, 그 결과를 예측하지 못해 목표와 계획을 구체적으로 수립하지 못하고 있었다.

처음 나는 만약 달성하지 못하더라도 좋으니 구체적으로 1년의 목표를 세우고 도전해보자고 주장도 하였지만, 시작도 하기 전에 상대방에게 너무 스트레스를 주는 것 같아 그만 내가 나서서 목표설정 하는 일을 포기하고 그들에게 알아서 해보라고 맡기고 말았다. 그러다 보니 나는 사업계획도 작성할 수가 없었고, 생산물량도 어느 정도를 해야 할지 몰라, 일단 품목별 최소 생산량만 생산하였는데, 수개월이 지나 상해업체는 여러 사정으로 시작도 해보지 못하고 우리와 계약을 파기하고 말았다. 그 바람에 우리는 야심 차게 준비한 인터넷 전용 브랜드의 재고가 처치 곤란한 지경이 되어, 결국 인터넷 진입을 포기하고 오프라인 기존 유통으로 출시하고 말았다. 물론 그 업체로부터 최소한의 손해배상을 받기도 하였지만, 우리는 인터넷 시장 진입이라는 기회를 1년이나 놓치게 되었고, 그 업체도 손해배상비라는 돈을 낭비하고 말았다.

먼저 명확한 목표를 설정했다면, 그 결과를 예측하고 평가할 수가 있어야 한다. 그러면 과감한 투자와 실행을 할 수가 있어, 결과에 따라 보상이 따르거나, 잘못했다면 반성하고 문제점을 찾아 미진한 부분을 보완하여 재도전할 수도 있다. 그러나 결과가 어찌 될지 모르는 상황에서 목표를 세울 수조차 없다면, 상해 업체처럼 명확한 실행력이 뒤따르지 않게 되어 흐지부지 프로젝트가 사라질 수도 있다. 아니 설령 실행했더라도 그저 좌충우돌 시행착오를 겪으면서 경험을 통해 하나하나 현상을 헤쳐나갈 수밖에 없게 되고, 그 결과가 기대 이상인지 기대 이하인지는 심정으로만 있을 뿐, 성과를 측정하고 상과 벌을 명확히 하여, 또 다른 도전의 기회를 마련할 수도 없다.

따라서 모든 목표는 결과 지향적이어야 한다. 미래에 나올 결과가 구체적으로 예측 가능하고 분명해서, 성과를 평가할 수 있는 바탕이 되어야 한다. 목표가 존재하는 이유는 바로 기대하는 결과가 있기 때문이다. 결과가 모호한 목표는 존재 이유가 없다.

Timely : 달성되어야 할 시기가 뚜렷한 목표

미국의 광고 및 판촉 전문회사 워크스마트 사의 창립자인 그레그 레이드는 말했다.

"꿈을 날짜와 함께 적어 놓으면 목표가 되고, 목표를 잘게 나누면 계획이 되며, 그 계획을 실행에 옮기면 꿈이 실현된다."

목표에는 반드시 달성되어야 할 시간이 명시되어야 한다. 꿈은 멀고 목표가 가까운 이유도 바로 꿈에 나아가기 위해 시간으로 나누어진 목표이기 때문이다. 우리에게 언제나 자원은 한정되어 있다. 그중 참으로 아쉬운 것이 시간이다. 만약 우리가 죽지 않고 영원한 삶을 살 수만 있다면, 인간에게 목표란 무의미한 것일지도 모른다. 100년이 지나도 500년이 지나도 언젠간 이룰 수 있으니 말이다. 하지만 우리의 생명은 유한하고 우리에게 주어진 시간은 언제나 부족하다. 따라서 목표를 정하는 데 있어서 이루어야 할 시간에 대한 개념은 매우 중요한 일이다.

신규사업이나 신제품 개발에 거금을 투자할 때 평가지수 중의 하나로 PBP(Pay-Back Period, 투자금 회수기간)라는 것이 있다. 지금 현재 10억 원을 투자한 신규사업이 얼마 후에 투자금을 회수할 수 있는가에 대한 평가방법이다. 회사마다 다르지만 보통 3~5년 정도에는 이익을 통해 투자금이 회수되어야 한다고 한다. 만약 회사가 정한 PBP가 3년인데, 판매예측을 통한 손익 및 자금 분석 결과 3년 이상이 걸린다면 지금 10억 원이라는 거금을 과연 투자해야만 할까? 물론 여러 다양한 평가기준(NPV, IRR등)이 있지만, 오직 PBP로만 평가해야 한다면, 당연히 그 사업에는 투자하면 안 된다.

특히 자금적인 여력이 부족해서 대출금 상환 능력이 매우 중요한 회사가 투자금 회수기간을 3년으로 설정했을 경우라면, 역으로 계산하여 3년 이내 투자금을 회수할 수 있는 매출목표를 산출할 수도 있을 것이다. 그렇게 설정된 목표라면, 조직을 개편하고 마케팅 전략을 재수립하는 등 무슨 수를 써서라도 반드시 달성하기 위한 많은 노력이 투여될 것이다.

이미 여러분은 나의 책 쓰기 목표에서 6개월 내로 책을 쓰겠다는 기간이 들어 있음을 보았다. 그리고 내가 목표 달성을 위해 어떤 노력을 했는지도 보았다. 마감기한에 걸린 원고작성처럼 확고한 기간이 설정된 목표는 그 기간 내에 목표를 달성하고자 하는 강한 의지를 키워주는 역할을 하는 장점도 있다.

이렇게 SMART 하게 설정된 목표는 행동의 방향을 결정하여 실행을 강화하게 해주고, 그 결과에 따라 조직이나 개인의 실적을 평가하고 보상하는 기준이 된다. 또한, 보유하고 있는 자원이나 활동이 목표를 향해 집중되도록 하여, 목표 달성에 필요한 한정된 자원을 더욱 효율적이고 효과적으로 활용할 수도 있도록 해준다.

세상에 벌어지는 모든 일을 혼자 다할 수 있는 사람은 이 세상에 없다. 이 세상을 살아가는 방식은 하나의 목표를 선택해서 거기에 집중하는 데 있다. 그것이 바로 세상을 살아가는 전략이고 이치이다. 또한, 세상을 살아가는데 누구나 무거운 짐 하나는 어깨에 짊어지고 가야 한다. 그 짐이 없다면 당장은 편안할지도 모르겠지만, 사실은 그것이 곧 불행의 시작임을 알게 된다. 인생도 목표를 달성하지 못하는 것보다, 달성할 목표가 없다는 것 자체가 더 불행한 일이다. 어떤 목표도 어려움과 좌절의 고통을 겪지 않고 이루어지는 법은 없듯이, 그런 고난을 극복하고 이룬 목표이기 때문에, 더욱 달콤하고 아름다운 것이기도 한 것이다.

그렇기 때문에 기업이든 개인이든, 장기적인 목표를 SMART 하게 수립해야 한다. 목표를 SMART 하게 설정하는 순간이 바로 꿈을 향해 한 발 더 가까이 다가간 순간이다. SMART 한 목표는 지금 한순간의 실패에 쉽게 무릎 꿇고 포기하지 않는 끈질김의 힘을 부여해주기 때문이다.

세네카는 말했다.

"비록 산의 정상에 이르지 못했다 하더라도 그 도전은 얼마나 대견한 일인가. 중도에서 넘어진다 해도 성실히 노력하는 사람들을 존경하자. 자신에게 내재한 힘을 최대한 끊임없이 도전하는 사람, 큰 목표를 설정해 놓고 부단히 노력하는 사람은 인생의 진정한 승리자다."

3

계획 없는 목표는 한낱 꿈에 불과하다

하마 샌드위치

대학 시절 쉘 실버스타인의 그림 동화책 "골목길이 끝나는 곳"을 읽은 적이 있다. 유머와 해학이 넘치는 그림과 글로 사람과 세상의 풍자를 너무도 재미있게 묘사한 책이었다. 그리고 거기에 나오는 하마 샌드위치는 내게 계획의 중요성을 일깨워 주기도 하였다.

> [하마 샌드위치 만드는 방법]
>
> 하마 샌드위치는 참 만들기 쉽다.
> 빵 두 조각, 마요네즈 조금, 양파 한쪽, 하마 한 마리, 실 한 오라기, 후춧가루 조금
> 이렇게만 마련하면 된다.
>
>
> 그런데 문제는 이제부터이다….
> 어떻게 먹어 치우느냐…

큼직한 하마 한 마리의 등 위와 배 아래로 빵을 얹고 각종 토핑과 함께 실로 묶어 하마 샌드위치를 만드는 일이라면 어쩌면 동물원 사육사라면 쉽게 할 수도 있는 일이겠지만, 이 거대한 샌드위치를 과연 누가 한입에 먹을 수 있겠는가?

중국에서 화장품 사업을 하는 내게 가끔 한국사람들이 찾아온다. 한번은 중국 주부들에게 인기 있는 한국산 전기밥솥을 판매하고 있는 사람이 찾아왔다. 주 고객층이 여성이니까 같은 매장에서 한국 화장품도 팔면 돈을 더 벌 수 있을 것이라 쉽게 생각한 것이다. 하지만 이미 독점 계약된 유통을 가지고 있는 나는 함부로 그들에게 같은 브랜드를 줄 수가 없기 때문에, 신 브랜드를 개발하여 출시하기를 권장하였다. 그러자 그는 몇 달간 회의를 거쳐 기존 유통 내에서 가장 잘하는 10개의 매장을 우선 선정했고, 별도 브랜드 네임도 만들어서 마치 모든 준비가 다 끝났다는 듯이 내게 다시 찾아와서 말했다.

"이제 D-Day는 1개월 후, 화장품만 출시하면 됩니다."

그런데 주 고객층에 맞는 제품 컨셉은? 내용물 처방은? 용기 디자인은? 포장재 구매 및 생산계획은?

내게도 최소한 6개월의 기간이 필요한 일을 아무런 상의도 없이 무조건 본인의 입장에 맞춰 추진한 그가 참으로 답답해 보였다. 결국, 나는 이 일을 없었던 일로 하였다. 그가 같이 사업할 사람이 아니라 판단한 것이다.

회사에도 이런 일들이 비일비재하다. 강한 추진력으로 일단 일을 벌여 놓고도 마지막엔 수습이 제대로 되지 않아 낭패를 당하는 경우들이 있다. 그리고 그런 경우가 반복되는 사람이 있다면 유의 깊게 살펴봐야 한다. 왜냐하면, 그런 사람의 경우, 강한 열정에 가려져 잘못 판단된 무계획성과 무능력이 숨겨져 있기 때문이다. 구슬이 서 말이라도 꿰어야 보배라는 속담처럼, 아무리 좋은 아이디어와 꿈과 열정과 도전정신이 넘쳐 흐른다 해도, 제대로 꿰어 낼 수 있는 계획과 실행력이 없다면 말짱 도루묵이다. 게다가 제대로 수습하지 못한 마무리가 결국 다른 사람들에게 민폐로 돌아가더라도, 정작 본인은 당연하다는 듯이 또 다른 대형 하마 샌드위치를 만들어 열정적으로 나선다.

"열심히 일한 당신 떠나라."라는 무서운 말이 있다. 근시안적이고 비체계적으로 열심히 일한 사람은 이제 회사의 골칫거리가 되어가고 있다. 이제 무작정 좋은 아이디어에 원대한 목표를 정하고, 아무런 계획도 없이 잘해보고자 하는 의욕만으로 열심히 일만 한다면, 거대한 골칫덩어리 하마 샌드위치가 사무실 한복판을 점령하게 될 것이다.

목표를 잘게 쪼갠 것이 계획인 것처럼, 목표를 실행하게 만드는 원동력 또한 계획이다. 꿈을 꾸고 목표를 설정했으면 지금부터 해야 할 일은 자세한 계획을 수립하는 일이다.

어린 왕자의 작가 생텍쥐페리는 목표와 계획에 대해 간결하지만, 매우 중요한 말을 남겼다.

"계획 없는 목표는 한낱 꿈에 불과하다"

계획의 밸런스(Balance)

목표가 설정되었으면 무엇보다도 먼저 목표에 의거하여 해야 할 일들을 정해야 한다. 이때 유의할 점은, 우리에겐 일상의 반복적인 일들이 있다는 것이다. 하나의 목표를 정했다고 계획을 새로운 목표에만 국한하여 수립하면, 나중에 생각지 못한 일상의 일들 때문에 실제로 실행하는 데에 차질이 발생할 수가 있다. 즉, 목표달성 계획은 일상의 일들이 포함되어야 하며, 자신의 수행 능력, 자질뿐만 아니라 필요한 자원들이 무엇인지 세세히 검토되어야 하는 일이다. 그렇게 만들어진 계획이어야만 확실히 행동에 옮길 수 있는 진정한 실행계획이 될 것이다.

인간 사회에는, 인생에는, 그리고 모든 일에는 균형이 필요하다. 일과 가족의 균형, 정신과 육체의 균형, 개인과 조직의 균형… 사람들은 균형 잡힌 멋진 몸매를 부러워하고, 균형 있는 체조 선수나 피겨 스케이트 선수의 점프와 리프팅에서 아름다움을 발견한다. 균형은 이 세상에서 가장 아름다운 적극적이고 참된 모습이다.

그런 점에서 목표에 대한 세부 계획을 수립하는 데에도 무엇보다도 균형이 중요하다. 어느 하나에 치우친 계획은 한쪽 바퀴만 비대하여 비뚤어 나가는 자동차와 같다. 이런 차를 타고 장거리 여행을 떠날 수는 없다. 따라서 모든 목표는 성과에 영향을 미치는 다양한 요소 간의 균형이 유지되도록 계획되어야 한다. 즉, 단기적 목표와 장기적 목표 간의 균형이 이루어져야 하며, 목표를 달성하는 과정에서 고객의 관점, 내부 프로세스의 관점, 구성원의 학습과 성장의 관점이라는 네 가지 측면에서의 균형도 이루어져야 한다.

'모로 가도 서울만 가면 된다.'라는 속담이 있다. 과정이야 어떻든 결과가 중요하다는 이 말은 지금 세상에서는 잘못된 말이다. 무조건 서울만 가면 되는 게 아니라, 이제는 어떻게 제대로 된 길로 안전하고 편안하고 빠르게 가는 것이 더욱 중요하다. 영업에서 무조건 매출목표 100%만 달성하면 된다는 식으로 수단과 방법을 가리지 않고 밀어붙이기를 한다면 어느 순간엔 목표를 달성할 수 있을지도 모르지만 그리 오래가지는 못하는 경우가 많다. 이는 결국 목표를 달성하는 정당한 과정도 없이 결과로만 한쪽으로 치우쳤기 때문이다.

나는 중국에 와서 이런 경우를 너무 많이 봤고, 이를 시정하기 위해 너무도 많은 노력과 인내의 시간을 보내야만 했다. 창업 초창기 회사는 무(無)

에서 유(有)를 창조해야 한다는 절실한 상황에서, 무조건 매출을 발생시키기 위해 영업책임자에게 모든 것을 일임하고 실적이 나오기만을 기대하였다. 그리고 실적은 기대 이상이었다. 첫 달 100만 위엔에서 다음 달 300만 위엔, 그다음 달 500만 위엔을 넘더니, 순식간에 1천만 위엔을 달성하였다. 그리고 다음 해에 동북3성에 신규진입을 하면서 1,500만 위엔을 돌파하여, 곧 월 2천만 위엔이 목전에 있는 듯 싶었다.

그러나 사상누각이라고나 할까?

회사가 제공하는 판촉과 장려금을 빨리 더 많이 받고자 하는 욕심에, 각 지역의 매장마다 제품을 단단히 입점시키는 영업 활동보다 자신의 창고에 제품을 가득 쌓아 놓은 동북 3성 사업자는 6개월 만에 재고누적으로 더는 주문을 하지 못하게 되자 거액의 반품을 남기고 회사를 떠나 버렸고, 이와 같은 부실 사업자가 2년 만에 속속 늘어나면서 회사 매출은 급격히 추락하기 시작하였다. 영업의 기초적인 과정을 무시하고 단기적인 매출목표 달성에만 중점을 둔 영업책임자의 잘못된 방식은 사업자들의 잘못된 행동을 초래하여, 중장기적인 관점으로 유통투자를 많이 한 회사에 안 하는 것보다도 못한 더 큰 손해를 끼치고 말았다.

수레는 남쪽으로, 바퀴는 북쪽으로

남원북철(南轅北轍)이라는 사자성어가 있다. 수레는 남쪽으로 향하면서 바퀴 자국은 북쪽으로 난다는 말도 안 되는 글이다. 한마디로 마음은 남쪽으로 가려는 사람이 북쪽으로 수레를 몬다는 이 말은, 행동과 목적이 서로 맞지 않거나 일의 결과가 의도와는 반대로 진행되는 상황을 의미하는 이야기이다. 하지만 이 글은 중국 전국시대에 계량이라는 사람이 일의 방향의 중요성을 위나라 국왕에게 간언하기 위해 한 매우 의미 깊은 내용이다.

한 노인이 남쪽의 초나라로 간다 하면서 반대인 북쪽으로 수레를 모는 것을 보고 계량이 그 길은 반대의 길이라 알려 주었으나, 그 노인은 걱정하지 말라며 자기에겐 훌륭한 명마가 있다고 말했다. 계량이 그래도 그 길은 잘못되었다고 재차 삼차 말해도, 노인은 여비도 풍족하고 수레를 잘 모는 마부도 있으니 염려할 게 없다며 고집을 부리며 계속 북쪽으로 향했다 한다.

계량은 이 이야기를 하며 위나라 왕에게 말했다.

"초나라로 간다는 이 사람은 비록 잘 달리는 말, 충분한 여비, 출중한 마부가 있다 한들 방향이 틀렸으니 영원히 초나라에 도착할 수 없을 것입니다. 오히려 말이 좋을수록, 여비가 많을수록, 마부가 수레를 잘 몰수록 초나라와는 더욱 멀어지게 될 것입니다"

목표를 정하고 달리면 달린 만큼 그 목표에 가까워져야 하나, 제대로 된 방향과 목적이 없으면, 잘못된 계획을 세우게 되어 오히려 더 목표와 멀어질 수가 있다. 따라서 매사를 순간적인 생각이 아니라 계획에 따라 행동해야 한다. 생각은 목표를 향했는데, 계획이 정반대이면 초나라를 향해 북쪽으로 수레를 모는 노인처럼 엉뚱한 길에 도달할 것이다. 아무리 열심히 일하고 부지런하더라도, 아무리 많은 돈을 투자할 여력이 있고 훌륭한 부하직원이 있어도, 리더가 잘못된 방향의 계획을 제시하면 엉뚱한 길로 갈 수밖에 없는 것이 사실이다.

목표를 향해 가는 계획은 명확한 목적에 따라 세부적이고 구체적이며, 여러 방면에 균형 잡힌 실행 계획이어야 한다. 특히 리더는 목표달성을 위한 실적만이 아니라, 고객을 만족하게 하고 있는지, 회사의 내부 업무 프로세스와 시스템에 부합되어 효율적으로 업무가 돌아갈 수 있거나 그 프로세스를 더욱 개선할 수 있는지, 직원들은 일을 통해 발전하고 성장할 수 있는지 등이 고려된, 장기적인 목적에 따라 균형 잡히게 계획을 수립해야 한다. 그것이 바로 장기적으로 지속 가능한 조직과 개인의 성장도 함께 가져올 수 있기 때문이다.

이후 나는 전임 영업 책임자가 저지른 일을 수습하기 위해 조직 시스템을 재정비하고, 중국 전역을 누비며 사업자와 직원들 교육에 온 노력을 기울였다. 영업목표와 계획, 그리고 프로세스를 개선하였으며, 사업자들을 목표지향적인 체질로 바꿔 놓았다. 나에겐 뚜렷한 목적이 있었기 때문이다. 바로 빤짝 매출이 아니라 지속해서 성장 가능한 뿌리가 깊고 단단한 영업조직을 구축하는 것이었다.

그러나 근 5개월간 노력을 하였어도 매출은 전혀 신장하지 않았다. 윗사람은 내가 직접 뛰는데도 왜 아직도 매출이 이 모양이냐고 조급해하였지만, 나는 전혀 급하지 않았다. 그때 나는 대표이사에게 조금만 더 기다려 달라고 요청하며 말했다.

"지금 당장 매출이 오르지는 않지만, 분명 분위기와 사기는 달라지고 있습니다. 매출실적은 개인의 역량도 중요하지만, 근본적으론 조직의 기세(氣勢)에 달려 있습니다. 이제 그 기세가 점점 좋아지고 있으니 걱정하지 않으셔도 됩니다."

그리고 1개월이 지나자 놀랍게도 갑자기 매출이 급신장하기 시작했다. 마치 막힌 둑이 터진 것처럼 주문이 쏟아져 들어와서, 이번엔 회사의 물류가 따라가지 못할 정도였다. 나는 전 직원을 셋으로 나눠 매일 교대로 물류 팀에 투입하여 포장 및 발송작업을 함께하며, 모두 즐거운 비명을 질러댔다. 그러나 다들 마음 한구석에는 이러다 예전처럼 다음 달에 매출이 뚝 떨어지면 어쩌나 하는 염려도 있었다. 하지만 그런 염려와는 달리 매출은 매월 신장하였고, 목표를 매번 100% 이상 달성하며 기록을 갱신해 나갔다.

그렇게 목적이 명확한 목표와 계획이 있었기 때문에, 나는 분명 매출이 지속해서 신장할 것이라는 자신이 있었다. 그래서 이미 회사 물류시스템에 문제가 발생할 것이란 예측으로, 3개월 전부터 물류문제를 해결하기 위해 다양한 방법을 강구토록 하였으며, 그 가운데 하나로 물류를 CJ대한통운으로 통째로 아웃소싱하는 것도 이미 계획하여 진행하고 있었다. 그리하여 바로 다음 달부터는 매출증가에 따른 물류대란을 피할 수 있었고, 매출이 아무리 늘어나도 전 직원이 각자의 일을 전폐하고 물류에 종일 매달려 고생할 이유도 더는 없게 되었다.

계획은 목표를 실행에 옮기기 위한 설계도와 같은 것이다. 집을 지을 때 설계도 없이 땅부터 파는 사람은 없다. 아름답고 튼튼하며 좋은 집을 짓고 싶은가? 그렇다면 먼저 집을 짓는 목적부터 명확히 하고 목적에 부합되는 밑그림을 그린 후에, 이에 맞는 설계도를 만들어야 한다. 그리고 설계도는 구체적이고 치밀하며 각 방구석까지 세세하게 그려져야 한다. 이 경우 밑그림이 목표라면 설계도가 바로 집을 짓는 행동지침서인 계획이다. 이처럼 목표는 장기적인 목적에 부합되어야 하며, 자르고 쪼개어 계획으로 만들어져야 한다. 아무리 큰 목표라도, 아무리 복잡한 문제라도 잘게 쪼개어 하나씩 나누어 계획을 세우면, 행동으로 옮기어 해결할 힘이 생길 수 있기 때문이다.

세네카는 말했다.

"목적이 없으면 계획은 어그러질 수밖에 없다. 목적하는 항구의 방향을 모른다면 모든 바람이 역풍일 테니까."

이순신 장군의 23전 전승신화

손자병법 시계(始計) 편에는 다음과 같은 말이 나온다.

"이기는 군대는 승리할 상황을 만들어놓고 전쟁에 임하고, 패하는 군대는 먼저 전쟁을 일으킨 다음 승리를 구한다(승병선승 勝兵先勝 이후구전 而後求戰, 패병선전 敗兵先戰 이후구승 而後求勝)."

싸움에 있어서 사전 전략과 계획이 있고 없음의 차이가 승패를 좌우한다는 말이다. 이런 손자병법의 가장 모범답안과도 같은 분이 바로 우리나라의 이순신 장군이다.

열악한 환경에서 23전 전승을 이룬 이순신 장군의 신화는 세계 전사에 길이 남을 대기록이다. 그것도 왜군보다 더 열악한 군사력으로 이룬 승리라서 더욱 뜻깊은 기록이라 할 수 있다. 그런데 이순신 장군은 철저하게 이길 수 있는 싸움만 한 것으로 유명하다. 일본군이 겁쟁이라고 놀리며 다가와도 절대로 이길 수 없다고 판단되는 싸움은 피했다. 한산섬 수루에서 밤새 깊은 시름을 하며, 지형지물과 바다 물길에 유리한 파옥선과 거북선을 이용하여, 철저하게 적을 물리칠 수 있는 치밀한 계획에 따라 승리할 수 있는 확신이 있을 때만 싸움에 임하였고, 실제로 모두 이겼다. 그것도 아군에겐 큰 피해가 없을 정도의 대승들이었다. 철저한 전략과 계획이 만든 놀라운 승리의 결과인 것이다.

우리는 일반적으로 이순신 장군의 전쟁에 대한 결과에만 집중했다. 하지만 이순신 장군이 그 누구보다 유명해질 수밖에 없는 이유는 그가 난중일기를 남겼기 때문이다. 그리고 난중일기에는 그가 얼마나 많은 고민과 세밀한 계획을 세웠는지의 과정이 고스란히 담겨 있다. 그는 싸움에 져서 병사들을 죽음에 내몰지 않기 위해, 신경쇠약으로 잠도 잘 못 자고 병약하고 지독히도 고독했던 인물이었다. 그리고 그런 신경쇠약에 걸릴 정도의 걱정이 치밀한 계획으로 재탄생 되어 위대한 승리를 장식할 수 있게 된 것이다.

"좋은 기업을 넘어 위대한 기업으로(Good To Great)"의 저자 짐 콜린스는 그 후 속 편 격인 "위대한 기업의 선택(Great By Choice)"에서, 일반 기업과 위대한 기업이 어떤 선택을 하였는지의 차이를 비교하여 설명해주었는데, 그에 의하면 빌 게이츠나 스티브 잡스와 같은 위대한 기업의 CEO는 우리가 생각했던 바와는 달리, 신경쇠약에 걸릴 정도의 편집증적인 걱정과 우려를 달고 살았다고 한다. 그들은 물론 혁신적이었다. 하지만 일반 다른 기업들의 CEO들도 마찬가지로 혁신적이었다. 위대한 기업의 CEO가 무엇보다도 다른 점은 편집증적인 걱정이 큰 위기가 닥치기 전에 미리 준비하고 대비하게 하여, 거대한 위기로 다른 기업들이 휘청일 때 그들은 반대로 성장의 도약으로 삼을 수 있었다는 점에 주목할 필요가 있다. 지금 위대한 기업의 CEO들은 500년 전 우리나라를 구한 이순신 장군과 같은 시름에 잠 못들며 철저한 계획에 의해 이길 수 있는 싸움을 하였다.

꿈과 목표, 그리고 계획

우리 주변에는 생각보다 말이나 행동이 앞서는 사람들이 종종 있다. 목소리 큰 사람이 이긴다고, 이들을 막을 자 아무도 없어 보이지만, 확실한 계획과 논리로 뭉친 사람들의 조그마한 목소리에 그들은 당황하고 무너질 수밖에 없다. 이런 무작정 행동이 앞서는 전투형 인간들은, 먼저 생각하고 치밀한 계획에 따라 행동에 옮기는 전략형 인간의 상대가 절대 될 수가 없다.

여러분 중에 혹시 자신이 전투형 인간처럼 계획성이 없어 걱정하고 있는 사람이 있는가? 그렇다면 이제부터 절대 걱정하지 않아도 된다. 태어나서부터 계획성이 있는 사람이 이 세상에 어디 있겠는가? 갓난아이가 태어난 것 자체도 이미 아이 자신의 계획과 의지와는 상관없이 태어난 것인데 말이다. 다행히도 계획성은 완벽히 후천적인 것이다. 바로 학습과 경험을 통해 배우고 훈련해서 습득하는 것이다. 그러나 많은 사람이 나는 그런 것 몰라 하는 식으로 계획을 무시해 버리고, 일단 행동부터 옮기는 경향이 있다. 아니 어쩌면 난 이미 모두 다 해본 경험이 풍부한 베테랑이라며, 자신을 과시하듯 계획을 세우지 않을 수도 있다. 하지만 인생이라는 대장정의 마지막 결과를 보면, 계획이 있고 없고의 차이에 따라 처음 시작점에서 꿈은 같았어도 분명 결과는 다르게 나타날 것이다.

그 이유는 간단하다. 지금까지 이 글의 모든 내용을 함축한 다음 세 가지 질문으로 알 수 있다.

① 꿈을 이정표처럼 목표로 설정했는가?
② 그 목표를 향해 제대로 실행할 수 있는 세부 계획이 있는가?
③ 그리고 계획을 실행할 끈기 있는 실행력이 있는가?

현실적으로 누구나 이 세 가지를 모두 다 지켜나가기는 쉽지 않은 일이다. 어쩌면 이 중 하나만 제대로 잘해도 성과는 좋을지도 모르겠다. 하지만 이 세 가지 모두를 점진적으로 다 할 수 있다면 분명 꿈은 이루어질 것이다.

나는 나이보다 동안이라는 말을 많이 듣는데, 주변에서 그 비결이 무엇이냐고 물어오면, 화장품회사 다니는 사람답게 좋은 화장품을 쓰기 때문이라고 농담으로 말을 하지만, 사실은 잘 웃는다는 것이다. 그리고 내가 잘 웃는 이유는 내겐 꿈이 있고, 그 꿈을 이루는 과정이 때론 감당하기 힘들 정도로 고통스럽기도 하지만, 진정으로 너무 즐겁기 때문이다. 그래서 세월이 흘러 나이 50이 넘었지만, 나는 아직도 항상 새로운 꿈을 꾸고 있다. 꿈이 있기에 여전히 행복하다.

헬렌 켈러는 "앞을 보지 못하는 것이 슬픈 것이 아니라, 비전이 없는 것이 슬픈 것이다."라고 말하였다. 또한 "나이가 들어 꿈을 꾸지 않게 되는 것이 아니라, 꿈꾸기를 멈추는 순간 나이가 드는 것이다."라는 격언도 있다.

꿈이 있는가? 먼저 꿈을 가져라.
꿈을 일정에 따라 이정표처럼 목표로 설정하여라.
그리고 목표를 쪼개고 또 쪼개어 계획을 세워라.

Goal, 도착지가 있어야 이정표를 세운다.

chapter 8

Execution,

실행에 집중하라

1

이유가 필요 없는 실행력

　우리는 잠을 자면서 수도 없이 꿈을 꾸지만, 기억이 나지 않는다거나 단지 헛된 꿈으로 잊어버리는 경우가 많다. 그러나 가끔은 환상적인 꿈을 꾸고, 이런 멋진 꿈이 실제로 이루어진다면 과연 어떨까 하면서 이루어질 수 없는 아쉬움에 젖을 때도 있다. 그러나 그런 망상 속에서 잠시 행복감을 느끼는 것 보다, 꿈을 현실로 이루어지게 하려고 어떻게 해야 할까를 고민해 보는 게 더 좋지 않을까?

　앞서 나는 원대한 꿈을 세워야 한다고 했다. 그리고 그 꿈이 목표가 되고 세부 계획으로 이루어진다면 성공할 수도 있을 것이라 했다. 하지만 사람의 능력이 그리 큰 차이가 없을 텐데, 많은 사람이 수많은 아이디어와 계획을 수립하고 있음에도 불구하고, 성공하는 사람과 그렇지 못한 사람의 차이는 과연 어디서 나오는 것일까? 그건 바로 실행력 때문이다.

　레오나르도 다빈치는 말했다.

　"충분히 생각하고 계획을 세우되, 일단 계획을 세웠으면 꿋꿋이 나가야 한다. 아는 것만으로는 부족하다. 적용해야 한다. 생각하는 것만으로는 부족하다. 실천해야 한다."

실행력 없는 꿈과 목표는 비극과 같다. 화가가 그림을 그리지 못하면 비극이고, 기타리스트가 연주하지 못하면 비극이듯이, 실행하지 못하는 계획들도 모두 비극이다. 그렇기 때문에 끈질긴 실행력이 경쟁력이고, 진정한 리더십인 것이 이 시대의 냉정한 현실이다. 과거 책상 뒤에 앉아 신문이나 읽었던 관리자란 종은 이미 멸종하여 사라진 지 오래다. 이제는 직원이나 리더나 모두 직접 몸으로 실천하는 것이 당연해진 지가 오래됐지만, 아직도 조직은 실행력에 목말라 있다.

왜 그럴까?

1988년 졸업을 하고 5월 LG그룹 공채로 취직한 나는 신입 연수 프로그램 중의 하나로 일주일간 동기들과 전국의 공장을 방문하게 되었다. 하루는 서울에서 평택 청주 구미를 찍고 부산에 도착했을 때의 일이었다. 기획조정실(기조실)의 통제된 연수생활 속에서 부산의 해운대 앞바다는 20대 청춘에겐 낭만이 꿈틀거리는 참을 수 없는 존재였었다. 그래서인지 기조실에서도 그날 저녁은 자유시간을 주었다. 우리 조는 소주와 오징어를 사서 바닷가 모래사장에 자리를 잡고 오랜만에 구속에서 벗어난 자유를 만끽하며 그간의 회포를 풀 수 있었다. 5월 밤바다에서 부는 바람이 시원하다 못해 약간 추위도 느껴지는 날씨였지만, 술이 오른 우리에겐 산들바람 정도로밖에 여겨지지도 않았다. 그리고 당시는 20대 젊음이 한창 뜨거운 때이기도 했었다.

그러다 문득 누군가 말했다.

"우리 지금 바다로 뛰어들어가 수영할래?"

나는 잠시 서로의 눈치를 보다가 좋다고 대답하였다.

"그럼 일단 웃통은 다 벗고, 하나둘 셋 하면 동시에 바지를 벗고 뛰어들어 가는 거야."

우리는 모두 동의하고 웃옷을 벗고는 셋을 외쳤다. 나는 얼른 바지를 내리고 팬티만 걸친 채 5월의 찬 바닷가로 질주하여, 바닷속으로 뛰어들어가자마자 갑작스러운 추위를 이기기 위해 수영을 열심히 하였다. 순간 주변의 많은 사람의 환호와 박수갈채가 쏟아지는 것을 느끼며 뿌듯함에 젖어 있다가 문득 나 혼자임을 알고 깜짝 놀랐다.

나는 얼른 다시 밖으로 뛰어 나와 옷을 걸치며 약속을 어긴 동기들에게 한소리를 하였다. 그러자 팬티가 흰색이었다는 둥, 막상 벗으려니 추었다는 둥… 여러 이유와 변명이 쏟아져 나왔다. 하지만 그들의 공통점은 생각만 있었고 행동은 없었다는 것이다. 결국, 그때 생각과 말을 행동으로 옮긴 사람은 나뿐이었다.

우리는 참으로 많은 변명 속에 살고 있다. 콜럼버스의 달걀처럼 달걀을 깨서 세우거나, 고르디우스의 어려운 매듭을 알렉산더 대왕이 한칼에 잘라 푼 것처럼, 실행력은 다른 이유와 변명이 필요 없다. 매우 단순한 것이다. 바로 하기로 했으면 하는 것이다. 그런데 대부분 실행력이 약한 사람들은 하기로 한 일에 다시 많은 이유를 단다. 때론 그 이유가 모두 타당한 것들일 수도 있다. 하지만 그 이유를 단칼에 자를 수 있는 결단력과 실행력이 없다면, 꿈은 결코 현실이 되지 않을 것이다.

언제나 나는 무엇보다도 실행이 중요하다고 생각하며 행동으로 보여주며 살아왔고, 지금도 그렇게 살고 있다. 그것이 성공이든 실패든 행동이 없다면 어떠한 결과도 없다. 아무리 훌륭하고 좋은 계획이 있더라도 실행에 옮기지 않으면 성공할 확률은 제로(0%)이지만, 일단 행동에 옮기기만 하면 확률은 50%가 되기 때문이다.

행복은 꿈을 품는 것에 있지 않고, 꿈을 좇는 것에 있다. 감나무에서 감 떨어지기를 기다리는 것이 아니라 긴 나무로 쳐서 감을 따야 하는 것처럼,

우리는 꿈을 향해 먼저 달려가야 한다.

현대 사진의 선구자라 불리우는 만 레이는 말하였다.
"꿈을 기록하는 것이 나의 목표였던 적은 없다. 꿈을 실현하는 것이 나의
목표이다."

2

반드시 책임져야 하는 이유

출이반이(出爾反爾), **너에게서 나온 것은 너에게 돌아간다**

LG그룹 공채로 들어가 LG전자에 배속된 나는 원하던 마케팅 부서에 들어가지 못하고, 국내 영업본부로 배치받게 되었다. 이미 신입사원이지만 열정과 끈기, 그리고 새로운 발상으로 승승장구했던 나는 당시 월평균 매출이 30억 원이나 되는 전국 1등 대리점인 경보전자를 담당하게 되었다. 남들이 보기엔 축하받을 일처럼 보이지만, 사실 그때 나는 단지 총알받이나 다름없었다.

1989년 LG전자는 6개월간의 파업으로 인해 그동안 부족했던 매출실적을 채우기 위해 대규모 물량 공세를 퍼부었다. 이때 가장 규모가 큰 경보전자로 많은 물량이 쏟아져 들어가게 되자, 대리점사장은 그동안 회사와의 밀월 관계를 깨고 더 이상 못하겠다며 어디론가 사라져 버렸다. 이 정도 규모의 거래선은 대리급 이상이 담당하며 지점장이 직접 챙기는 전략적인 거래선으로써, 이제 2년 차 사원인 내가 담당하기 어려운 일이었지만, 전 담당자와 악화될 대로 악화된 관계 때문에 당시 지점장은 담당자를 바꾸며 그 짐을 내게 넘겨 버렸다.

나는 매일 영등포 시장에 있는 대리점 사무실로 출근하다시피 방문하였다. 그러나 사장은 이미 없었고 영업전무만이 나를 만나주었는데, 그는 어떤 의사결정도 할 수 없는 상황이었다. 회사의 밀어내기식 영업에 사장은 필요한 제품 이외에는 절대 받지 말라는 지시를 남긴 채, 지방 모처에 숨어 있었다.

휴대폰도 없던 시절이었던 당시, 대리점 사장과 대화할 수도 없었던 나는 어쩔 수 없이 대리점 전무와 대화를 하며 간신히 설득하여, 그나마 월 5억 정도였던 주문을 거의 10억 수준으로 끌어올릴 수는 있었지만, 결론적으로는 1/3 수준의 매출이라는 최악의 실적으로 임원에게 불려갈 수밖에 없었다. 국내 실적 1등을 다퉜던 우리 지점은 1등 대리점의 실적 급락으로 임원에게 모두 불려가 질책을 받게 된 것이다.

그 과정에서 나는 엄청난 비난과 함께 무능력자로 낙인 찍힐 수밖에 없었다. 그간 내가 다른 대리점들에 했던 노력과 우수한 실적은 아무런 소용도 없었다. 특히, 임원이 있는 자리에서 누구보다도 상황을 잘 아는 지점장은 나를 보호해주기는커녕, 그 자리에서 더 심한 강도로 나를 질책하였고, 전임자가 벌여 놓은 일을 미쳐 수습하기도 전에 나는 그 모든 책임을 다 뒤집어쓰고 말았다. 회의가 끝난 오후 나는 바로 회사를 나와서 많은 술을 마셨고, 다음 날 바로 사표를 제출하였다. '말에게 실렸던 짐을 설마 벼룩 등에 실을까?'라는 속담이 있지만, 이런 비상식적인 일이 종종 일어나는 것이 현실이었다.

회사의 만류를 뿌리치고, 지금도 내 인생에서 가장 후회하는 일 중의 하나인 첫 직장 LG전자를 나는 그렇게 떠났다. 그러나 나의 첫 직장 LG전자에서의 영업에 대한 경험은 지금까지 직장생활 20여 년 동안 나의 모든 경력에 밑거름되었으며, 어쩌면 그 후 내가 마케터로 성장할 수 있는 가장 중요한 경험이었다고 생각한다.

나는 세월이 한참 지난 지금도 가끔 생각한다. 그때 내가 LG전자를 떠나지 않았다면, 그때 지점장이 나를 한순간이라도 보호해주었다면, 그때 내가 그 대형대리점을 담당하지 않았다면… 과연 내가 LG전자에서 계속 어떤 모습으로 살아왔을까?

어떻게 되었건 나는 분명 변함없는 지금의 나였을 것이지만, 아쉬운 건 한순간의 젊은 혈기로 무책임하게 회사를 떠난 나도, 자신의 위기를 모면하려고 책임을 전가한 지점장도 모두 책임감 없는 사람이기는 마찬가지였다. 나는 나 하나를 보고 따르며 많은 노력을 했던 작은 대리점 사장들을 버렸고, 그 지점장은 한 젊은이의 꿈과 미래를 헌신짝처럼 버린 결과, 나중엔 본인 스스로를 망치고 말았다. 사필귀정이었는지 내가 퇴사한 이후, 한때 전국 매출 일등을 달리며 인정받던 직원들 대부분이 줄줄이 회사를 떠났고, 결국 지점장도 회사를 떠날 수밖에 없게 되었기 때문이다.

맹자에는 출이반이(出爾反爾)라는 이야기가 나온다. 전국시대 지금의 산동성에서 추나라와 노나라가 전쟁을 하여, 결국 노나라가 승리를 하였다. 이에 추나라 왕이 맹자에게 자문을 구하였다. 왕의 부하 32명이 죽었지만, 백성들은 그들을 구하려고도 하지 않고 전쟁 중에도 소극적으로 임하여 결국 대패하였는데, 이를 어찌할지 모르겠다는 것이었다. 이에 맹자는 증자의 말을 인용하여 출이반이(出爾反爾), 즉 자신이 한 일은 자신에게 돌아오는 것이니, 바로 그 전에 관리들이 백성을 위하지 않고 오히려 억압하였기 때문이라고 말하였다. 결국, 뿌린 대로 거둔다는 말이다.

일등지점이 붕괴된 이유는 단 한 가지다. 바로 책임의식이다. 책임의식은 어려움을 극복하려는 의지와 열정을 만들고, 목표를 달성하기 위해 과감하게 행동하게 만든다. 도망가고 회피하는 사람에게는 바른 행동이 있을 수가 없다. 리더가 거꾸로 가려 하는데, 앞으로 가는 팀원들도 있을 수 없다. 로버트 이안 시모어는 "허리를 굽혀 다른 이들이 일어서도록 도와주려면, 자신도 일어설 수밖에 없다." 라고 말하였다. 리더가 먼저 책임감 있게 행동을 해야, 팀원들도 책임의식을 가지고 행동하게 되는 것이다.

넬슨 만델라는 말하였다.

"지도자는 마땅히 자기의 텃밭을 가꿔야 한다. 씨를 뿌리고 가꾸고 일궈야 하며, 그 결과를 거둬들여야 한다. 그리하여 정원사와 마찬가지로 자기가 경작하는 것에 책임져야 한다."

적극적으로 응답하는 책임의식

우리나라 사람들과 달리 중국인들은 비교적 책임의식이 약하다. 일이 아직 마무리되어 있지 않아도 퇴근 시간만 되면 일단 무조건 퇴근부터 하려고 한다. 이에 상사가 잔소리해야 마지 못해 책상에 앉아서 일을 마무리하려고 해도 그것이 제대로 될 턱이 없다. 분명 모든 중국인이 다 그렇다는 것도 아니고, 중국인들을 탓하려고 하는 말도 절대 아니다. 처음에 중국에 와서 그들을 이해하지 못했던 나를 탓하려고 하는 것이다.

사회/문화적인 차이로 한국인과 중국인의 업무를 대하는 태도가 매우 다른데도 불구하고, 그들을 무조건 한국적 방식으로 대하려고 하면 오히려 업무 강도를 견디지 못하거나 반발심에 회사를 쉽게 떠날 수도 있는 역효과가 발생한다. 이는 최근 우리나라 젊은이들에게도 해당하는 일인 것 같다. 말이 먼저고 변명이 먼저인 그들에게 행동을 강요하고 시키는 대로 하라고 하면 잘될 일도 더 안되게 된다. 그래서 중요한 것은 그들이 스스로 책임지고 자발적으로 일할 수 있는 책임감을 심어주는 것이 중요하다.

억지로 시키는 일이 아니라 책임감에 자발적으로 하는 일은 양과 질적인 측면에서 천지 차이를 보여준다.

인도의 철학자 오쇼 라즈니쉬는 책임감이란 무엇인지에 대해 매우 쉽게 뜻풀이를 한 바가 있다.

책임감이란 영어로 'Responsibility'로써, 풀이해 보면 'Response + ability', 즉 응답할 수 있는 능력을 뜻하는 것이지, 반드시 해야만 하는 의무감을 뜻하는 것이 아니다. 책임감이란 이렇듯 응답하기 위해 매사에 열려 있고 준비하는 자세다. 상사의 갑작스러운 요구에, 또는 내가 마땅히 해야 할 일에 스스로 마음을 닫고 반응하지 않는다면, 어떻게 일이 제대로 돌아가겠는가? 따라서 해야 할 일에 대해 마음을 열고 받아들이고 응답하려는 적극적인 자세가 바로 책임감이다.

따라서 책임감이 생기기 위해서는 선행되어야 할 것이 바로 책임질 목표와 업무의 역할이다. 쪼개진 목표에 더욱 쪼개진 계획과 역할은 할 수 있다는 자신감과 책임감을 부여해 준다. 그것이 명확하지 않을 때 책임감은 반대로 약해지게 된다. 그래서 때론 잘못된 책임감도 있다. 제대로 된 계획도 없이 무조건 강한 책임감에 무모한 행동을 하면 낭패를 당하게 되는 것이다.

2012년 2월, 나는 중국의 최북단 동북 3성에 진입하기 위하여 헤이룽장성 하얼빈으로 영업부장을 출장 보낸 적이 있었다. 겨울이면 영하 30도가 넘는 강추위와 폭설 등으로 화장품 유리병은 동파되고 사람도 잘 왕래가 되지 않는 지역이었지만, 그만큼 피부 보호를 위해 화장품도 필요한 시장이었다. 그래서 봄이 오는 3월부터 영업을 시작해야만 다시 돌아오는 겨울을 대비할 수가 있었기 때문에, 중국의 춘절 연휴가 끝나자마자 나는 그쪽에 신규 거래를 하기 위해 출장을 가도록 한 것이다.

처음 동북 3성에 있는 대리상들이 먼저 우리와 거래하고 싶다고 연락이 왔을 때만 해도 나는 호박이 덩굴째 들어오는 것이라 낙관하였지만, 하얼빈에서 날아온 소식은 그리 좋지가 않았다. 기대와는 달리 우리가 제시한 거래 조건이 그들에게 썩 만족스럽지 않았는지, 하얼빈에 모인 대리상들은 하루 만에 협상을 결렬하고 각자 자신들의 지역으로 돌아가 버렸다.

나는 그 날 저녁 퇴근 후 집에서 식사한 후에야 비로소 하얼빈으로 출장 간 영업부장으로부터 자초지종을 이메일로 보고받았다. 그 보고 내용에는 대리상들이 각자 지역으로 돌아갔는데, 본인은 다음 날 청도로 돌아오는 비행기 일정을 취소하고, 하얼빈에서 차로 6시간이나 떨어져 있는 계서라는 곳으로 쫓아가서 그쪽 대리상들을 직접 만나서 설득 작업을 하겠다는 것이었다.

순간 나는 큰일 났구나 하는 생각에 얼른 연락을 취했다. 계서로 가지 말고 원래 일정대로 청도로 돌아오라고 했지만, 그는 이미 비행기 표도 취소하고, 다음 날 일정을 모두 약속한 후였다. 나는 지금이라도 늦지 않았으니 약속을 취소하고 청도로 돌아오라고 했지만, 영업부장은 본인이 책임지고 최선을 다해보고 싶다는 강한 의지를 보이며, 나의 의견을 듣지 않고 결국 다음날 이른 새벽에 계서로 떠나버렸다. 그는 영하 30도가 넘는 혹한에도 불구하고 먼 계서까지 가서 회사소개를 하며 우리 회사와 거래를 맺게 하려고 최선을 다했고, 그의 말에 의하면 대리상들도 자신의 노력에 감동하였다고 보고했다. 그때 나는 그에게 짧은 답변만을 쓸 수밖에 없었다.

"협상 과정은 이미 엎질러진 물이 되었으니, 그 감동의 결과가 좋은 성과로 나타나기만을 바랍니다."

당시 나는 영업부장에게 계서에 가면 안 된다며 다음과 같이 설명하였다.

1) 소기의 목적은 일단 우리의 패를 던져 보는 것으로써, 이미 목적을 달성했다.

2) 우리는 이미 그들에게 패를 다 보여줬다. 지금 현재 숨겨 논 다른 패가 없으니 따라가 봤자 헛고생이다.

3) 따라가면 오히려 우리의 약한 모습을 보고 그들은 우리가 목매달고 있다고 생각하여 더 많은 요구를 할 우려가 있다. 따라서 이럴 때는 그들이 없어도 된다는 듯 강하게 물리치고 돌아와서, 이후 그들의 요구를 들어보고 난 후 적절히 대응해도 늦지 않다.

그러면 왜 영업부장은 상사인 내 말을 듣지 않으며 무리수를 두었을까?
① 본인의 업적을 만들고 싶은 욕심이 과도한 책임감을 만들었다.
② 16년간 쌓아온 구태의연한 영업의 근성 주의를 버리지 못했다.
③ 대리상들과 거래하는 것이 전략적 협상 과정임을 인식하지 못했다.

어쨌든 결론이 중요하다. 영업부장이 출장결과 가져온 결론은 우리가 제시한 조건의 두 배에 달하는 요구 조건이었다. 이는 우리가 수용할 수 없는 너무도 큰 차이였다. 그런데 그는 이에 대한 2차 협상조차도 못하고 회사에 돌아가서 의논해보겠다는 식으로 더 큰 숙제만 안고 돌아와 버렸다. 그 먼 계서를 간 목적과 계획도 없이 무모한 책임감과 욕심이 오히려 화를 불러낸 것이다.

그럼 영업부장은 책임감이 있는 사람일까? 상사의 명령에 불복종하고 아무런 계획과 협상력도 없이, 강한 의지로 무조건 해보겠다는 것은 무책임하고 무모한 행동일 뿐이다. 책임감은 적극적으로 응답하는 능력이다. 응답은 바로 커뮤니케이션과 관련 있다. 상사와 응답하고, 동료와 응답하며, 거래선과 응답하면서 자신의 업무와 역할과 계획에 적극적으로 응답하는 행동이다. 이렇게 응답을 하지 않고 혼자 무조건 해보자는 식은 책임감이 없는 행동이다.

그리고 결국 책임감이 너무 넘쳐 회사에 손해를 끼친 영업부장은 책임지고 회사를 떠났다. 작은 회사에서 그것도 중국에서 그래도 그 정도 인재도 아쉬웠던 나는 그를 만류하였지만, 그의 뚝심과 고집은 이럴 때도 빛을 발해 끝내는 떠나 버렸다. 어쨌든 그 결과가 무엇이었든 간에 책임감은 강한 행동력을 낳는다. 때론 무모하더라도 달리려는 힘은 강한 책임의식의 산물이다.

책임의식은 문제의식으로 발전한다

중국에서 창업 후 2년간 입에 달고 살았던 말이 있었다. 바로 문제의식이다. 매월 매출마감 당일에 닥쳐서 매출실적을 크게 펑크내는 대리상이 있었다. 사실 그곳은 몇 달 전부터 문제가 감지되었던 곳이었다. 교육팀, 영업지원팀 등 다른 팀장들이 그 대리상이 좀 뭔가 이상하다고 한 말을 내가 들은 것만도 세 번이나 됐다. 하지만 그곳을 담당하는 영업책임자만이 곧 실적이 잘 올라올 것이니 조금만 기다려 달라며 남의 의견을 들으려 하지 않았다.

참다못한 내가 결국 한마디를 했다. 다른 팀장들이 이구동성 그러면 뭔가 문제가 있을지도 모르니, 문제의식을 느끼고 들여다보라고 했지만, 그때는 이미 너무 늦었다. 바로 그달 매출이 하나도 발생하지 않은 것이다. 이는 다른 회사제품을 구입해서 영업한 게 틀림없었다.

사무실 임대료 등 각종 지원을 우리 회사에서 받고도 다른 회사 제품을 판다는 게 말이 되는가? 그리고 이런 걸 모르고 있는 담당자는 문제의식이 없어 더 문제인 사람이다. 문제의식이 없다는 것은 그만큼 목표에 대한 책임의식도 없다는 것이다. 문제는 문제로 봐야 비로소 문제가 되는 것이지, 문제를 아무 책임감도 없이 보면 눈에 보이는 문제도 더는 문제가 아니다.

1970년대 기상학자인 에드워드 로렌츠는 브라질의 나비 한 마리의 날갯짓이 텍사스에 토네이도를 불러일으킬 수 있다는 나비효과를 발표했다. 이것이 말도 안 되는 말로 들리겠지만, 그는 수많은 기상 데이터의 과학적 증명을 통해, 마치 작은 눈 덩어리 하나가 불어나 눈사태를 야기하듯이 초기의 아주 미미한 틈 하나가 시간이 갈수록 증폭되어 결과를 걷잡을 수 없을 차이를 만든다는 나비효과를 주장하였다. 문제의식은 그 눈덩이가 더 커지기 전에 미연에 방지하는 것이다. 아니 눈덩이조차 발생하지 않도록 막는 것일지도 모른다.

현상과 사물을 피상적으로 바라보기만 하고, 그 깊은 내면의 본질을 파악하려고 노력하지 않는다면, 절대로 문제를 발견할 수가 없다. 문제의식이란 내가 처한 상황에서 생기는 어려움이 어떤 이유인지를 알기 위한 끊임없는 탐구생활이다. 토요타 웨이(Toyota Way)에서는 직원들에게 왜(Why)를 항상 다섯 번 외치라고 주장한다. 그만큼 현상의 본질적 이슈를 찾기 위해 생각하고 생각하기를 반복해야 한다는 말이다. 문제는 항상 내가 속한 현장에 있고, 결국 그 답도 바로 그 현장에 있다. 아무도 대신 그 현장 속에 뛰어들기 전에는 문제를 발견할 수도 없고 해결할 수도 없다. 그래서 그 현장 속에 있는 나 자신이 강한 책임의식을 가지고 있어야 문제를 찾아내고 해결도 할 수 있다.

그런데 도대체 아무리 노력해도 문제를 찾아내는 방법을 모른다면 어떡하겠는가? 물류팀을 CJ대한통운으로 아웃소싱하기 전에 나는 향후 매출증가를 대비한 물류업무 개선을 위해 TFT를 구성하고, 물류의 현황과 문제점, 그리고 대안을 찾아내라고 지시하였다. 그런데 이 TFT가 두어 달이 지나도 바쁘다는 핑계로 회의도 잘되지 않으며 지지부진하였다. 실제로 나도 물류가 매우 바쁜 것을 잘 알고 있어서 계속 기다려 봤지만, 물류팀장은 그 후로도 계속 TFT를 진행하지 않고 있었다.

결국, 내가 그에게 물었다.

"왜 TFT가 진행이 잘 안 되지? 매번 한다고 하면서 벌써 2개월이 지나지 않았나?"

"죄송합니다. 몇 번 회의했는데, 아직 이렇다 할 실마리를 못 잡고 있습니다."

"아니, 이러다 우리 회사 실적이 갑자기 급증하면 어쩌려고 그래?"

"근데, 총경리님, 솔직히 저는 TFT 자체를 어떻게 운영해야 할지를 잘 모르겠습니다. 회의해서 문제를 발견하는 방법 자체를 잘 모르겠습니다."

순간, 나는 아차 싶었다. 그동안 대기업에서 많은 TFT와 신규 프로젝트 및 워크아웃(Work-out) 활동을 수행해왔던 내게는 당연하였지만, R&D 출신으로 주로 혼자 연구를 해왔던 물류팀장이나, 팀워크에 익숙지 못하고 회의문화가 별로 없는 중국인 직원들에게 TFT를 통해 현상의 문제점을 발견하고 해결안을 도출한다는 것은 처음부터 어려운 일이었다.

특히 중국인들은 자라면서 철저한 개인주의적인 성향이 있어서, 팀 공동 목표 달성의 개념보다는 개인 실적 위주의 교육에 익숙하며, 다른 사람의 잘못으로 단체로 처벌받는 것에 대해서도 거부감이 강하다. 그러다 보니 부서 간뿐만 아니라, 같은 팀 내에서도 개인 업무에 대한 이기주의가 매우 심해 옆의 전화벨이 울려도 거의 안 받을 정도다. 즉, 나는 내일만 잘하면 됐지 무슨 상관이냐는 식이 매우 강하다.

그런 사람들에게 함께 알아서 해보라고 맡긴 내가 잘못이지, 그 직원들을 탓할 노릇이 아니었다. 그래서 나는 TFT 운영 방법으로 GE의 워크아웃미팅에 대한 자료를 주며 기본적인 운영방법을 설명해주는 한편, 만일을 대비해 아예 전문 유통업체에 물류를 통째로 아웃소싱하는 안도 병행해서 검토해보라는 가이드라인도 주었다. 그렇게 되자 비로소 TFT가 어느 정도 돌아가기 시작하였고, 그 결과 최종적으로 물류 아웃소싱이 가장 좋은 방법으로 채택되어, 시기적절하게 CJ대한통운과 계약을 체결하여 급증하는 매출에 대한 물류대란을 피할 수가 있었다.

즉, 어쩌면 사람들은 문제를 못 보는 것이 아니라 문제를 보는 방법조차도 모르고 있을 수도 있다는 것이다. 그런 사람들에게 아무리 문제의식을 얘기해봤자 뜬구름 잡는 것처럼 아무런 소용도 없을 수 있다. 그럴 때면 문제를 들여다보는 방법과 눈을 키워줘야 한다. 물류 TFT가 효과적으로 CJ 대한통운과 아웃소싱을 할 수 있었던 것도, 문제를 인식하는 방법을 알게 되자 자신들의 문제점들을 스스로 발견하게 되면서부터, 그 문제점들을 해결하고자 적극적으로 방안을 모색했기 때문이다. 이렇게 되면 실행은 자동으로 이루어지게 된다. 위에서 더는 왜 아직도 하지 못하느냐고 떠들어댈 필요가 없다. 실행력이란 실행을 하도록 만드는 원동력인 책임의식과 문제의식을 배양하여, 먼저 무엇이 진정한 문제인지를 발견하는 일부터 시작해야 한다.

문제를 발견해야 행동한다

항상 사업자들에게 어떤 문제나 어려움이 있느냐고 물어보면 누구나 쉽게 대답하는 말이 판촉이 부족하다, 장려금과 마진을 더 달라는 등… 너무나도 회사에서 더 지원해 달라는 말들만 한다. 회사가 해줄 수 있는 기본적인 규정 이상은 더는 해줄 수 없는 상황을 뻔히 알면서도, 자신이 처한 문제를 인식하지 못하고 현재의 어려움을 회사의 부족함으로 돌리는 전형적인 나쁜 사례다.

그럴 때면 나는 간결하게 대답한다.

"회사가 해줄 수 있는 범위는 여기까지입니다. 하지만 당신이 그 범위 내에서 어떤 문제를 발견하고 해결하려고 노력한다면 다른 측면으로 도와주겠습니다. 매장 점장과 대리상 교육을 지원해주거나, 사업자 설명회 등에 내가 직접 가서 그들이 우리와 거래하도록 도와주겠습니다. 그러니 먼저 스스로를 돌아보고 당신이 바꿀 수 있는 가장 작은 문제부터 찾아보세요. 그리고 이를 하나씩 해결해 나가다 보면 분명 회사가 지원해 주는 것보다 더 좋은 성과를 스스로 얻을 것입니다."

직원들도 마찬가지다. 사람이 부족해서, 시간이 부족해서, 예산이 부족해서 하는 식이 대부분이다. 과연 먼저 자신에게 문제는 없는 것일까? 나의 업무 방식에 문제는 없는 것일까를 생각해 보는 것이 중요하다.

한비자는 "양자강이나 넓은 바다는 작은 시냇물도 버리지 않았기 때문에 저토록 넉넉해진 것이다."라고 말하며, 사소하고 작은 것이 모여 큰 것을 이룬다고 했다. 그러나 반대로 미세하고 작은 일들이 큰일을 망치기도 한다며, 그는 '제궤의혈(堤潰蟻穴)'이란 말도 했다. 즉, 큰 제방(堤)도 개미구멍(蟻穴)으로 무너진다(潰)는 뜻으로, 사소한 결함이라도 곧 손을 쓰지 않으면 큰 재앙이 벌어진다는 말이다.

전국시대 홍수를 예방하는데 큰 공을 세운 바 있는 위(魏)나라 재상 백규(白圭)에 대해 한비자는 "백규가 수재를 막은 것은 제방의 구멍을 막은 것 (백규지행제야 색기혈 白圭之行堤也 塞其穴)"이라고 했다. 한마디로 말해서 백규의 홍수대책은 둑을 쌓고 둑에 생기는 구멍을 막는 것이었다. 둑은 아무리 튼튼하게 쌓는다 해도 시간이 흐르면서 조금씩 구멍이 생기게 마련인데, 백규는 개미구멍이라도 찾아내면 지체 없이 막아 버렸다고 한다. 이렇게 철저하게 둑을 관리한 덕에 백규가 재상으로 재임하는 동안 위나라는 한 번도 수재가 발생하지 않았다고 한다. 사실 재난이란 것은 사소한 방심 (放心)과 부주의 때문에 발생하는 일이 비일비재하기 때문이다.

그래서 한비자는 "천길 제방은 땅강아지와 개미구멍 때문에 무너지고, 백 척의 높은 집도 굴뚝 사이의 자그마한 연기구멍 때문에 타버린다."라고 말하였다. 한마디로 말해서 큰일은 항상 미세한 작은 일에서 시작된다는 것이다. 그래서 개미구멍 같은 작은 문제라도 이를 놓치지 않고 발견하여 고칠 수 있는 세세함이 필요한 것이다.

실행력은 어떤 대단히 어렵고 큰일을 어쩌다 홈런 치듯 한 방에 해결하는 것이 아니라, 짧은 안타를 자주 치듯이 작은 일들을 치러가는 지속적인 과정이다. 그래서 실행력의 시작은 작은 문제들을 발견하는 것부터이다. 누구나 할 수 있는 작은 일이기 때문에 쉽게 실행할 수 있고, 그런 작은 실행에 의한 작은 성공체험이 나중에는 큰일도 실행할 수 있는 경험과 원동력이 되어, 더 큰 문제를 미리 예방하거나 해결하게 한다.

그런데 문제는 이런 사소한 일들은 별거 아니라 생각해서 안 하거나, 아니면 문제인지조차 발견되질 못해 실행하지 못하는 경우가 대부분이란 것이다. 과거 체르노빌 원자력 발전소의 폭발도, 삼풍백화점의 붕괴도, 매년 여름이면 찾아와 되풀이되는 수재조차도 보이는 문제에 안일하게 대응하거나 문제인지조차 인식하지 못해서 발생한 대참사들이었다. 그래서 무엇보다 먼저 문제를 체계적으로 찾아내는 방법이 필요하다. 나는 팀장들에게 문제의식에 관해 얘기할 때면, 항상 다음과 같은 말을 한다.

"3M1S에 대해 문제의식이 있어야 한다. 문제는 항상 현장에 있다. 그리고 그 현장에는 언제나 사람(Man)이 있다. 먼저 그 사람에 문제가 있는지를 파악하라. 다음으로 업무운영 방법(Method)과 시스템(System)을 살펴보고, 마지막으로 각종 지원 및 자원(Money/Material)을 살펴봐야 한다. 회사의 자원이 부족해서 문제라는 것은 깊게 고민하지 않은 너무나 쉬운 일이다."

3M1S를 통해 나를 돌아보며 작은 문제들을 체계적으로 발견하여, 우선순위에 따라 중요하고 급한 일부터 하나씩 실행해 나간다면, 회사도 마땅히 업무 실행 정도나 필요에 따라 자원을 더 투여하게 될 것이다. 이처럼 실행은 체계적으로 이루어져야 한다. GE의 부회장을 역임한 바 있는 래리 보시디는 그의 저서 "실행에 집중하라"에서 체계적인 실행의 3대 핵심 프로세스를 말하였는데, 이를 부제만 요약해 보면, 인력, 전략, 그리고 운영 프로세스로 실행해야 한다는 것이다. 아니 이게 무슨 너무도 당연한 이야기냐고 할 수 있겠지만, 이런 기초적인 일일수록 더욱 체계적으로 지키기 힘든 일이다. 유능한 인재를 적재적소에 배치하여 효율적으로 활용하고, 현실적이고 실행 가능한 전략에 따른 세부 운영계획에 따라 실행하여, 그 결과를 공정하게 평가하는 것은 가장 기본적인 실행의 원칙이다.

문제를 해결하는 디테일(Detail)의 힘

범죄학자인 제임스 윌슨과 조지 켈링은 1982년에 '깨진 유리창'이란 제목의 글을 발표했다. 이 이론은 깨진 유리창처럼 사소한 것들이 사람들에게 중요한 메시지를 전달한다는 것이다. 그들은 건물 주인이 깨진 유리창에 관심을 기울이지 않고 방치하고 있으면, 지나가는 사람들도 이곳을 주인 없는 곳이라 인식하여, 결국 절도나 폭력 등과 같은 강력범죄가 발생하는 곳이 된다는 것이다.

1994년 뉴욕 시장으로 선출된 루돌프 줄리아니는 뉴욕을 범죄 없는 도시로 만들기 위해 '깨진 유리창'의 법칙을 응용하여 지하철 낙서 없애기 등의 경범죄 퇴치 운동을 하였다. 처음에 많은 사람은 뉴욕 검찰청 출신의 실력 있는 사람이, 강력범과 싸울 자신이 없어 경범죄를 선택했다고 그를 비웃었다. 그러나 몇 년 후, 살인, 폭행, 강도 같은 강력범죄에 대한 통계수치가 급감하는 놀라운 사실이 벌어졌다. 이는 사소한 범죄들이 통제되자 시민들이 주변 환경에 만족하게 되고, 스스로 지역행사에 적극적으로 참여하면서 삶의 질도 좋아졌기 때문이다.

마이클 레빈은 이런 범죄학 이론을 비즈니스에 접목하여, 고객에 대해 한 번의 실수, 한 명의 불친절한 직원, 한 번의 불쾌한 경험 때문에 고객은 회사에 등을 돌릴 수 있다고 지적하며 깨진 유리창의 법칙을 새롭게 발표하였다.

만약 음식이 맛있기로 소문 난 음식점의 화장실이 매우 지저분하였다면 어떻겠는가? 아마도 음식을 만드는 사람들도 청결하지 못할 것으로 생각할 것이고, 다시는 그곳에서 식사하고 싶지 않을지도 모른다. 그리고 그런 이유로 다른 고객들도 점차 발길을 끊게 되어, 그 식당은 이유도 모른 채 문을 닫게 될 수도 있다. 따라서 고객을 최 접점에서 만나는 영업/마케팅 부서에서 근무하는 사람들은 특히 더 주의해야 한다. 고객을 만날 때 행하는 사소한 언행, 태도 등에서 고객은 깨진 유리창을 발견할 수도 있기 때문이다. 그리고 그것을 인지하지 못하고 계속 방치한다면, 고객은 결국 회사 전체를 이름값 못하는 회사라 여기고 완전히 떠날 수도 있다.

그러나 깨진 유리창을 항상 경계의 대상으로만 보면 안 된다. 이를 반대로 생각하면 디테일한 실행의 힘이 나오기 때문이다. 고객은 항상 무언가를 끊임없이 기대하고 있고, 그런 고객의 기대를 만족하게 하려고 다시 한번 사소한 것이라도 혹시 깨진 유리창이 있는지를 되돌아봐야 한다. 깨진 유리창을 문제로 발견하고 고치면 그 유리창은 더는 깨진 것이 아니다. 나의 주변의 사소함이 때론 큰일이 되는 것처럼, 세세한 작은 실행으로 깨진 유리창을 고쳐 나간다면, 고객은 오히려 더욱 만족하게 되고 회사는 더욱 발전하게 될 것이다.

깨진 유리창의 법칙은 우리 일상에도 모두 적용된다. 예를 들어 연애하거나 부부관계에서도 여성들은 거대한 이벤트보다도 끊임없이 가져주는 관심과 배려, 사랑한다는 따뜻한 말 한마디에 감동한다. 남자로서 큰 이벤트 한번을 준비하는 것보다 평상시 여자친구나 아내가 가지고 있는 사소한 불만, 즉 깨진 유리창이 무엇인지를 스스로 인식하고 고쳐보려고 노력해 보아라. 그 작은 유리창을 고치는 순간 관계는 놀라울 정도로 좋아질 것이다.

직장에서의 인간관계도, 친구들과의 우정도, 그리고 개인의 인생 목표를 실행해 나가는 과정에도 모두 디테일한 실행의 법칙이 작용한다. 작은 실행으로 사소한 나쁜 습관을 고치고, 작은 실행으로 사소한 성공을 이루고, 작은 실행으로 주변 사람들에게 사소한 만족과 행복을 주게 된다면, 그 작은 것들이 모여 상상할 수 없는 거대한 성과를 만들어 낼 것이다. 꿈은 크게 가져도 실행은 작은 것부터 해야 한다. 다시 말하면 작은 실행들이 반복되어 큰 꿈을 이루게 되는 것이다.

3

원칙(原則)은 실행력을 키운다

잘못된 원칙, 잘못된 만남

'꿩 잡는 게 매'라는 속담이 있다. 뭐가 되었던 꿩만 잡으면 모두가 매가 된다는 말인데, 매가 아닌 것이 어찌 매가 될 수가 있겠는가? 자연에는 거스를 수 없는 생태계라는 자연의 법칙이 있듯이, 인간에게는 인간사회의 도덕적 원칙이 있고, 기업에는 경영원칙이 있으며, 개인도 각각 살아가는 인생의 원칙이 있다. 그렇기 때문에 진정한 매가 자연의 원칙에 어긋나지 않듯이, 인간도 윤리나 정도를 벗어나지 않는 정정당당한 방법을 통해 꿩을 잡아야만 진정한 매로서 인정받게 되는 것이다.

중국법인 초기에 사업자 사무실 임대를 담당했던 영업부 김대리는 조선족이었지만 바르고 비교적 성실한 친구였다. 그런데 어느 순간부터 그는 사무실 계약서를 위조하여 임대료를 높이고 사업자들에게 뒷돈을 받는 짓을 하다가, 끝내 몇 개월이 안 되어 들통이 나고 말았다. 나는 만전을 기하기 위해 중국 공안(형사)을 불러 그를 위협 반 설득 반 하여, 결국 그가 횡령한 자금을 다 돌려받은 후 법적 처벌 대신 퇴사처리로만 일을 마무리했었는데,

지금도 그때 그가 마지막에 남긴 한 마디가 머리를 떠나지 않고 있다.

"총경리님, 제가 처음부터 그런 것은 아니었습니다. 하지만 사업자가 계약서를 위조해서 실비보다 더 많은 돈을 빼가는 것을 보고 부장님에게 보고하였지만, 내 말을 들어 주지 않았어요. 이미 윗선에서 그 돈을 주기로 약속했으니, 무조건 주라고 하는 겁니다. 그러니 너무도 답답해서, 저 큰돈을 저들에게 다 주느니 차라리 나도 좀 먹어야겠다 싶었어요. 왜 제대로 관리를 하지 못한 부장님은 탓하지 않고 저만 탓합니까? 고양이 옆에 생선을 놓고, 나중에 고양이가 먹었다고 고양이를 탓해야 하나요? 아니면 고양이 옆에 생선을 놓아둔 사람을 탓해야 하나요?"

나는 한순간 말문이 막혀 뭐라 할 말이 없었다. 분명 그의 말은 자신의 입장을 합리화하려는 궤변이었지만, 한 편으로는 맞는 구석도 있었다. 제대로 관리하지 못한 윗사람도 큰 잘못이었으니 말이다. 하지만 초창기 인재가 귀했던 나는 두 사람을 모두 내보낼 수는 없었다. 사람은 절대 고양이가 아니기 때문이다. 생각과 양심과 윤리와 질서가 있는 사람은 설령 남의 돈이 내 옆에 있어도 함부로 탐내면 안 되는 일이기 때문이다.

이처럼 직원 한 사람의 생각과 업무가 바로 원칙이 된 잘못된 사례는 잘못된 행동을 낳게 되어, 회사에 손실을 끼칠 뿐만 아니라 개인의 인생에도 커다란 오점을 남기게 된다. 당시 사업자들에게 사무실을 지원하는 업무에는 아무런 원칙도 없었고, 영업부장은 매출목표 달성이 더 중요했기 때문에 이를 책임지고 관리하는데 소홀하였으며, 김대리 또한 인간이 지켜야 할 보편타당한 기본 원칙을 어기고 자신에게 유리한 생각만 했기 때문에 잘못된 실행으로 이어졌다.

이처럼 원칙이 없거나 잘못된 원칙은 잘못된 실행이라는 잘못된 만남을 가져온다. 만약 제대로 된 업무 수행 원칙이 제대로 서 있었다면, 그도 과연 이런 짓을 쉽게 저지를 수 있었을까?

하지만 분명 내가 얻은 한 가지 교훈은 제대로 관리되는 원칙이 없으면 우수한 인재라도 잘못된 실행을 할 수가 있고, 그 잘못된 만남은 인재를 회사에서 떠나게 하는 잘못된 이별을 초래한다는 것이다. 따라서 올바른 실행을 위해서는 올바른 원칙이 바로 서야 한다. 무조건 성실하게 열심히 일하고 노력하는 것보다 제대로 된 일을 올바르게 제때에 해내는 게 더 중요하기 때문이다.

원칙을 따르는 실행 매뉴얼

국어사전을 보면 원칙이란 어떤 행동이나 이론 따위에서 일관되게 지켜야 하는 기본적인 규칙이나 법칙이라고 한다. 일반적으로 원칙을 일관되게 지킨다는 것은 때론 고루하고 답답해 보이는 고집불통처럼 보일 수도 있다. 이렇게 원칙주의를 나쁘게 보는 것은 그만큼 사람들이 지속해서 지키기 매우 힘든 일이기 때문에, 자신이 못하는 것을 실행하는 사람을 비아냥거리는 것일지도 모른다.

하지만 실제로 원칙이 행동을 지배하지 않고 생각을 지배하는 순간 잘못된 원칙주의에 빠질 수도 있다. 흔히들 원칙에만 빠져 헤어나오지 못하고, 자신의 업무의 한계를 규정짓고 스스로 나태해지거나 안주하려는 경우들이 있다. 이는 비단 관공서뿐만 아니라 기업에서도 자주 보이는 일이다. 그래서 나도 어떤 틀을 벗어난 새로운 아이디어와 관점으로 보이지 않는 장벽을 깨어야 한다고 매우 강조하는 편이다. 그러나 고정관념의 틀과 실행의 원칙을 같은 것으로 착각하면 안 된다. 생각은 원칙을 벗어나 자유로운 상상을 하여도 행동은 원칙을 떠나서는 안 된다. 기존의 틀을 깨는 아이디어로 새로운 전략을 수립했다면, 그 전략을 실행하기 위한 새로운 원칙 또한 필요한 것이기 때문이다. 그리고 그러한 원칙이 글로 매뉴얼화 된다면 금상첨화가 아닐 수가 없다.

2005년 미니골드에 근무할 때의 일이다. 중소기업의 경우 한 명의 사람은 대기업의 한 팀과 맞먹는다. 판촉 담당자 한 명, 그래픽 디자이너 한 명, 홍보 담당자 한 명 등, 모든 직원 개개인이 대기업의 한 팀에서 해야 할 일을 하고 있다. 그런데 중소기업의 문제는 일 잘하는 직원은 기회만 되면 다른 회사로 떠나 버린다는 것이다. 그럴 때의 업무 공백이란 매우 심각하다. 어느 사람도 그 일을 대신 할 수 없으니, 당시 마케팅 부장이었던 나도 다른 직원을 채용하기 전까지는 직접 실무를 담당할 수밖에 없었다. 그러나 매번 업무 프로세스나 시스템이 아닌 직원 개인의 역량에 의존해 이루어졌던 일들을 나 혼자 모두 채울 수 없었으며, 후에 후임자가 와도 제대로 된 인수인계도 할 수 없는 큰 공백이 발생하였다.

그러다 때마침 전사적인 업무 매뉴얼을 만들자는 경영지원팀의 제안에 의해, 나는 당시 내가 담당했던 마케팅팀과 상품기획팀의 업무 매뉴얼을 만드는 데 온 힘을 기울였다. 부족한 인력으로 매일 바빴던 우리는 거의 매일 야근하다시피 하며 수개월을 매진한 끝에 지금도 아주 자랑스러워 하는 완벽한 업무 매뉴얼을 완성하였다. 다른 부서와 달리 나는 시키니까 하는 대충 형식적인 매뉴얼이 아니라, 진정으로 필요한 완벽한 업무 행동 지침서를 만들려고 했다. 덕분에 직원들은 연일 되는 야근에 힘들어하며, '이렇게까지 할 필요가 있습니까?'라고 항의할 정도였지만, 그럴 때면 나는 직원들에게 말했다.

"여러분 전자제품 사면, 사용방법을 몰라도 매뉴얼만 보고 작동할 수 있죠? 업무 매뉴얼도 그리 만들어야 합니다. 아무것도 모르는 신입사원이 들어와도 매뉴얼만 보면 바로 실행할 수 있어야 하고, 인수인계를 못 하고 떠난 전임자가 없어도 후임자가 매뉴얼만 보면 자동으로 인수인계가 될 수 있도록 해야 합니다. 그것이 이른바, 진정한 '매·뉴·얼'이란 단어입니다."

그 업무 매뉴얼에는 업무 용어의 정의로 시작해서, 업무의 절차와 흐름도, 관련 부서와의 업무 프로세스, 업무 기한, ERP 입력 방법, 그리고 거래선 리스트까지 모두 들어가 있었다. 그리고 마침내 직원들이 스스로 만든 업무 매뉴얼이 바로 자신들의 기본적인 업무 지침으로 자리 잡게 되자, 책임의식도 더욱 강화되어 기한 내 업무처리를 스스로 하게 되었고, 과거보다도 실수가 감소하였으며, 업무 공백이 생겼을 때도 이를 충분히 커버해 줄 수 있게 되었다.

그러나 반드시 이런 업무 매뉴얼 같은 대공사를 다 할 필요는 없다고 생각한다. 원칙은 간결하되 세부적으로 정리되어 문서화된 행동 지침서가 되기만 하면 된다. 그것이 바로 실행으로 이끌어 주는 강한 연결고리로 작용할 수만 있으면 되는 것이다. 실행은 하얀 빈 도화지에 아무렇게나 그림 그리듯이 이루어지는 것이 아니다. 철저하게 준비되고 계획된 원칙에 따라, 마치 연기자가 짜인 극본에 따라 연기하듯이 실행되어야 한다. 이처럼 실행의 힘은 구체적이고 세부적일수록 더욱 강해진다.

예외 없는 원칙이 없다

그럼 원칙이 한번 정해지면 영원히 변하지 않아야 할까? 정답은 그렇기도 하고 그렇지도 않다. 원칙이 주는 보편적이고 일반적인 가치는 변하지 않아야 하겠지만, 환경의 변화에 따라 전략과 계획을 수정하듯이 일을 실행해 나가다 보면 잘못된 것들은 당연히 고쳐 나가는 것이 바람직하다. 세상에는 예외 없는 법칙이 없고, 업무를 수행해 나가는 데는 반드시 피드백(Feedback)이라는 자정작용이 있어야 한다는 원칙 또한 잊어서는 안 될 것이다. 그런 면에서 원칙은 어쩌면 수시로 수정되며 보완되면서 스스로 어기기 위해 있는 것일 수도 있다. 그러나 원칙을 위반하는 것이 긍정적인 측면이 아니라, 부정적인 측면으로 과도하게 작용한다면 이 또한 잘못된 실행을 초래하게 된다.

내가 영업총괄을 겸임하기 전, 전임 영업임원에게 매우 답답했던 것은 그가 자신이 스스로 만든 영업의 규정과 원칙을 스스로 깬다는 것이었다. 같은 임원으로서 당시 CEO 직계라인으로 일했던 그는 나의 통제권 밖에 있었기 때문에, 나는 그가 출장을 한 번 가기만 하면 또 무슨 사고를 칠까 걱정해야만 했다. 나는 그에게 사업자를 만나도 절대로 규정의 한도 내에서만 약속하라고 신신당부를 했지만, 그는 매번 사업자들의 무리한 요구를 들어주겠다고 약속하고 돌아왔다. 회사를 대표해서 나간 임원의 구두 약속은 회사의 신뢰와 직결되는 일이었기 때문에, 나는 어쩔 수 없이 그의 약속을 들어주며, 다시는 그러지 말라고 재차 삼차 말을 하였지만, 그는 같은 일을 계속 반복하였다.

그의 사고방식은 영업하다 보면 이럴 수도 있고 저럴 수도 있듯이, 상황이 모두 다른데 어떻게 하나의 규정으로 모두 똑같이 적용할 수 있느냐는 식이었다. 물론 이 말에는 나도 동의하나, 기본적인 생각과 행동의 방식이 그와는 완전히 달랐다. 회사가 한쪽 편만을 위해 해줄 수 있는 일이 있고 해줄 수 없는 일이 있다면, 진정으로 하면 안 되는 일을 해주는 건 원칙을 깨는 일이다. 사무실 지원 규정, 판촉지원 규정 등의 원칙을 특정한 사람을 위해 깨는 순간, 회사의 법과 신뢰는 바로 무너지기 때문이다.

따라서 원칙의 테두리 내에서 이를 벗어나서 해야만 할 경우는 다른 방법을 찾아야 한다. 예를 들어 실적이 우수한 어떤 사업자가 지역적으로 사무실이 매우 비싸서 회사 규정으로는 사무실 운영이 어렵다면, 사무실 임대료를 올려서 지원해주는 것보다 매출실적 대비 특별 장려금을 통해 부족분을 지원해 주는 한편, 매출도 독려하는 방법이 더욱 좋다. 한 사람에게 사무실 임대료 지원 규정을 깨는 순간, 너무도 소문이 빠른 이곳에서는 실적과 상관없이 다른 사람에게도 해줄 수밖에 없기 때문이다. 특히 매출 장려금 같은 변동비가 아닌 사무실 같은 고정비는 자칫 실적이 떨어지는 사람들에게도 공평하게 지출되어야 하므로, 매출이 감소했을 때는 상대적으로 큰 낭비를 초래하기 때문에 더욱 주의해야 하는 항목이다.

그 후 내가 영업총괄을 겸임하며 전국을 순회하게 되었을 때, 나는 사업자들로부터 참으로 아이러니한 말을 들었다. 그것은 전임 영업임원이 너무도 불공평했다는 것이다. 그처럼 사업자들 요구를 잘 들어준 사람이 없는데 이상하다 생각하여 그 이유를 묻자, 그들의 대답이 이구동성 가관이었다. 한 마디로 그는 다른 사업자들에게 너무 잘해 준다는 것이었다. 누구는 이걸 해줬고, 누구는 저걸 해줬는데, 왜 나는 안 해 주느냐, 너무 불공평하다는 것이다. 그들은 하나같이 자신이 받은 혜택은 당연히 받아야 하는 것이었고, 남들에게 해준 혜택은 불공평한 처사라고 생각했다.

결국, 그가 수시로 원칙을 깨고 특별히 지원해 준 일은 전혀 고마운 일이 아니라 마땅한 일로 간주되었으며, 오히려 불공평한 처사라고 인식되어 나중에는 부메랑이 되어 그의 뒤통수를 강하게 걷어찼다. 또한, 사업자에게도 그의 불공평한 처사는 불만의 대상이 되어 매출실적에도 악영향을 주었고, 결국 그는 영업총괄 자리에서 물러나야만 했다.

과유불급(過猶不及)이란 말이 있다. 원칙을 어기는 것이 지나쳐 남발된 특혜는 더는 전혀 특별한 혜택이 되지 못한다. 우는 아이에게 떡 하나 더 주는 것은 그 아이의 버릇만 망치는 일이다. 그래서 나는 이를 바로 잡기 위한 행동원칙을 다시 잡아야만 했다. 사무실과 판촉지원은 원칙에 절대 어긋나지 않게 했다. 이는 어느 사람도 예외가 없는 대신, 시용품, 교육지원,

사업자 모집행사 등은 탄력적으로 현장 상황에 맞게 지원해 주었다.

　어떤 일이든 돈을 쓰는 건 가장 쉽다. 몸도 마음도 덜 피곤하다. 하지만 돈이란 마약에 취한 사업자에게 더 센 마약을 더는 제공하지 못하면, 약효도 그리 오래가지 못한다. 교육과 사업자설명회나 샘플링은 회사와 브랜드를 알리고 제품을 체험하게 하는 가장 좋은 방법이다. 대신 몸도 마음도 피곤하다. 하지만 이를 통해 사업자와 매장 점장들은 그 뿌리가 깊고 단단해진다. 뿌리가 단단하니 어떤 역경이 오면 설령 흔들릴지언정 뿌리째 뽑혀 나가지는 않는다. 그래서 힘들고 고단하지만 끈질긴 실행이 더욱 보람 있는 일이다.

　맹자에는 '사냥에도 원칙이 있다'는 말이 나온다.

　조나라에 왕량이란 유능한 사냥꾼이 있어, 어느 날 신하인 폐해가 왕과 함께 사냥에 나갔을 때 그를 데리고 나갔으나, 폐해는 종일 사냥감을 잡지 못하였다. 그러자 폐해는 왕량이 수준 낮은 사냥꾼이라고 왕에게 보고하며 다시는 왕량을 쓰지 않으려 하였다. 그러자 왕량은 폐해에 사냥을 한 번만 더 나가자고 사정하여 함께 사냥을 나갔는데, 이번에 폐해는 반나절도 되지 않아 열 마리를 잡게 되었다. 이에 크게 기뻐한 폐해가 왕에게 왕량이 훌륭한 사냥꾼이라고 칭찬하며 자신의 전속사냥꾼으로 지정해 달라고 요청하였지만, 이번엔 왕량이 거절하면서 말하였다

　"처음에 폐해에 사냥의 원칙대로 몰아주었더니 한 마리도 못 잡더니, 두 번째에는 온갖 반칙으로 사냥감을 몰아주었더니 그는 열 마리를 넘게 잡았습니다. 저 사람은 원칙대로 모시면 아무것도 못 하고 오로지 반칙으로 모셔야 능력을 발휘하는 사람입니다. 저는 반칙으로 모셔야 능력을 발휘하는 사람을 주인으로 모시고 싶지 않습니다."

모든 일에는 마땅히 행해져야 하는 원칙이 있다. 그리고 대부분의 일에는 결과를 일시적으로 좋게 하거나 실행과정을 좀 더 쉽게 해주는 원칙에 어긋난 길도 있다. 그리고 우리는 항상 선택의 기로에 서 있다. '인생에 지름길은 없을지 몰라도 바른길은 있다.'라는 말처럼 원칙은 우리가 바른길로 가도록 잡아주는 중요한 실행 안내서이다. 그렇다면 이제라도 원칙에 따르며 실행해 보자. 원칙이 없는 전략은 우왕좌왕 갈팡질팡한 행동을 유발하고 실행력을 떨어뜨리며, 아무리 올바른 전략이라도 원칙을 벗어나는 순간, 잘못된 실행을 가져오고, 잘못된 결과를 만들 것이다.

4

마라톤을 완주하는 방법

소설가 김연수는 '마라톤을 완주하는 방법'이란 글에서 끈질기고 작은 실행의 힘을 잘 보여주고 있다. 이 글을 통해 인생이라는 마라톤을 끝까지 완주하기 위한 마음의 자세와 작은 실행력의 힘에 대하여 깊게 생각해보기 바란다.

[마라톤을 완주하는 방법 - 김연수]

먼저 1천 미터를 달립니다.

힘들지 않다면, 한 번 더 1천 미터를 달려보세요

이제 그렇게 41번만 더 달리면 됩니다.

시간이 오래 걸리긴 하지만, 그렇다고 아예 할 수 없는 일은 아닙니다.

인생도 그와 마찬가지입니다.

에베레스트 등정도 내딛는 첫 발자국이 있어야 합니다.

한 번에 하나씩, 작은 목표를 이뤄가다 보면 언젠가 큰 꿈도 이룰 수 있습니다.

가수가 되겠다면, 지금 당장 노래를 부르세요.

소설가를 꿈꾼다면, 볼펜이라도 하나 집어 드세요.

시간이 오래 걸리긴 하겠지만, 그렇다고 그게 불가능한 일을 뜻하는 건 아니니까.

앗, 그런데 뭔가 빠뜨렸군요.

그건 바로 현실이라는 것.

우리가 디디고 선 이 세계, 중력의 법칙, 되돌릴 수 없는 시간의 진행.

예컨대 사과는 다시 하늘로 올라갈 수 없다거나…

예컨대 계란으로 바위를 깨뜨릴 수는 없다거나…

그와 마찬가지로

너는 장애인이니까,

좋은 대학을 안 나왔으니까,

가난한 집에서 태어났으니까,

뚱뚱하고 못생겼으니까,

원래부터 안 되는 일이라고 말하는 것,

아무리 원하고 노력하고 애를 써도 이 세상에는 할 수 없는 일이 있다고 말하는 것

그런 게 바로 현실입니다.

현실 앞에서 우리 꿈은 보잘것없습니다.

실패한 자들을 위해서, 마라톤을 완주하는 방법을 다시 소개하겠습니다.

1천 미터씩 35번쯤 달리면, 누구나 벽을 만납니다.

처음 나간 대회에서 저도 그 벽을 만났습니다.

온 우주가 저 하나 완주하는 걸 막기 위해서 밀어대는 느낌이더군요.

야속했어요.

저 하나 완주하는 걸 막기 위해서, 온 우주씩이나 나서다니…

포기할 수밖에요.

그다음 몇 달 동안,

다른 선수들은 어떻게 그 벽을 통과하는지 살펴봤습니다.

아무리 봐도 방법은 단 하나뿐이더군요.

그냥 뚫고 지나가는 것.

그게 제일 현실적인 해결책입니다.

지나간 뒤에야 저는 애당초 그런 벽이 없다는 걸 알게 됐으니까요.

그러니 멈추지 마세요.

계속 달리세요.

벽을 만나면, 뚫고 지나가세요.

　나는 마라톤보다는 등산을 좋아한다. 그러나 주말에 등산을 가기로 했으면서도, 막상 문 앞에서 등산화 신기까지는 왜 그리도 힘든지 모르겠다. 그러다 억지로 몸을 일으켜 등산화 끈을 딱 묶는 순간, 소파에 누워 TV를 보며 꼼짝도 하기 싫어했던 조금 전 그 마음이 흔적도 없이 사라지는 것을 느낄 수가 있다. 무엇이든 실행하기 전에는 마음이 행동을 지배하지만, 작은 하나라도 실행하는 순간부터는 행동이 마음을 지배하기 때문이다.

　그래서 시작이 반이라는 말이 있다. 출발역에서 기차를 탔다면 종착역까지 가야만 한다. 인생의 목표를 위해 출발역에 왔다는 것은 이미 종착역까지 가기 위한 모든 계획이 끝나 실행을 시작했다는 것으로써, 이는 이미 반은 지나온 것이나 다름없다. 마라톤 42.195km를 처음부터 한 번에 달릴 수는 없어도, 5km를 완주하고 10km를 완주하게 되면 42.195km는 더는 이루지 못할 성역이 아니게 될 것이다. 이렇게 목표의 이정표를 세우고, 한 곳 한 곳 작은 역을 지나 종착역에 도착하듯이, 작은 문제를 하나둘 해결해 나가는 것, 그것이 바로 근본적인 실행의 방법이다.

그래서 나의 실행력을 강화하기 위한 7가지 방법을 소개한다. 다들 따라 해보며 실행력을 키워보기 바란다.

1. 문제의식을 가지고 문제를 찾아야 한다.
2. 그 문제의 근본 원인을 찾아야 한다.
3. 질문을 많이 해야 한다.
4. 상대방의 입장에서 생각해야 한다.
5. 애매모호함을 극복하고 구체적이고 세부적이어야 한다.
6. 과거의 성공과 실패 경험 속에서 답을 배워야 한다.
7. 전체를 바라보는 눈이 있어야 한다.

어떤 성과도 저절로 만들어지는 것이 아니라 만들어내는 것이다. 성과를 내는 사람, 답을 내는 사람에게 남다른 점 하나가 있다면, 바로 전략적인 사고와 계획을 세우고 끈기 있는 실행을 했다는 것을 명심해야 한다.

나는 지금까지 "CHALLENGE"란 단어로 내 인생의 도전 이야기를 해왔다. 변화(Change)하기 위해, 뜨거운 열정(Hot Passion)으로 태도(Attitude)를 바꾸고 끊임없는 학습(Learning)을 하며, 논리적인 마인드(Logic)와 함께 관점을 바꾸어(Extraordinary), 절대 포기하지 않는(Never Give Up) 꿈과 목표(Goal)를 향해 실행(Execution)을 해야 한다고 이야기하였다. 인생의 도전을 위해서 이 9가지 단어들은 모두 다 중요한 말이다. 특히 실행의 전 단계에 있는 앞의 여덟 가지 단어들은 실행의 목적이 되고 동력이 되어주지만, 결국 실행하지 못하면 그 어떤 의미도 없어진다. 그러기 때문에 가장 마지막에 있는 실행력이 지금까지 말한 도전의 그 어떤 단계보다도 가장 중요하다 할 수 있겠다.

"신은 낚싯대를 주셨지만, 미끼를 껴야 하는 것은 당신이다."라는 말이 있다. 결국, 행동해야만 모든 것의 시작과 끝이 생기는 것이다. 그래서 실행은 곧 과정이자 결과이다.

행동해야 문제를 찾을 수가 있다.
그리고 문제를 찾아야 답을 낼 수 있다.
그래서 바로 실행이 답이다.

Execution, 실행에 집중하라.

실패가 두렵지 않다
챌린지로 변화하라

초판 1쇄   2015년 06월 19일

지은이   신윤창
발행인   김재홍
디자인   박상아, 문선이, 이슬기
마케팅   이연실

발행처   도서출판 지식공감
등록번호   제396-2012-000018호
주소   경기도 고양시 일산동구 견달산로225번길 112
전화   02-3141-2700
팩스   02-322-3089
홈페이지   www.bookdaum.com

가격   13,800원
ISBN   979-11-5622-094-7   03190

CIP제어번호   2015014934
이 도서의 국립중앙도서관 출판시 도서목록(CIP)은 e-CIP 홈페이지(http://www.nl.go.kr/ecip)에서
이용하실 수 있습니다.